KB038676

미션 마다가스카르

MISSION MADAGASCAR

임상우 지음

아프리카 신비의 섬에서 펼쳐지는 가슴 뛰는 외교 이야기

박영
story

Prologue

　1996년 필자를 포함해서 총 41명이 제30회 외무고등고시에 합격하여서 양재동의 외교안보연구원에서 다 함께 석 달간 연수를 받았다. 당시에는 해외여행 경험이 있는 사람들이 많지 않았다. 연수하면서 하루는 김포 공항에 견학을 가서 입출국 수속을 밟는 방법을 배웠을 정도이다. 해외 근무에 대한 꿈을 갖고 외교관이 된 우리들이었기에 나중에 어느 나라에서 근무를 하면 좋겠다는 이야기를 서로 나누곤 했다. 필자에게도 어디에서 근무하기를 원하는지 물어보면 "모든 대륙에서 다 살아보고 싶다"고 답변을 하였다. 그런데, 25년이 지나서 거의 그렇게 되었다. 이럴 때 "무엇인가를 바랄 때는 조심해라(be careful what you wish for)"라는 영어 표현을 쓰는 것 같다.

　북미(미국), 남미(브라질), 중동(이라크), 아프리카(콩고, 마다가스카르)에서는 대사관 근무를 하였고, 유럽(스위스)에서는 외교관인 아내를 따라가서 육아휴직을 했다. 아직까지 아시아만 근무를 못하였다. 그런데, 지금까지 근무해본 여러 나라 중 마다가스카르가 가장 신비로웠다. 그리고 그 신비로움만큼 마다가스카르 사람들의 삶은 고되고 힘들었다.

인도양 아프리카에 있는 섬나라 마다가스카르는 생각보다 크다. 면적이 한반도의 약 3배가 되는, 세계에서 4번째로 가장 큰 섬이다. 인구도 2천 700만이나 된다. 광물자원, 해양자원, 농업자원 등 다양한 방면에서 잠재력이 풍부한 나라이다.

마다가스카르에서는 어린 왕자의 바오밥나무와 디즈니 만화 영화의 주인공인 여우원숭이를 만날 수 있다. 오랜 세월 동안 외부와 단절된 상태에 있었기 때문에 이곳에서 발견되는 동식물의 90%는 오로지 마다가스카르에서만 서식한다. 마치 다른 별에 온 것 같이 느껴지는 마다가스카르의 천혜의 자연환경은 환상적이다 못해 몽환적이다.

그러나 다른 한편으로 마다가스카르는 1인당 GDP가 400달러대밖에 안 되는 세계 최빈국 중에 하나이다. 거의 10년 주기로 선거 때마다 찾아오는 정정 불안과 유혈사태는 나라 발전을 더욱더 어렵게 만들고 있다. 인구의 78%가 빈곤선(하루 2천 500원) 이하에서 생활하고, 가뭄이 극심한 남부지역으로 가면 100만 명이 영양실조에 시달리고 있다. 기후변화로 천혜의 자연환경이 급속도로 파괴되고 있고, 이와 함께 여우원숭이와 같은 희귀동물도 함께 사라지고 있다.

2017년 필자는 마다가스카르 지구 반대편에 있는 주브라질 대사관에서 동료 외교관인 아내와 함께 근무하고 있었다. 그 해 11월 정기인사에서 전혀 예상하지 않게 주마다가스카르 대사로 내정되었다.

솔직히 마다가스카르대사로 내정되기 전까지는 이 나라에 대해 아는 것이 별로 없었다. 마다가스카르가 아프리카 본토와는 달리 사람들이 동남아 계통 사람처럼 생겼고, 수년 전에는 클럽 디제이 출신 젊은 정치인이 민중 봉기를 일으켜서 권력을 잡은 적이 있었고, 우리나라가 꽤 많이 투자한 니켈 플랜트가 마다가스카르에 있다는 정도만 알았을 뿐이다. 마다가스카르 디즈니 만화영화를 예전에 보았지만, 이 만화영화에 나오는 사자, 하마, 얼룩말 등 대부분의 동물들은 실제로 마다가스카르에서 발견되지 않는다는 사실은 몰랐다.

우리나라는 마다가스카르가 1960년에 독립하고 2년 후인 1962년에 수교하였다. 그런데, 1972년에 마다가스카르에 사회주의 정권이 들어서고 나서 우리와 단교를 하였고, 북한과 더 밀접하게 교류하였다. 89년 베를린 장벽과 함께 공산권이 무너지고 나서 93년에 비로소 우리나라와 관계가 정상화되었다. 그러나 2016년이 되어서야 비로소 우리 대사관이 처음으로 마다가스카르에 문을 열었다. 그리고 필자가 주마다가스카르 대사관의 초대 대사로 2018년 1월 부임함으로써 주마다가스카르 대사관이 정식 대사급 공관으로 출범을 한 것이다.

이 책은 신비의 섬 마다가스카르를 배경으로 아프리카에 있는 우리나라 공관 중 가장 작은 대사관의 대사가 되어서 3년간 외교현장을 누빈 이야기이다.

마다가스카르의 바오밥나무와 여우원숭이에 관심 있는 사람뿐만 아니라, 아프리카 외교와 문화를 알고 싶어 하는 사람, 생생한 외교현장의 목소리를 듣고 싶어 하는 사람, 빈곤 퇴치, 기후변화와 같은 글로벌 문제를 해결하는 데 관심 있는 사람, 남들이 다 가본 곳보다 가지 않은 곳에 끌리는 사람, 모두 함께 나누는 따뜻한 세상을 꿈꾸는 사람을 위해 썼다.

끝으로, 동료 외교관이자, 나의 영원한 동반자인 나의 사랑하는 아내 김민선과 두 아들 영민이 정민이, 그리고 함께 동고동락한 우리 대사관 식구들에게 이 책을 바친다.

2022년 8월

서울에서 임상우

차례contents

Prologue 1

PART 01 마다가스카르의 첫 대한민국 대사

PART 02 신비의 섬 마다가스카르

PART 03 마다가스카르 사람 마음속으로 파고들기

PART 04 마다가스카르의 도약을 꿈꾸며

PART 05 정치 격동 한복판에서

PART 06 마다가스카르의 발전을 위하여

PART 07 마다가스카르의 한류

PART 08 코로나19 위기 속에서

유튜브 영상과 함께 책 읽기

마다가스카르 대사로 지내면서 아마추어 유튜버로 데뷔해서 "마다가스카르 이야기"
라는 유튜브 채널을 운영하였습니다.

책 내용과 관련된 유튜브 영상이 있을 경우 QR코드를 표기하였습니다.

영상도 함께 감상하면서 책을 읽으세요.

PART

01

**마다가스카르의
첫 대한민국 대사**

아프리카 공관 창설 전문 요원

"드디어 마다가스카르에 도착했다!!!"

2018년 1월 12일. 26시간이 넘는 대장정 끝에 아들 둘과 함께 아프리카 인도양의 섬나라 마다가스카르 수도인 안타나나리보(Antananarivo)의 이바투(Ivato) 국제공항에 첫 발을 내딛었다.

3년 전에도 제네바에 근무하는 아내와 합류하기 위하여 당시 만 3살, 5살이었던 두 아들을 데리고 20시간 이상 비행기를 탄 적이 있었다. 그때는 핸드 캐리 가방을 주렁주렁 팔에 걸치고 한 손으로는 작은 애가 탄 유모차를 밀고, 다른 한 손으로는 큰 애 손을 꼭 잡고 갔었다.

이번에는 만 7살, 9살 훌쩍 커버린 아이들과 여행하는 것이어서 훨씬 더 수월했다. 작은 아이는 까불거리면서도 아빠 말을 곧잘 들었고, 큰 아이는 자기 핸드 캐리 가방은 자기가 챙겼다. 무엇보다 만화로만 봤던 마다가스카르라는 나라에 실제로 가서 살게 된다는 기대감에 많이 들떠 있었는지, 기나긴 여정 내내 기분 좋게 잘 따라왔다. 동료 외교관인 아내는 주브라질대사관 참사관으로 근무하고 있어서 같이 오지 못하였으나, 두 달 뒤에 합류하기로 되어 있었다.

우리나라는 마다가스카르가 독립한 지 2년 만인 1962년에 수교를 했다. 그러나 마다가스카르에 상주하는 대사관은 그로부터 54년

이 지난 2016년에야 비로소 문을 열었다. 그리고 그로부터 2년 뒤인 2018년 마다가스카르에 주재하는 한국 대사를 처음 파견하게 되는데, 바로 필자가 그 대사로 뽑힌 것이다.

창설 공관의 초대 대사는 개척자와 비슷하다. 우선 대사관과 대사관저를 설치해야 하고, 인력을 충원하고, 예산도 확보해야 한다. 우리 교민들의 권익을 보호하고 더욱 증진시키기 위한 각종 영사 인프라를 만들어야 한다. 주재국 각계 인사들, 외교단, 상주 국제기구 대표 등과 외교네트워크를 구축하여서 앞으로 양국관계를 발전시켜 나가기 위한 외교적 기반을 다져야 한다. 사실상 백지상태에 있는 양국관계의 밑바탕을 그리고, 발전방향을 설정해야 한다. 그리고, 청사진을 실현시켜 나가기 위해 대사관이 중점을 두고 추진해 나갈 분야들을 식별하고, 구체적인 협력 사업을 발굴해야 한다.

그런데, 사실 이런 일을 하는 것이 이번이 처음은 아니었다. 2008년에 콩고민주공화국 주재 참사관으로 발령을 받았었는데, 그때 콩고 대사관은 정식 대사가 파견되지 않은 1인 대사대리 체제로 운영되고 있었다. 당시 나의 임무도 콩고대사관을 정식 대사급 공관으로 운영하기 위한 체계를 만드는 것이었다.

콩고에 도착하니까 악화되는 콩고 내부 사정으로 인하여 일부 철수하는 대사관이 있었다. 이 덕분에 철수하는 대사관 건물을 그대로 인수하여서 대사관 창설 업무를 상대적으로 수월하게 완료할 수 있었다. 아주 잘 관리되었던 유럽풍의 대사관 건물이었다. 다만, 한 가지 흠이 있다면 대사관의 참사관 사무실 문에 총알이 박혀 있었는데, 이게 너무 깊숙하게 박혀서 빠지지 않았다.

10여 년 전 콩고에 도착했을 때 받았던 다소 살벌했던 인상에 비해 마다가스카르의 첫 인상은 참으로 아름다우면서 정겨웠다. 마다가스카르의 고유 언어인 말라가시어로 '천 명의 전사의 도시'라는 의미를 갖고 있는 수도 안타나나리보는 해발 1,280미터의 고원지대에 들어서 있다. 도심은 살짝 프랑스 파리의 몽마르트 언덕과 같은 느낌이 나는 작은 산 위에 있는데, 꼬불꼬불 돌담길을 따라 골목골목 들어가면 마다가스카르 전통양식의 붉은 벽돌집들과 프랑스 식민지 시대에 만들어진 유럽풍 건물들이 눈에 들어온다.

공항에서 시내로 들어가는 도로는 중앙선 표시조차 없는 2차선 길이다. 그리고, 길 위에는 차만 다니는 것이 아니고, 소달구지와 인력거도 당당하게 길 위를 달린다. 길 양 옆으로는 논밭이 쫙 펼쳐지고, 한창 일하는 농부들 모습이 보인다. 이 모든 것이 영락없는 60년대 우리 시골 풍경이다. 그러나 동시에 마다가스카르가 세계 최빈국 중 하나임을 보여주는 광경들도 눈앞에 펼쳐졌다. 거센 바람이 불면 훅 쓰러질 것 같은 나무와 판자로 만든 가게들, 그 앞을 먼지를 뒤집어쓰면서 맨발로 걸어가고 있는 사람들, 길가에 아무렇게 버려진 쓰레기 더미와 이

공항에서 시내로 가는 길에 있는 논 밭

를 뒤지고 있는 사람들, 정체 구간에는 어김없이 나타나서 창문을 두드
리면서 구걸하는 아이들. '아! 내가 진정 최빈국에 오긴 왔구나'라는 생
각이 들었다.

출근한 지 3일 만에 대통령을 만나다

　대사가 부임하고 나면 바로 공식적인 업무가 시작되는 것은 아니다. 주재하는 나라의 국가원수에게 신임장(letter of credence)이라는 외교문서를 제출하고 난 후 비로소 대사로서 공식 근무를 시작하게 되는 것이다. 신임장은 우리나라 대통령이 대사를 파견하는 나라의 국가원수에게 보내는 서한으로서, "아무개가 대한민국 대사로서 나의 전권을 위임 받아서 귀국에서 활동하도록 허락하여 주시기 바랍니다"라는 요지의 내용이 들어 있다. 그런데, 신임장은 그냥 국가원수에게 쓱 전달하는 것은 아니고, 신임장 제정식이라는 공식적인 외교행사를 치르게 된다.

　신임장 제정식은 상대국 국가원수의 일정을 잡아야 하는 것이기 때문에 바로 안 되고 한두 달 기다리는 것이 통상적인 관례이다. 예를 들어, 2019년 말 우리나라에 새로 부임한 토미타 일본 대사는 2달 정도를 기다린 후에 문재인 대통령에게 신임장을 제정하였고, 해리스 미국 대사도 18일을 기다렸다.

　필자도 신임장 제정을 위해서는 한두 달 기다려야 할 것으로 생각하고, 1월 15일 월요일 대사관에 첫 출근을 하였다. 그런데, 웬걸. 마다가스카르 외교부로부터 다음날인 화요일 외교부 장관을 면담하고, 수요일 대통령에게 신임장을 제정하도록 일정이 잡혔다는 연락이 왔다.

마다가스카르 대통령궁 입구로 들어가는 순간을 포착했다. 대사관 차에 부착된 태극기가 휘날리고 있다.

사실 서울에서 출발할 때 신임장을 외교행랑으로 보낼까, 직접 갖고 갈까 고민을 했었다. 신임장을 제정하려면 어차피 좀 기다려야 할 것이고, 애들 둘을 데리고 비행기를 타야 하는데 신임장까지 신경 쓰면서 가기가 부담스러웠다. 왜냐하면 혹시나 신임장을 분실하는 황당한 사태가 일어나지 않도록 신줏단지 모시듯이 신임장을 갖고 가야 했기 때문이다. 반면에 외교행낭으로 보내면 내가 신경 쓸 필요 없이 안전하게 마다가스카르에 도착하지만, 최소한 일주일이 걸렸다. 고민 끝에 정말 만에 하나 대비하는 심정으로 신임장을 직접 갖고 왔었는데, 천만다행이었다.

신임장 제정식이 거행되는 날. 오전 8시 약속한 시간에 대통령실에서 의전차량과 의전요원들을 내가 거주하고 있는 임시 숙소에 보내왔다. 이야불루(Iavoloha)라고 불리는 대통령 궁까지는 약 한 시간 정도 걸렸다. 울창한 산림을 배경으로 지어진 하얀색의 웅장한 궁은 아프리카에서 가장 멋진 대통령궁 중 하나라고도 하는데, 1975년 마다가스카르가 사회주의 국가였던 시절 가까이 지냈던 북한이 무상으로 지어준 것이다.

필자가 탄 의전차량은 복잡한 아침 출근길을 홍해를 가르듯 정리해주는 경찰 오토바이의 호위를 받으면서 대통령궁으로 빠르게 달렸다. 차 속에서 대통령에게 이야기할 핵심 요지들을 다시 한 번 머릿속으로 정리하였다. 그리고, 대통령 이름을 외웠다. 그런데 이게 생각보다 쉽지 않았던 것이, 마다가스카르 대통령 이름이 전세계 대통령 중 가장 긴 라자오나리맘삐아니나(Rajaonarimampianina)였다. 마다가스카르 사람들 특징은 대체로 이름이 매우 길다는 것이다. 일례로 예전 마다가스카르 왕족 중 한 명은 이름이 무려 36개 글자가 들어간 'Andrianampoinimerinatompokoindrindra'[1]이었다.

대통령궁에 도착하니까 의장대가 도열해서 나를 기다리고 있었다. 대통령 의전 비서관의 안내를 받아 의장대 앞에 서니 의장대가 애국가를 멋지게 연주하였다. 이윽고 의장대의 사열을 받으면서 대통령궁에 입장을 하였고, 접견실에서 라자오나리맘삐아니나 대통령에게 첫 인사를 하였다. "팔리 미아라바아바 필루(말라가시어로 "대통령님을 만나뵙게 되어서 영광입니다)." 미리 연습한 말라가시어로 인사를 하니까 대통령은 무척 반가워했다. 신임장을 제정하고 나서 30분 정도 이어진 면담에서 대통령은 한국이 드디어 대사를 마다가스카르에 파견하여서 진심으로 기쁘게 생각한다고 하고, 앞으로 다양한 분야에서 한국과 협력을 증진해 나가길 바란다고 하였다.

대통령궁에서 나오니까 대기중이었던 방송국 카메라와 기자들이 필자에게 다가와서 즉석 인터뷰를 요청하였다. 필자는 "여러분에게 한가지 확실하게 말씀드릴 수 있는 것은 양국 관계를 더욱 강화시키기 위해 발

---

1 좀 더 줄여서 Andrianampoinimerina로도 불리는 이 왕은 마다가스카르의 18개 부족 중 하나인 메리나 부족의 왕으로서, 마다가스카르 통일의 기반을 다졌고, 그 아들 라다마 1세(Radama I)가 통일을 완수하였다.

로 뛰는 대사가 될 것입니다"라고 말했다. 그리고, 이날 저녁 뉴스에 필자의 신임장 제정 소식과 인터뷰가 보도되었다. 이렇게 마다가스카르에 도착한 후 만 5일 만에 초고속으로 신임장 제정을 하는 기록을 세우고 나의 주마다가스카르 대한민국 대사로의 공식 활동이 시작되었다.

아프리카의 가장 작은 대사관

　해외에 있는 우리나라 대사관의 규모는 생각보다 크지 않다. 물론, 미국, 일본, 중국, 러시아 등 주요국에 있는 한국 대사관은 예외이지만, 대부분의 공관은 외교관수가 의외로 적다. 특히 아프리카에 있는 우리 대사관들의 경우, 상당수의 공관이 3명의 외교관으로(대사, 참사관, 영사 겸 총무) 운영된다. 마다가스카르 대사관은 아프리카에 있는 대사관 중에서도 가장 규모가 작았다. 외교관 수는 딱 2명(대사＋영사 겸 총무)이 었고, 대사관 행정원도 아프리카에서 가장 적은 규모였다.

　아프리카 특성상 대사관의 정상적인 운영을 위해서는 현지인 행정원의 채용이 필수적이다. 선진국의 경우, 행정이 효율적으로 돌아가고, 인터넷도 잘되고 전화도 잘되기 때문에 사람이 직접 움직일 필요가 많지 않지만, 마다가스카르와 같은 최빈국은 일일이 사람이 움직여서 일을 처리해야 하는 경우가 다반사이다. 아울러, 필자가 초대 대사로 부임한 신설공관인 만큼, 모든 것을 새롭게 만들어 나가야 하기 때문에 이미 만들어진 대사관보다 일이 훨씬 더 많을 수밖에 없었다. 그런데 관계부처에서 행정원 정원을 동결하여서 마다가스카르에서 현지인 행정원의 추가적 채용은 어렵다는 연락을 받았다. 신설 공관에 대한 예외도 인정을 못한다고 하였다.

　뭐 어쩔 수 없었다. 행정원 채용 관련 정책이 바뀔 때까지 있는 인력으로 어떻게든 꾸려 나가는 수밖에. 대사 비서는 애당초부터 꿈꾸지 않았고, 한 명이 비서 업무와 대사관 총무 업무 그리고 리셉셔니스트를 겸하였다. 그런데 이 직원이 업무 처리를 위하여 어쩔 수 없이 자리를 비우는 경우가 있었는데, 이때 걸려오는 전화를 받을 사람이 없었다. 그래서, 상황에 따라서는 필자가 대신 대표전화를 대사실에서 끌어당겨서 받았다. "암바사드 드 꼬레, 봉주르(안녕하십니까? 대한민국 대사관입니다)"라고 이야기하면 상대방은 꿈에도 대사가 대표전화를 받고 있다고 생각하지 않고 용건을 이야기했다. 간혹 곤혹스러울 때가 전화를 당겨 받았는데, 나를 찾는 전화였을 경우이다. 이 때는 "잠시만 기다려 주세요"라고 이야기하고, 전화를 돌리는 척한 후 목소리를 한 옥타브 내리거나 올려서 다시 받았다. 다행히도 상대방은 눈치를 못 챘다. 이렇게 해서 목소리만 있는 한국 대사관의 가상 직원이 탄생하게 되었다.

대사가 장관 등 주요 인사들을 면담하러 가면 통상 참사관이나 서기관이 수행해서 면담배석을 한다. 그러나, 마다가스카르 대사관 인력 사정상 직원이 같이 갈 형편이 안 되었기 때문에 웬만한 면담은 혼자 다녔다. 그런데 때에 따라서는 중요한 면담이어서 우리 측 누군가가 배석하여서 면담 기록을 하고 사진도 찍어야 하는 경우가 발생하였다. 이 문제를 어떻게 해결할까 고민을 했는데, 마침 기사가 한때는 호텔 요식부 사무직으로 일했던 경력이 있었다는 것을 알게 되었다. 그래서 필요할 경우에는 상대측에 내 기사가 보좌관 역할을 한다고 양해를 구하고 기사에게 면담배석을 하도록 했다.

공관에는 관저요리사 제도라는 것이 있다. 관저가 단지 개인의 생활공간에 지나지 않는 것이 아니라, 관저에 주요 인사들을 초청해서 오만찬 및 각종 문화행사를 하는데, 우리 음식문화를 제대로 알리기 위하여 한국인 관저 요리사를 두는 것이다. 그런데, 행정원 정원 동결로 관저 요리사마저 채용을 못하였다. 마다가스카르에 도착하고 나서 친하게 지내게 된 마다가스카르 주재 유니세프 사무소 대표가 이임을 하게 되었는데, 실험적으로 내가 요리를 하면서 손님을 대접하는 것을 시도해 봤다. 유니세프 대표는 한국 대사가 직접 요리를 해주니까 진심으로 고마워했지만, 대사가 부엌을 왔다 갔다 하면서 손님을 치르는 것은 아무래도 좀 무리였다. 본부에서는 해외 대사관 중 마다가스카르 대사만 관저요리사를 채용하지 못하게 한 것은 인간적으로 너무하다고 판단을 했는지, 예외적으로 관저요리사는 채용할 수 있도록 허가를 해주었다. 그러나 당장 대사관에서 일이 폭주하고 있는 상황이었기 때문에 차라리 요리사 대신에 대사관에서 근무하는 사무직 행정원을 뽑겠다고 사정하니까 본부에서 승인해주었다. 대신 관저의 오만찬 행사는 교민이 운영하는 한식당에서 케이터링을 하는 방법으로 해결하였다.

조직 키우기

마다가스카르에 있을 때 감명 깊게 본 책 중 하나가 이국종 교수의 "골든아워"이다. 온갖 악조건 속에서 고귀한 생명을 살리기 위해 분초를 다투면서 최선을 다하는 이국종 교수와 팀원들의 이야기는 정말로 존경스러웠다. 그런데, 이 훌륭한 이국종 교수도 열악한 인력 사정을 개선하기 위한 인력 충원을 수도 없이 건의하였는데, 여러 행정적인 제약 때문에 결국은 이루지 못하였다고 하였다.

"아덴만의 영웅도 인력충원이 제대로 안 되는데, 너무 상심하지 말자." 이렇게 마음을 먹으니까 한결 더 나아졌다.

전략을 바꿔서 본부에만 매달리지 않고, 자체적으로 조직을 키워나갈 방법을 궁리하였다. 마침 2018년 겨울 서울에서 개최된 재외공관장회의 때 주벨라루스 김용호 대사가 벨라루스 청소년 자원봉사자들로 구성된 대사관 서포터즈를 발족시킨 사례 발표를 하였다.

"바로 이거다!" 마다가스카르의 한류도 유럽 못지않게 뜨겁게 불고 있기 때문에 젊은 마다가스카르인들로 대사관 서포터즈를 발족시키는 것은 충분히 해 볼 만하다는 생각이 들었다.

2019년 여름, 한국 대사관 서포터즈 모집 공고를 냈다. 서포터즈 이름을 뭐로 할까 고민했는데, "친구"를 말라가시어처럼 "Tsingu"로 써서 "Tsingu de la Coree(친구 드 라 꼬레; 한국의 친구)"라고 명명하였다. 많은 사람이 지원하였는데, 최종적으로 20명을 제1기 한국 대사관 서포터즈로 뽑았다. 대학생이 주축을 이루었으나, 텔레비전 뉴스 앵커, 기자, 음악가, 회사원 등 다양한 한류 팬들이 서포터즈가 되었다.

일단 6개월 기한으로 활동을 개시하였는데, 서포터즈들이 너무 열심히 해줘서 기한을 6개월씩 연장하다가 결국은 필자가 떠날 때까지도 계속 활동을 하였다. 대사관 국경일 행사를 비롯하여서, 퀴즈 온 코리아, 케이팝 대회, 한식 행사, 아시아 엑스포 한국관 운영 등 모든 대사관 행사에 서포터즈들은 자발적으로 참가하여서 사실상 대사관 직원처럼 함께 일하였다. "친구 드 라 꼬레" 페북 공식 홈페이지 까지 창설하여서 한국의 케이팝뿐만 아니라, 한국의 문화, 한글, 한국어, 한국의 명소, 속담 등 거의 한국에 관한 모든 것을 젊은이들의 감각으로 소개해줬다. 사실상 사이버 공간에서 한국 문화원 역할을 해준 것이다. 이 고마운 친구들을 위해 관저에 여러 번 초청하였고, 연말 모임도 한식당에서 같이 하였다.

대사관 서포터즈 친구 드 라 꼬레와 함께

다음으로 조직화한 것은 마다가스카르 의원들이었다. 사실 의원친선협회를 조직화하는 일은 여러 번 해봤다. 맨 처음은 2001년 필자가 미국 워싱턴에서 연수하던 시절, 여름 방학 때 마이크 카푸아노(Mike Capuano)라는 미 하원의원실에서 인턴을 할 때였다. 어느 날 한국계 보좌관(김현)이 미 의회에서 최초로 코리아 코커스(Korea Caucus; 우리로 치면 일종의 한미 의원친선협회)라는 것을 조직화 하려고 하는데, 도와 달라고 하였다. 그래서 함께 코리아 코커스 창단 멤버를 섭외하는 작업을 하였고, 2001년 여름에 14명의 멤버로 코커스가 발족하였다.[2] 그 다음 콩고에 가서 콩고 의회 내 최초로 한-콩고 의원친선협회를 창설하였고, 브라질에 가서는 브라질 상원에 한-브라질 의원친선협회를 창설하였다.

2018년 1월 부임하고 얼마 후 마다가스카르 하원의장을 예방한 자리에 한-마다가스카르 의원친선협회 창설을 제안하였다. 하원의장은 흔쾌히 수락하고, 배석한 의원들에게 추진하자고 하였다. 그러나, 한동안 별다른 진전을 이루지 못하였다. 무엇보다도 고위인사의 방문과 같은 결정적 계기가 있으면 동력을 받아서 일이 풀릴 수도 있는데, 한국과 마다가스카르 의회간 교류는 사실상 존재하지 않았다.

거의 포기하고 있었는데, 2019년 11월 갑자기 이주영 국회 부의장이 초당파 의원 대표단을 이끌고 마다가스카르를 공식 방문할 것이라는 연락을 받았다. 이주영 부의장이 국회 아프리카 새시대포럼을 이끌고 있기 때문에 혹시나 마다가스카르에 관심을 가져주지 않을까 생각을 하고 무턱대고 국회에 찾아가서 마다가스카르 방문을 간곡히 호

---

2 2021년 8월 현재 코리아 코커스는 하원에 총 51명, 상원에 총 7명이 참가하는 단체로 성장하였으며, 미 의회 내 한국 관련 각종 결의안(예를 들어 위안부 규탄 결의안) 및 법안 채택을 주도하는 등 한미 의원외교의 일익을 담당하고 있다.

소(?)했는데, 실제로 방문을 결정한 것이었다.

한-마다가스카르 관계 역사상 가장 고위급 인사가 마다가스카르를 방문하니까 마다가스카르 측도 최대한 극진하게 대접할 준비를 하였다. 마다가스카르 하원의장, 상원의장 면담은 물론이고, 총리, 대통령 예방까지 하였다. 그리고 이 방문을 계기로 마다가스카르 의회에서 12명의 멤버로 구성된 한-마다가스카르 의원친선협회가 드디어 발족되었다.

우리의 대외원조기관인 코이카(KOICA, 한국국제협력단) 사무소의 마다가스카르 개관도 가장 우선순위 과제로 추진했다. 그러나 현실적으로 코이카 사무소를 개관하는 것은 공관을 창설하는 만큼의 지난한 작업이다. 그래서, 일단은 코이카 사무소가 없어도 가능한 코이카 봉사단원의 파견과 개발협력 사업 확대부터 추진하기로 하였다. 공관장회의 참석차 서울에 들어갔을 때 코이카 본부에 찾아가서 이미경 이사장에게 마다가스카르 상황을 설명하였는데, 감사하게도 이 이사장은 코이카 봉사단원 파견뿐만 아니라, 신규 개발협력 사업 추진 필요성에 대해서도 적극 공감해줬다.

코이카 본부와 심도 있는 협의를 거친 후, 코이카 봉사단원의 마다가스카르 파견에 대한 원칙적인 승인을 받았다. 그런데, 문제는 마다가스카르 정부였다. 코이카 봉사단원 파견을 위해서는 봉사단원 파견을 위한 기본협력협정을 체결해야 하는데, 마다가스카르 정부 측의 일처리는 하세월이었다.

그러던 와중… 매년 초 마다가스카르 의대생들을 대상으로 병리학회 세미나 재능기부를 하는 고대구로병원의 김한겸 교수님으로부터 한국대학사회봉사협의회(대사협) 소개를 받았다. 대사협에서 대학생들의 개도국에서의 단기 또는 장기 봉사활동을 주선해주는데, 원한다면

대사관 스튜디오에서 한류 전용 프로그램을 위해 한식 요리 교실을 촬영 중이다.

마다가스카르도 파견지에 신규로 포함할 수도 있을 것이라고 하였다. 이야기를 듣고 나서 바로 대사협 측에 연락을 취하였고, 외교부 본부에 대사협 봉사단원 파견을 건의하였다. 다행히도 대사협 봉사단원 파견을 위해서는 기본협력 협정 약정 체결이 필요하지는 않았다. 2019년 7월 드디어 2주간의 단기 봉사단원들이 마다가스카르에 왔다. 그리고 8월에는 6개월간 대사관에서 주선해준 학교, 청소년 센터, 마을 등에서 봉사할 중기 봉사단이 도착했다. 마다가스카르 언론에서도 한국 최초의 봉사단원의 마다가스카르 파견이라고 대서특필하였다.

　　마지막으로 케이팝 대회를 함께 개최한 마다가스카르 현지 방송국 드리밍 TV(Dreamin' TV)와 아주 긴밀한 협조관계를 구축하였다. 케이팝 대회뿐만 아니라 퀴즈온코리아나 대회도 드리밍 TV의 전문 MC들이 와서 사회를 보고 방영을 하였다. 그런데, 날로 높아지는 한류의 인기를 보고 드리밍 TV에서는 전격적으로 한류를 전용 프로그램을 편성하여서 매 1회 방영하는 계획을 세웠다. 그리고, 이 신규 프로그램을 제작하고 컨텐츠를 채우는 데 대사관이 도와주기를 요청해 왔다.

한마디로 대사관의 전용 한류 프로그램이 생긴 것이다. 우리로서는 당연히 드리밍 TV와 콜라보를 하기로 하고, 대사관 별관에 한류 스튜디오를 만들었다. 2019년 12월 드디어 대사관 이혜진 참사관의 요리 교실을 테마로 하여서 제1회 방송을 촬영하였다. 그 후 방송된 에피소드 중 한번은 대사의 요리라는 주제로 필자도 떡볶이와 궁중 떡볶이를 만들었다. 더 재미있는 에피소드로 뭘 할 수 있을까 고민하다가 런닝맨 마다가스카르 편을 찍으면 어떨까라는 생각도 해 봤다. 한류 프로그램은 방영을 거듭하면서 입소문을 타면서 인기를 얻기 시작했는데, 2020년 3월 코로나가 터지고 나서 아쉽게도 촬영을 중단해야만 했다.

마다가스카르 부동산 전문가

　　아프리카에는 약 1만여 명의 한인들이 살고 있는데, 고국에서 이역만리 떨어져 있는 인도양 아프리카의 외딴 섬 마다가스카르에도 약 240여 명의 한인들이 거주하고 있다. 이들 중 절반은 광업, 식당, 관광, 자동차 부품 및 수리 등의 개인 사업을 하고 있으며, 나머지 절반은 NGO 및 선교활동을 하고 있다. 많지 않은 수의 교민들이지만, 쉽지 않은 환경에서 서로서로 도와주며 마다가스카르 내 한인의 위상을 드높이며 살아가고 있다. 마다가스카르에 초대 대한민국 대사가 부임하게 되었다는 소식이 전해지자 가장 기뻐하고 환영한 사람들이 바로 우리 교민들이었다. 한인회장님을 비롯한 여러 교민은 이구동성으로 필자가 부임하니까 이제 우리 국격에 맞는 단독 청사도 하루 빨리 개관되기를 기대한다고 하였다.

　　필자가 부임했을 때 마다가스카르 대사관은 건물 외관 전체가 유리로 되어 있는 아주 멋진 현대식 건물의 9층에 입주해 있었다. 과천의 현대미술관에서 대여해서 마다가스카르까지 운반해온 멋진 예술 작품들이 대사관 벽을 장식하고 있어서 갤러리 느낌까지 살짝 들었다. 그런데 문제는 외교관 2명만 있는 대사대리 체제에 맞춘 사무공간만 있어서 필자가 부임한 후 정식 대사급 공관에 맞는 인력이 근무하게 되면서 사무공간이 턱없이 부족해졌다.

한편, 대사에게는 관저가 제공되는데, 그 이유는 관저가 단지 개인의 생활공간으로만 사용되는 것이 아니라, 각종 외교행사를 하는 공간이기 때문이다. 적게는 4~6명에서 많게는 30~40명까지 참가하는 오만찬, 50명 이상 참가하는 각종 문화행사, 300명 이상 참석하는 국경일 행사 등 관저는 치열한 외교의 현장이다. 그런데, 필자는 초대 대사로서 관저 자체가 없었다. 일단 임시아파트에 입주하고 관저로 사용할 건물을 찾아야 했다.

이렇듯 청사와 관저로 사용할 멀쩡한 건물 둘을 찾아야 했는데, 치안이 확보되고 물, 전기 문제가 없으면서도 대한민국 국격에 맞는 청사와 관저를 구하는 것은 지난한 작업이었다. 하필이면 이때 마다가스카르 주재 미국 대사관과 인도네시아 대사관도 새로운 관저를 구하고 있어서 경쟁도 치열했다. 필자는 각종 외교행사에 참가하고, 면담을 다니면서 짬짬이 건물들을 보러 다녔다. 그런데 한번 정하고 나면 앞으로 적어도 수십 년간 대한민국의 청사와 관저가 되는 것이어서 적당히 타협하고 정할 수가 없었다. 두어 번은 거의 성사될 뻔 했었는데, 건물주가 막판에 마음을 바꾸거나 터무니없는 조건을 내세우는 바람에 무산되었다. 나중에는 아예 관저와 청사를 새로 지을 생각까지 하였다. 마침 유럽연합 대사관저 옆에 넓은 부지가 시장에 나와서 건축사무소와 설계까지 해보았으나, 현실적으로 완공될 때까지 여러 가지 불확실성이 있어서 결국은 이 방안도 그만두었다.

그런데 아파트에 살면서는 도저히 관저 행사를 할 수가 없었기 때문에 일단 소규모라도 행사를 할 만한 집이 나오면 들어갈 생각을 했다. 마침 대사관의 영사 겸 총무 서기관이 사는 집 바로 옆에 있는 집이 시장에 나왔다. 집 구조가 총무 서기관 집과 똑같았는데, 소규모 관저 행사는 할 수 있을 정도의 공간은 충분히 있는 집이었다. 총무 서기관이 대사가 똑같은 크기의 옆집으로 이사 오는 것에 부담을 느꼈지만, 어쩔 수 없었다.

그 후로도 계속 관저, 청사 후보지를 보러 다녔다. 필자는 수도 안타나나리보 부동산 업계에서 가장 잘 알려진 고객이 되었다. 필자가 무슨 빨간 바지의 복부인도 아닌데, 웬만한 동네의 부동산 시세, 전기/물 상태, 재건축 비용 등은 빠삭하게 아는 경지에 도달했다. 지성이면 감천인가… 포기하지 않고 계속 부동산을 알아본 결과, 마다가스카르에 도착한 지 1년 반 만에 관저 후보지로 치안, 입지, 공간, 전기/물 상태 등 모든 면에서 좋은 훌륭한 집이 나왔다. 이 이상의 집은 찾을 수 없는 것이 자명했기 때문에 관저로 결정하고 마다가스카르에 와서 세번째 이사를 하였다.

바로 그 즈음, 새로 입주한 관저에서 도보로 5분도 안 걸리는 거리에 멋진 단독 청사 후보지도 찾았다. 앞으로 대사관 인력이 더 늘어나도 다 수용할 수 있는 충분한 사무공간, 300명 이상이 참가하는 행사를 할 수 있는 넓은 정원, 그리고 수영장과 테니스 코트까지 갖추어진 단독 주택이었는데, 내부 공사를 하면 충분히 대사관으로 새롭게 단장할 만한 상태였다. 마다가스카르에는 가족끼리 편안하고 안전하게 나들이를 갈 수 있는 야외 공원이 사실상 존재하지 않는데, 대사관이 주말에는 우리 교민들을 위한 전용 공원으로 사용될 수 있을 것이라는 생각을 하였다.

2019년 12월. 새로 입주한 관저에서 마다가스카르 교민들과 함께 송년행사를 하였다. 어느 교민은 마다가스카르에 온 지 20년이 넘었는데, 대한민국 대사관저에서 송년행사를 한 이날이 가장 감격스러운 날이라고 하였다. 한인회에서는 이날을 위해 특별히 교민 장기자랑 대회까지 준비를 했는데, 교민들은 그동안 숨겨온 여러 장기를 맘껏 뽐냈다. 이날 한인사회 전체는 하나가 되어서 정말 즐겁고 의미 있는 하루를 보냈다.

이윽고, 2020년 2월에는 새로운 대사관 개관식을 하였다. 한인회장님을 비롯한 한인회 간부들과 대사관 직원들과 함께 대사관 현판식을 하고, 태극기를 게양했다. 주말이 되면 대사관은 교민을 위한 전용 나들이 공원으로 바뀌는데, 교민들은 아이들과 함께 대사관에 와서 치안 걱정 없이 편안하게 테니스와 수영을 즐기고 갔다.

한편, 마다가스카르에는 아마도 세상에서 가장 작은 규모의 한글학교가 있다. 교민 2세와 대사관 직원 자녀 그리고 현지인 학생까지 포함해서 전교생이 10명이 조금 넘지만, 나름대로 역사가 15년 이상 되었다. 일주일에 한 번 토요일 오전에 수업을 한다. 교민 중 자원해주신 분들이 교장선생님과 교사로서 수고를 해 주시는데, 정성을 다하여서 아이들을 가르쳐 주고, 수업이 끝나면 점심 겸 간식까지 만들어 주셨다. 우리 두 아이들도 마다가스카르에 있으면서 한글학교를 너무나 좋아했고, 필자도 학부모 겸 대사로서 한글학교에서 매 학기마다 하는 입학식, 종업식, 졸업식 등에 다 참석하게 되었다. 그동안 이 한글학교는 한인교회 건물을 빌려서 수업을 했었는데, 새로운 단독 청사가 생기고 나서 대사관의 별채를 사용할 수 있도록 했다. 매주 토요일 오전 대사관 별채는 한글학교로 변신하였다.

2020년1월 교민들과 함께 주마다가스카르 대사관 단독 청사 개관식을 가졌다.

해외에 나가면 비로소 느끼게 되는 한국의 위상

흔히 우리나라의 위상은 외국에 나가면 비로소 느낄 수 있다고 하는데, 특히 마다가스카르와 같은 최빈국에서 한국은 그야말로 선망의 대상이자 한마디로 꿈의 나라이다. 세계 선진국들 중 한국만이 유일하게 식민지의 아픔을 공유하고, 최빈국에서 시작해서 불과 수십 년 만에 선진국 반열에 들어선 기적의 나라이기 때문이다. 게다가 경제 발전뿐만 아니라 민주화까지 이루어낸 세계 역사상 전무후무한 국가이다.

그렇기 때문에 마다가스카르에 한국이 정식 대사를 파견한 것은 대단한 뉴스가 되었고, 부임 초기부터 나의 일거수일투족은 마다가스카르 언론의 취재 대상이 되었다. 대통령에게 신임장을 제정한 후 필자가 주요 부처 장관, 상하원 의장 등 주요 인사들을 부임 인사차 면담하러 가면 어김없이 기자들이 와 있었고, 필자의 활동은 텔레비전 뉴스와 일간지에 일제히 보도되었다.

한국 대사가 부임했다는 소식이 전해지자 대사관에는 마다가스카르 정치인, 정부 인사, 기업체 대표, 학계 인사, 심지어 마다가스카르 BTS 팬클럽 아미까지 마다가스카르 각계각층으로부터 거의 매일 필자를 만나고자 하는 면담 요청이 밀려 들어왔다. 들어오는 면담 요청은 모두 응한다는 원칙하에 웬만하면 다 만났는데, 대부분 면담의 목적은 마다가스카르의 어려운 현실을 설명하고 자신들이 추진하고자 하는 개

상원의장 면담 후 인터뷰하는 필자

발 관련 사업에 대한 한국의 관심과 지원을 요청하는 것이었다. 마치 한국대사를 만나면 왠지 한국의 기를 받아서 일이 잘 풀릴 것으로 기대하는 것처럼 느껴졌다.

　마다가스카르 내 국제사회가 한국에 대해 거는 기대도 상당히 컸다. 마다가스카르에 있는 외교단은 상대적으로 작은 규모이지만, 미국, 중국, 러시아, 일본, 인도, 프랑스, 영국, 독일 등 웬만한 주요국들은 상주 공관을 운영하고 있다. 이에 더하여 유럽연합과 아프리카연합 대표부, 그리고 각종 유엔 산하 각종 국제기구 사무소들이 다 나와 있다. 미국, 영국 등 서구 국가들은 한국 대사가 부임하여서 시장경제와 민주주의, 인권의 가치를 공유하는 유사입장국(like-minded) 국가 모임에 힘을 보태 주게 되었다면서 진심으로 환영해줬다. UNICEF, UNDP, UNESCO, WFP, WHO 등 유엔 산하 국제기구 사무소 대표들도 개발협력의 총아인 한국의 대사가 마다가스카르에 부임하니까 서로 자신들이 추진하는 사업에 한국의 참여를 끌어들이기 위하여 무척 애를 썼다.

　외교는 결국 사람을 만나면서 이루어지기 때문에 마다가스카르 주재 대사들은 돌아가면서 마다가스카르 정부 장관 등 주요 인사들과 외교단을 초청하는 오만찬 행사를 치른다. 그런데 필자는 유럽국가 모임, 미국 등 영어권 모임, 아시아 모임, 아프리카 중동 모임, 불어권 국가 모임 등 하여간 무슨 박쥐도 아닌데 웬만한 행사에는 다 초청받았다.

　아울러, 마다가스카르 정부 부처, 유엔 산하 기구, NGO, 학술단체 등 다양한 기관에서 주관하는 개발협력과 경제발전 관련 각종 세미나에 수시로 기조연설자 또는 패널리스트로 초청을 받았다. 행사 주최 측은 한국대사로부터 한국의 경제발전 경험을 생생하게 들을 수 있는 기회를 갖고 싶은 뿐만 아니라, 이를 행사 흥행의 주요 요소로 인식했던 것이다. 처음에는 주로 한국의 경제발전 경험에 대한 연설을 부탁받았는데, 나중에는 경제발전과 별로 상관없는 주제에 대해서도 한마디 해줄 것을 요청 받기도 하였다.

　한 번은 유니세프에서 아동 보호와 관련한 세미나의 전문가 패널리스트 중 하나로 참가해 줄 것을 요청 받았다. 솔직히 아동 보호에 관련해서는 아무런 실무 경험이나 전문 지식이 없어서 망설였다. 그러자 주최 측에서는 한국대사가 패널리스트로 참가하기만 해도 행사에 큰 도움이 될 것이라면서 부담 갖지 말고 편안하게 이야기를 해주면 된다고 하였다. '음… 에라 모르겠다'라고 생각하고, 인터넷에서 우리의 아동보호 정책의 변천과정, 현황 등을 벼락치기로 공부하고 패널리스트로 참석했다. 세미나에서는 나의 발언은 아동보호에 대한 이야기로 시작하다가 결국은 한국의 경제발전 경험으로 결론을 내버리는 '기승전 경제발전경험"이 되어버렸지만, 청중은 별로 개의치 않았던 것 같다.

　기조연설자와 같은 특별한 역할을 맡지 않고 그냥 귀빈 중 한 명으로 초청을 받는 행사들도 꽤 많았다. 마다가스카르 정부 부처에서 사업 시연회, 사업 결과 보고회, 또는 신 프로젝트 론칭 행사와 같은 것을 개최하게 되는 경우, 으레 각계 주요 인사들과 외교단을 초청하였기 때문이다. 필자는 다소 뜬금없어 보이는 행사도 다른 급한 일이 없으면 다 참석하는 것을 원칙으로 하였다. 그러다 보니까 마다가스카르 정부는 웬만한 행사에는 모두 한국대사를 초청하는 선순환이 형성되었다.

어떤 행사에는 외교단에서 필자만 참석하는 경우도 더러 생겼다. 한번은 체육청소년부장관이 주관하는 청소년을 위한 시립실내체육관 개관식에 초청받았다. 체육관은 중국대사관이 각종 운동기구를 지원해 준 덕분에 개관하게 된 것이었다. 그런데, 무슨 이유인지는 모르겠지만, 이날 행사에 외교단에서는 필자만 혼자서 참석했다. 중국대사관 관계자도 없었다. 그러자 체육청소년부장관은 필자를 행사 주빈석으로 안내해주고, 즉석에서 개관식 축사를 부탁했다. "음 … 중국이 지원해줘서 개관하는 것인데 이래도 되나 …" 순간적으로 망설였다. 그런데, 체육관 건물 자체는 수년 전에 한국의 NGO가 지어준 것이라는 것을 알게 되었다. 결국 한국이 지어준 건물에 체육관이 들어서게 되어서 기쁘게 생각한다는 골자로 축사를 하였다. 그리고 나서 체육청소년부장관과 함께 청소년들에게 기념 체육복을 증정하였고, 체육관 테이프 커팅 세레모니도 같이 하였다. 마지막으로 체육관 운동기구들을 장관과 함께 시범적으로 사용하고, 공동 인터뷰까지 하였다.

외교는 two-level game

외교협상론에 "two-level game theory"라는 이론이 있다. 협상은 두 가지 단계에서 이루어지는데, 국제적인 차원에서 상대국가를 대상으로 하게 되는 협상과 동시에 국내적으로 관련 당사자들을 설득하는 협상으로 이루어진 것이다. 그리고 때에 따라서는 국제협상보다는 국내협상이 더 중요하거나 어려울 때가 있다. 마다가스카르 초대 대사로의 나의 입지가 딱 전형적인 "two-level game"이었다. 특히, 마다가스카르 정부를 상대하는 각종 협의보다는 기본적으로 국내를 설득하는 작업이 훨씬 더 지난한 작업이었다. 왜냐하면 마다가스카르 측과의 협의는 대부분 한국과 마다가스카르가 많은 분야에서 협력을 강화하자는 내용이었는데, 정작 국내에서는 외교부 빼고는 마다가스카르에 신설 공관이 생겼다는 사실조차도 모르는 경우가 허다했기 때문이다. 마다가스카르 내 한국 알리기 못지않게 한국 내에서 마다가스카르 알리기가 중요했다.

그래서, 공관장회의나 여름휴가 등으로 한국에 돌아갈 기회가 있을 때마다 주요 기관이나 부처를 방문하여서 마다가스카르를 소개했다. 우선 친정인 외교부에 대해서도 마다가스카르 홍보가 필요했다. 마다가스카르를 직접 담당하는 부서인 아프리카중동국 이외에 공공외교문화국, 개발협력국, 기획조정실, 기후변화외교국, 양자경제국 등등 조금이라도 마다가스카르와 관련이 있는 부서는 다 찾아갔다. 그리고 아프리카에 관심을 갖고 있는 국회의원 사무실과 국회사무처(마다가스카르와의 의원외교 협력), 국기원(마다가스카르와의 태권도 협력), 한-아프리카재단(마다가스카르와 경제 협력), 한국국제교류재단(마다가스카르와 문화교류 협력), 성남에 있는 대외원조기관인 한국국제협력단(마다가스카르와의 개발협력), 전주에 있는 전북도청(마다가스카르와 지자체 차원에서의 협력)과 농업진흥청(마다가스카르와의 농업협력), 계룡대에 있는 해군 본부(마다가스카르와의 해군협력) 등 마다가스카르와 조금이라도 협력 가능성이 있는 기관들도 최대한 찾아다녔다.

처음에는 마다가스카르를 말로만 설명하였는데, 워낙 생소한 곳이다 보니까 필자가 아무리 잘 설명하려고 해도, 짧은 면담 시간 내에 효과적으로 내용을 전달하는 데 한계가 있었다. 그래서 마다가스카르의 바오밥, 여우원숭이 등 일단 마다가스카르에 대한 관심을 끌만 한 사진들로 시작해서 마다가스카르와 한국과의 관계, 개발협력 지원 필요성 등을 시각적으로 보여주는 5분 정도 되는 프레젠테이션 자료를 만들었다. 면담하기 위해 자리에 앉고 나면 상대방에게 양해를 구하고 갖고 간 노트북을 꺼내서 즉석에서 파워포인트 프레젠테이션을 하였다. 하다 보면 세일즈맨처럼 느껴질 때도 있었는데, 어쨌든 마다가스카르를 설명하는 데는 이렇게 하는 것이 확실히 더 효과적이었다.

2018년 6월 마다가스카르에 부임한 후 첫 케이팝 대회가 열렸을 때, 존경하는 외교부 선배인 윤여철 주이집트 대사를 통하여 이집트에 연합뉴스 특파원(노재현 특파원)을 소개 받았다. 노 특파원과는 일면식도 없었으나, 혹시나 하는 마음에 마다가스카르 한류 붐과 케이팝 대회에 대해 설명을 하였다. 그런데, 노 특파원은 의외로 관심을 보여주고, "인도양 마다가스카르도 한류… 케이팝 행사에 1,000명 관중"이라는 제목으로 기사를 내줬다. 이를 계기로 뉴스거리가 될 만한 대사관의 대외활동이나 행사가 있을 때마다 연락을 하였는데, 노 특파원은 감사하게도 매번 기사를 내줬다. 2020년이 되자 연합뉴스에서 5년 만에 재개설한 한국 유일의 남아공 요하네스버그 주재 특파원(김성진 특파원)이 마다가스카르를 담당하게 되었고, 김 특파원도 감사하게도 마다가스카르 관련 기사를 계속 보도해줬다. 20년 상반기 코로나로 인하여 마다가스카르가 한창 어려운 상황에 놓였을 때 마다가스카르를 도와주기 위한 대사관의 여러 가지 활동과 관련한 기사를 여러 번 보도해줬다. 특히, 마다가스카르 한인회가 마다가스카르 코로나 지원을 위한 크라우드 펀딩을 론칭한 것을 보도해준 덕분에 한국의 여러 NGO와 일반인들까지 많은 후원을 해 왔다.

한편 마다가스카르 내에서 한국 대사관의 활동을 홍보하는 것은 한국이 워낙 관심대상이기 때문에 상대적으로 상당히 수월하였다. 무슨 특별한 행사에 참가하는 것도 아니고, 특별한 이슈가 있는 것도 아니어도 필자가 마다가스카르 정부의 어떤 장관을 면담하면 그 자체가 뉴스거리가 되어서 보도되었다. 주요 일간지와 주간지에서는 초대 한국 대사에 대한 특집 기사를 내고 싶다면서 인터뷰를 요청해 왔다.

한국 대사관의 활동을 열심히 취재해주는 기자들에게 고마움을 표시하기 위해서 관저에서 한 번씩 한국음식을 대접하였다. 그리고 이 중 특별히 한국 관련 좋은 기사를 많이 써준 기자 몇 명은 한국국제교류재단, 해외문화홍보원 등에서 주관하는 한국 방문 프로그램을 통해 한국을 방문하기도 했다.

결과적으로 마다가스카르에 있는 기간 동안 가장 많이 언론에 출연한 대사 중 하나가 되었는데, 2018년 부임한 해에는 마다가스카르 각종 일간지, 저녁 뉴스 등에 60여 회 나왔고, 그 다음 해에는 거의 3일에 한 번 꼴인 110여 회 나왔다.

유튜버가 되다

    마다가스카르에 오기 전까지만 해도 커서 축구선수 또는 과학자가 되고 싶다던 두 아들들이 어느 날부터인가 커서 유튜버가 되겠다고 이야기하기 시작했다.

    "왠 유튜버??? 이게 도대체 뭐길래 우리 아들 둘 다 커서 유튜버가 된다고 하는 거지???"

    일단 두 아들이 너무너무 좋아하는 "허팝"이라는 유튜브 채널을 같이 보기 시작했는데, 정말로 재미있었다. 마침 집에 있는 허팝이 집필한 초보 유튜버를 위한 가이드책도 꼼꼼히 읽었고, 유명 유튜버 채널들을 구독하기 시작했다. 그런데, 유튜브 채널을 서핑하면서 발견한 한 가지 재미있는 사실이 전세계적으로 외교관이 운영하는 외교관 채널은 없다는 것이다. "내친 김에 내가 한 번 해볼까…" 생각이 들었다.

    마침 재외공관의 홍보활동을 강화해야 하는 분위기에서 대사가 직접 유튜버로 활동하면 나름대로 효과가 있을 것 같았다. 무엇보다도 신생 공관으로서 예산이 넉넉하지 않은데, 유튜브 채널을 운영하는 것이 무료이고, 유튜브 제작을 위해 필요한 편집 프로그램도 무료로 다운받을 수 있다는 점도 마음에 끌렸다.

    첫 영상으로 무엇을 올릴까 고민하던 중에 마침 연말 특집으로 마다가스카르의 주요 방송국 중 한 곳에서 케이팝 대회를 개최할 예정인데, 한국 대사가 와서 축사를 해주기를 요청해 왔다. "이거 괜찮겠네!" 라고 생각하고 내 핸드폰으로 케이팝 대회 현장으로 차타고 가는 길, 참가자들의 춤 영상 등을 촬영하였다. 같이 동행한 대사관 직원에게는 영상 첫 인트로 부분과 내가 축사하는 모습 촬영을 부탁했다.

이렇게 찍은 영상을 갖고 퇴근 후 집에 와서 애들을 재우고 나서 밤에 맨땅에 헤딩하는 심정으로 거의 2주간 편집에 매달렸다. 영상 제작의 여러 과정 중 자막을 넣는 작업이 이렇게 노동집약적인 줄은 이때 처음 알게 되었다. 이후 필자는 방송 볼 때 정성 들여서 제작된 자막이 나오면 그 장인정신에 진심 존경심을 느낀다.

유튜브 채널을 "마다가스카르 이야기"라고 작명하여서 개설하고, 바오밥 나무를 배경으로 하는 채널 배너도 만들어서 업로드하였다. 그리고 드디어 2019년 1월 첫 영상인 "BTS 티셔츠를 입고 나온 마다가스카르 대사"를 업로드했다.

'누가 이런 초보 수준의 촌스러운 영상을 볼까… 굳이 마다가스카르를 검색해서 영상을 찾아볼 사람들이 과연 몇 명이나 될까' 처음에는 솔직히 괜한 짓을 하는 것이 아닌가 하는 생각도 들었다. 그런데, 정말 의외로 마다가스카르에 대한 호기심을 갖고 있는 사람들뿐만 아니라, 그냥 외교관의 일상이 궁금한 사람들까지 채널을 찾아줬다. 일단 대사가 유튜브를 하는 것이 상당히 신선하였던 것 같고, 의외로(?) 별로 근엄해 보이지 않는 대사가 나오니까 더욱 신선했던 것 같다. 영상에 많은 응원의 댓글도 달렸는데, 한편으로는 댓글을 읽으면서 국민과 너무 유리된 채로 그동안 외교를 해온 것 같다는 반성을 하게 되었다.

그 후 가능하면 2주에 한 번은 영상을 제작하여서 올리는 것을 목표로 유튜브 채널을 관리하였으나, 퇴근 후 저녁 시간에 짬짬이 만드는 것이어서 어쩔 때는 한 달에 한 번도 채 못 올리는 경우도 많았다. 결

국, 꼭 한 달에 몇 번 영상을 올린다는 강박관념에 사로잡히기보다는 그때그때 업무량에 맞춰서 영상을 올리는 것으로 했다.

시간이 지나 브이로그를 요청하는 구독자들이 생겼는데, 처음에는 도대체 브이로그가 무엇을 의미하는지 몰랐다. 검색을 해보니까 그냥 일상생활 영상을 의미하는 것이었다. "흠 … 이런 영상들도 관심을 끌까?" 반신반의하면서 평상시 출근 모습, 마다가스카르 정부 인사와 면담하는 모습, 인터뷰하는 모습 등을 올렸는데, 의외로 많은 조회수를 올렸다.

구독자수가 1,000명을 넘어서니까 구독자들도 다양해졌고, 특히 외교관을 꿈꾸는 초·중·고등학생과 수험생들이 외교관 생활 자체에 대해 이런저런 질문을 댓글로 남겼다. 처음에는 이들 질문에 일일이 댓글을 남겼는데, 도저히 감당이 안 되어서 아예 구독자 1,000명 돌파 기념 영상으로 "외교관에 대해 궁금한 것 다 물어보세요"를 찍었다. 그런데, 사전에 받은 질문이 너무 많아서 결국은 2편까지 찍어서 올렸다.

마다가스카르를 떠날 때까지 필자의 영상 편집 실력은 거의 변함 없이 초보수준에 머물렀지만, 구독자가 2,000명이 넘었고, 어떤 영상들은 1만회 이상의 조회수도 기록하였다. 유튜브 채널 덕분에 확실히 한국에서 이역 만리 떨어진 마다가스카르와 대사관의 여러 활동을 우리 국민에게 더 친근감 있게 알릴 수 있었다. 공익 목적으로 만든 채널인 만큼, 당연히 광고 수익은 전혀 없었다.

PART
02

신비의 섬
마다가스카르

태곳적 어떻게 마다가스카르가 만들어졌을까

신비의 섬 마다가스카르는 사실 제법 큰 나라이다. 마다가스카르는 세계에서 4번째로 큰 섬으로서, 면적이 한반도의 약 2.7배에 달한다. 세계지도를 펼쳐 보면 아프리카 대륙 오른편으로 마치 거인이 왼발을 디뎌서 커다란 발자국을 남긴 것처럼 생긴 섬이 바로 마다가스카르이다. 그런데, 많은 사람들은 아프리카 대륙 옆에 이렇게 커다란 섬이 있다는 사실조차 잘 모른다.

마다사스카르의 상징인 알락꼬리 여우원숭이

마다가스카르를 신비의 섬이라고 일컫는 이유가 단지 이 섬이 잘 알려지지 않았고, 왠지 나라 이름 자체에서도 신비로운 분위기가 풍겨서인 것만은 아니다. 마다가스카르에서 발견되는 동식물의 90%는 지구상에서 오로지 마다가스카르에만 존재한다. 춤추는 시파카(sifaka) 여우원숭이(리머; lemur), 푸사(fosa)라고 불리는 퓨마의 축소 버전, 만화에서나 나올 것 같은 오색 빛의 울긋불긋한 카멜레온, 뿌리가 하늘로 올라간 바오밥 나무 등을 보면 마치 다른 세상에 온 기분이 든다. 이러한 마다가스카르의 독특한 생태계와 다양한 종의 분화를 보고 마다가스카르를 제8의 대륙이라고 부르기도 한다.

그러면 어떻게 마다가스카르가 생명다양성의 보고가 되었을까? 이에 대해서는 과학자들이 여러 가지 가설과 이론을 제시하였다.[3] 19세기 중반까지 가장 많이 회자되었던 이론은 "레무리아(Lemuria)"라는 사라진 초대륙 가설이었다. 이는 여우원숭이가 마다가스카르에서만 발견되지만, 이와 유사하게 생긴 포토(potto), 부시베이비(bushbay), 로리스(loris) 등이 아프리카와 아시아에서 발견되는 사실에 착안하여서 원래 마다가스카르가 인도양의 아프리카, 아시아와 호주까지 연결하는 레무리아라고 불리는 거대한 대륙의 일부였다는 이론이다. 그러나, 이 이론은 이 거대한 대륙이 흔적도 없이 사라진 이유를 설명할 수가 없었다.

또 다른 가설은 마다가스카르 인근의 조그마한 섬들을 따라서 동식물이 이동해서 마다가스카르에 정착했다고 했다는 이론이다. 실제로 마다가스카르 인근에는 차고스, 세이셸, 알다바라, 카르가도스, 마스케레나스 등 조그마한 섬들이 깨알같이 흩어져 있다. 이 가설에 의하면

---

3 이하 내용은 Peter Tyson, *Madagascar - The Eighth Continent : Life, Death and Discovery in a Lost World* (USA: The Globe Pequot Press), pp. 23 – 80 참조

아주 옛날에는 이 섬들의 크기가 지금보다 훨씬 더 컸었고, 이들 섬에서 서식하는 새들과 새 등에 업힌 다양한 벌레와 조그마한 동물들이 마다가스카르까지 이동한 것이다. 그런데, 이 가설이 설사 맞다고 하더라도, 여우원숭이와 같이 큰 동물들이 어떻게 마다가스카르까지 오게 되었는지에 대해서는 설명이 안 된다.

동물의 이동까지 설명해줄 수 있는 이론은 독일의 지구물리학자인 알프레트 베게너(Alfred Wegener)가 1915년 발표한 대륙이동설이다. 이 이론에 의하면 2억 년 전 지구에는 원래 하나의 판게아(Pangaea)라고 하는 커다란 대륙만 있었다. 1억 8천만 년 전 쥐라기가 시작되면서 판게아는 북반구의 로라시아(Laurasia)와 남반구의 곤드와나(Gondwana) 대륙으로 갈라졌는데, 곤드와나는 다시 남극 → 아프리카 → 마다가스카르 → 호주 → 인도 → 남아메리카로 분화되었다. 실제로 마다가스카르의 서해안을 보면 마치 모잠비크 동해안에서 찢겨져 나온 것처럼 양측 해안선이 퍼즐조각 맞춰지듯 딱 들어맞는다. 그리고, 지질학적으로 아프리카 남서부에서 발견되는 광물자원들은 마다가스카르에서도 발견된다. 마다가스카르의 여우원숭이와 비슷하게 생긴 로리스가 인도에서 발견되고, 남아메리카에서 발견되는 보아뱀이 뜬금없이 마다가스카르에서도 발견되는 이유도 설명된다.

약 1억 6천 5백만 년 전부터 마다가스카르는 서서히 아프리카로부터 분리되어 동쪽으로 이동하기 시작했고, 4천만 년 전 정도가 되니까 아프리카 본토에서 동물들이 표류하는 자연 뗏목 따위로 마다가스카르로 건너오는 것이 불가능할 정도로 마다가스카르가 아프리카 대륙으로부터 꽤 많이 떨어졌다. 이로 인하여 아프리카 본토에서 발견되는 사자, 기린, 하마, 코끼리, 원숭이 등은 마다가스카르로 이사를 오지 못하였다. 이렇게 본토 동식물의 접근이 원천적으로 차단된 상태에서 마

다가스카르는 오늘날의 독특한 생태계를 보존하게 된 것이다.[4]

그런데, 대륙이동설도 모든 것을 완벽하게 설명하지는 못한다. 예를 들어, 마다가스카르와 호주가 과거에 연결되어 있었다면 캥거루, 코알라와 같이 주머니 속에서 새끼를 키우는 유대목 동물이나 알을 낳지만 새끼에게 젖을 먹이기도 하는 바늘두더지와 같은 단공류 동물과 비슷한 종이 마다가스카르에서도 발견되어야 하는데, 마다가스카르에는 존재하지 않는다.

정말로 마다가스카르는 신비에 쌓인 섬이라고 하지 않을 수 없다.

4 Yuval Noah Harari, *Sapiens : A Brief History of Humankind* (London: Vintage Books), p.70

아프리카의 아시아

한번은 리샤르 라꾸투니리나(Richard Rakotonirina) 마다가스카르 국방부 장관이 필자와 다른 주요 국가 대사들을 자신의 자택에 초대하여서 만찬을 주최하였다. 대사들이 관저에서 오만찬 행사를 할 때마다 가스카르 측 장관을 초청하는 경우는 많지만, 거꾸로 마다가스카르 장관이 대사들을 자택에 초대하는 경우는 흔치 않은 일이었다. 그러나 이날은 국방부 장관이 마다가스카르 독립 60주년 기념행사에 주요 우방국들의 군이 참가하여 주기를 요청하기 위해 만찬을 준비한 것이었다. 한창 국방협력과 관련하여서 이런저런 이야기가 오갔는데, 국방부 장관이 자신이 인도네시아를 처음 방문했던 이야기를 해줬다.

"인도네시아에 처음으로 갔을 때 가장 놀라왔던 것은 공항에서 내렸을 때 전혀 외국에 온 것 같지 않았다는 것이었습니다. 여기저기서 말라가시인 라쿠뚜(마다가스카르에서 가장 흔한 이름 중 하나로서, 우리로 치면 철수에 해당)가 보이는데, 정말 당황스러웠습니다."

국방부 장관이 충분히 당황했을 만한 것이, 필자도 마다가스카르에 처음 도착했을 때 마치 동남아에 온 기분이었다.

실제로, 지금까지의 연구 결과에 따르면, 최초로 마다가스카르에 정착한 원류는 약 1,500~2,000년 전 인도네시아 보르네오섬에서 7,000km를 이동해서 온 인니-말레이계 사람들인 것으로 알려졌다. 다만, 마다가스카르 사람들에게 구전으로 내려오는 전설에 의하면 이 인니-말레이계 사람 이전에 마다가스카르에 정착한 바짐바(Vazimba)라고 불리는 종족이 있었다고 한다. 전설에 의하면 바짐바는 키가 매우 작았고, 철기에 진입하지 못하고 진흙으로 무기를 만들었는데, 인니-말레이계가 마다가스카르에 온 후 정복당하고 사라졌다고 한다.

인니-말레이계가 마다가스카르로 건너왔다는 증거로 거론되는 근거 중 하나가 언어학적인 유사성으로서, 마다가스카르의 언어인 말라가시어와 보르네오섬 남반부에서 사용되는 마안얀(Ma'anyan)어 사이에 많은 유사점이 발견된다. 한번은 필자가 궁금해서 마다가스카르 주재 인도네시아 대사대리에게 정말로 말라가시어가 인니-말레이어와 유사한지 물어봤다. 인도네시아 대사대리는 마다가스카르에 와서 실제로 말라가시어를 들어보니까 마치 인니-말레이 고어처럼 느껴진다고 하였다. 그러면서도 인도네시아 사람이 말라가시어를 더 쉽게 배울 수 있

우리와 비슷한 마다가스카르 계단식 논밭

는 것 같지는 않다고 하였다.

　문화적으로도 마다가스카르는 아프리카보다는 아시아와 더 가깝다. 일단 쌀이 주식이다. 농사를 위해 화전을 하는 것도 동남아와 유사하다. 그리고 때가 되면 모내기하는 모습과 산등성이를 타고 계단식 논을 가꾸어 놓은 풍경은 흡사 우리나라와 같다.

　마다가스카르의 전형적인 식사는 기본적으로 밥과 반찬으로 이루어진다. 필자가 소개받아서 단골이 된 대사관 근처의 마다가스카르 현지식 식당이 있다. 많이 허름한 골목을 따라 들어가야 나타나지만, 음식 맛은 정말 좋다. 그날그날 점심 특선이 매일 바뀌는데, 삶은 돼지고기, 소고기야채 볶음, 생선튀김 등 거의 한국에서 먹는 음식과 비슷하다. 특선을 고르면 밥과 국물은 자동으로 준다. 그리고 식사를 다 끝내면 입가심으로 숭늉을 준다. 마다가스카르 식당에서 숭늉이 나오는 것을 보고 처음에는 정말 깜짝 놀랐다. 마다가스카르 사람에게 한국에서도 숭늉을 마신다고 하니까 오히려 마다가스카르 사람이 정말이냐면서 반신반의했다. 마다가스카르 음식에는 탕 종류도 여러 가지가 있다. 필자가 가장 즐겨먹는 마다가스카르 탕은 우리의 육개장과 같은 루마자바 로얄(romazava royal)과 삼계탕과 같은 아꾸우 루니(akoho rony)이다.

　마다가스카르 사람들은 연장자를 존경하는 문화를 갖고 있다. 물론 서구화가 많이 진행되어서 예전 같지 않다고 하지만, 기본적으로 연장자가 이야기하면 조용히 듣고, 행여 생각이 달라도 이를 면전에서 이야기하지 않는다. 그리고 조상들을 잘 모셔야지만 자손들이 잘 된다고 굳게 믿는다. 우리처럼 조상 숭배 문화가 뿌리 깊이 있어서 기독교가 처음 마다가스카르에 전파되었을 때 기독교 교리와 조상 숭배 문화가 충돌하였다고 한다. 지금도 마다가스카르 기독교 신자 중 상당수는 아직도 조상들의 은덕을 기리는 의식을 치른다. 결혼 날짜를 정하거나 집을 사는 것과 같은 인생의 중요한 결정을 할 때는 조상과 대화를 할 수 있는 마을의 점쟁이(Mpanandro)를 찾아간다. 이렇듯 생활양식만 보면 영락없는 아시아 사람들이다.

인니-말레이계 다음으로 마다가스카르에 정착한 사람들은 아프리카 본토에서 건너온 반투(bantu) 족인데, 500~600년 사이에 주로 마다가스카르 해안가에 정착했다. 반투족은 마다가스카르의 상징 중 하나인 혹소[5]를 아프리카에서 들여왔다. 또한 7세기경부터 이미 아랍 상인들이 마다가스카르 동부해안에 출현하기 시작했다. 아랍 상인들은 아프리카에서 각종 생활용품과 도구, 자기, 천 등을 수입해 왔고, 마다가스카르의 소, 쌀, 꿀 등을 가져갔다. 그 후 이윤이 더 많이 남는 노예무역으로 활동범위를 넓혔는데, 아프리카 본토에서 노예를 마다가스카르에 데리고 왔을 뿐만 아니라, 거꾸로 마다가스카르 사람들을 노예로 아프리카 본토에 넘겼다. 이 아랍 상인들이 마다가스카르에 최초의 문자를 가져왔다. 쏘라베(sorabe; 말라가시어로 위대한 문자라는 뜻)라고 하는 이 문자는 말라가시어를 아랍문자로 표기하는 방식이었는데, 당시 소수의 엘리트층만 사용하였다. 아랍의 영향은 말라가시어에도 남아 있는데, 말라가시어로 "안녕하세요"는 "살라마"로서 아랍어 인사말 "앗살라무 알라이쿰"의 앞부분만 따온 것처럼 들리고, 말라가시어로 월, 수, 목, 일요일은 "알라치나이니", "알라루비", "알라까미시", "알라하디"로서 아랍어처럼 "알"로 시작한다.[6]

이와 같이 반투족과 아랍인들은 말라가시 문화에 나름대로 영향을 끼쳤지만, 이들만의 별도의 문화권을 형성하지는 않았으며, 궁극적으로

---

5 제뷔(zebu)라고 불리는 혹소로서 등에 불룩한 혹이 달려 있다. 인도에서 발견되는 혹소와 유사한 종이다.

6 아랍어 "알(al)"은 영어의 "the"에 해당하는 정관사이다.

는 인니-말레이계의 말라가시 문화에 흡수되었다. 그렇기 때문에 오늘날 마다가스카르는 아프리카 본토의 많은 나라들과 달리 종족 분쟁으로 인한 내전을 경험한 적이 없고, 언어도 지방마다 조금씩 방언이 다르지만 말라가시어라는 단일 언어를 사용한다.

18개 종족과 하나의 문화

마다가스카르에는 총 18개의 종족이 있는데, 이중 외형적으로 인도-말레이계와 가장 유사하게 생긴 종족은 메리나(Merina)족이다. 대략 2,000여 년 전 마다가스카르에 최초로 나타난 인류는 약 7000km 떨어진 인도네시아 보르네오 섬에서 온 용감한 인니-말레이계 사람들이었다. 이 중 일부가 오늘날 마다가스카르 수도 안타나나리보 지역의 고지대에 정착하여서 메리나 종족을 이루게 된 것이라고 한다. 고지대에 있는 종족이라고 해서 오뜨 쁠라또(haute plateau; 불어로 고원지대) 사람들이라고도 부른다. 메리나 종족은 마다가스카르 18개 종족 중 수적으로 가장 많고, 19세기 초 마다가스카르의 통일을 이룬 것도 바로 메리나족이다.

마다가스카르 서부 해안 쪽에 정착한 종족은 사카라바(Sakalava)이다. 16세기경에 첫 사카라바 왕국이 세워졌고, 아랍상인들과 활발한 노예무역을 하여서 부를 축적할 수 있었다. 아울러, 유럽인들과의 무역을 통해 총과 같은 서양 문물을 받아들였고, 18세기 중반 경에는 남서부에서 북부지방까지 매우 광범위한 영토를 통치할 정도로 막강해졌다. 그러나 18세기 말 메리나 종족과의 싸움에서 패배한 후에는 쇠락하기 시작했다. 바오밥 나무 군락지로 유명한 무룬다바가 사카라바 왕국의 남서부지역 중심도시였다. 특이하게도 사카라바는 무당들이 조상으로

벳시레오 족속이 사는 오트 마시아라(Haute Matsiatra) 주의 멋진 정경

빙의해서 나타나는 춤바(Tromba)라는 문화가 있다.

벳시레오(Betsileo)는 메리나와 유사하게 해안가가 아닌 내륙의 고원지대에 사는 종족이다. 마다가스카르 종족 중 벼농사를 제일 잘 하는 종족으로 알려져 있다. 안타나나리보에서 남쪽으로 차로 6시간 정도 내려가면 나오는 피아나란추아(Fianarantsoa) 주가 벳시레오족의 본거지이다. 피아나란추아 주는 교육의 도시로도 불리며, 마다가스카르의 최대 와인 생산지로 유명하기도 하다. 벳시레오 종족은 메리나에 비해 대체적으로 체격이 더 크다. 전통적으로 젊은 벳시레오는 성년으로 인정받기 위해 혹소와 싸워서 제압하는 사비카(Savika)라는 의식을 치러야 했는데, 현대에서 와서는 일종의 혹소를 대상으로 하는 로데오 스포츠로 진화하였다.

마다가스카르 남부쪽으로 더 깊숙이 내려가면 아프리카 본토에서 건너온 안딴드로이(Antandroy) 종족이 산다. "가시 속에 사는 사람들"이라는 의미를 지닌 이 종족은 가뭄이 일상화된 남부지역에서 발견되는 가시 나무 숲에 둘러싸여서 산다. 기후가 매우 건조하기 때문에 쌀보다는 옥수수, 마니옥, 고구마 등 적은 물로도 재배가 가능한 작물들이 주식이다. 안딴드로이 종족의 전통 춤은 아프리카 본토의 영향이 물씬 풍기는데, 손에는 창을 들고, 경쾌한 북소리에 맞춰서 다리를 힘차게 위아래로 움직이면서 몸을 격하게 흔든다. 남부지방이 워낙 살기가 힘들기 때문에 일자리를 찾아서 북쪽 고원지대로 옮기는 안딴드로이 사람들이 있는데, 고원지대 사람들에 의하여 차별을 받는 경우가 왕왕 있다고 한다.

남부 지역의 또 다른 대표적인 종족으로 마하팔리(Mahafaly)가 있다. 마하팔리는 "성스러운 사람들" 또는 "행복한 사람들"이라는 뜻인데, 안딴드루이처럼 척박한 환경에서 고군분투하면서 살아간다. 아주 독특한 장례문화가 발달되어 있어서 사람이 죽으면 그때 비로소 묘를 만들기 시작한다. 그런데, 마하팔리 종족은 시신을 땅에 매장하지 않고 지상 가옥처럼 생긴 분묘에 안치한다. 살아생전에 부와 권력을 누렸던 사람일수록 묘에 여러 가지 장식을 넣어서 만들기 때문에 완공될 때까지 몇 달이 걸린다. 시신은 완공될 때까지 계속 집에 모셔둔다. 한편, 마하팔리에게 혹소는 부의 상징이다. 따라서 망자가 부자였을수록 묘 위에 혹소의 뿔을 많이 심는다. 아울러, 길이가 2미터까지 되는 일종의 토템 막대처럼 생긴 장식물을 묘 곳곳에 세운다. 말라가시어로 "알루알루(aloalo)"라고 하는 이 막대에는 망자가 살아생전에 이룩한 여러 대업들을 조각으로 표현한다. 지금은 알루알루는 묘지에만 사용하는 것이 아니라 마다가스카르 전통 공예품으로도 사용된다.

이외에 남서부지역 해안가에서 어촌 마을을 형성하고 있는 베조

(Vezo) 종족, 아랍상인들의 후예로 불리는 안떼무루(Antemoro) 종족, 유목민으로서 혹소를 훔쳐서 지참금으로 신부집에 바치는 풍습이 있는 바라(Bara) 종족, 사랑하는 사람이 죽으면 몇 년간 머리를 자르지 않는 풍습이 있는 치미에티(Tsimihety; 말그래도 말라가시어로 머리를 자르지 않는다는 의미) 부족 등 마다가스카르에는 생활환경에 따라 독특한 문화와 풍습을 발전시킨 18개 부족이 있다.

    필자는 약 3년간 마다가스카르에서 근무하면서 마다가스카르 동서남북 대부분의 지방들을 방문하고 다양한 종족들을 만났다. 지방으로 갈수록 수도의 메리나 부족이 쓰는 표준 말라가시어는 잘 사용되지 않았고, 그 지방 및 부족에 독특한 말라가시어 방언을 사용하였다. 그리고 종족별 독특한 풍습도 확실히 느낄 수 있었다. 그런데 정말 묘한 것은 그럼에도 불구하고 이 다양한 부족들은 말라가시어 구사, 연장자에 대한 예의, 조상 숭배, 어려움에 굴하지 않는 회복탄력성(resilience), 외부인에게 친절하게 대하는 기질 등을 모두 공유하면서 하나의 "말라가시 문화"에 속한다는 것을 느낄 수 있었다는 것이다.

서양과의 만남과 마다가스카르의 통일

마다가스카르라는 지명이 최초로 등장하는 문헌은 마르코 폴로의 여행기이다. 그런데 사실 마르코 폴로는 소말리아에 있는 모가디슈에 대해 설명을 하였는데, 이를 "마다가스카르"라고 잘못 표기한 것이었다. 실제로 마다가스카르에 사는 사람들은 원래 자신들이 사는 곳을 "이자우 뚠뚤루 이자우(izao tontolo izao; 말라가시어로 '이 세상'이라는 뜻)"라고 불렀다. 말라가시어는 모든 단어가 모음으로 끝난다는 사실에 비춰 봐도 "Madagascar"는 명백히 외래어이다.

마다가스카르에 최초로 나타난 서양인은 디에고 디아스(Diego Dias)라는 포르투갈 탐험가였다.[7] 아프리카 최남단 희망봉을 돌아 인도로 가는 항해길을 찾아 나선 디에고는 폭풍우를 만나 1500년 10월 10일 마다가스카르 최북단에 좌초하게 된다. 그리고 6년 후에 또 다른 포르투갈 사람 페르난도 수아레즈(Fernando Suarez)도 같은 지역에 도착하였다. 이 두 사람의 이름을 따서 마다가스카르 최북단 항만 도시의 이름이 디에고 수아레즈가 되었다.

포르투갈 사람 다음으로 마다가스카르에 나타난 사람들은 프랑스 출신 해적들이었고, 곧이어 영국 해적들도 출현했는데, 17세기 후반부

---

[7] 이하 내용은 Mervyn Brown, *A History of Madagsacar* (NJ: Markus Wiener Publishers), pp.30-63 참고

터 18세기 초까지 마다가스카르는 해적들의 본거지로 명성을 떨쳤다. 전설에 의하면 당시 제임스 미송(James Misson)이라는 프랑스 해적이 마다가스카르에 아예 해적들의 공화국인 리베르타시아(Libertatia)를 건설하였다고 한다.[8]

한편, 마다가스카르는 앞에서 살펴본 바와 같이 18개 부족으로 나누어져 있었다. 그리고, 각 부족들도 한 명의 왕권하에 있는 것이 아니라 한 부족 내에 여러 명의 왕이 있었다. 이렇게 분열되어 있던 마다가스카르를 통일시키는 과업을 메리나 부족의 여러 왕 중 하나였던 안디리아남뿌이니메리나(Andrianampoinimerina; 말라가시어로 '이메리나가 원하는 왕자'라는 뜻) 왕이 시작했다.[9] 이 긴 이름보다는 남뿌이나(Nampoina)라는 애칭으로 불렀던 이 왕의 본거지는 수도 안타나나리보에서 약 12km 정도 교외 쪽으로 나와 있는 암부이망가(Ambohiamanga; 말라가시어로 '파랑 언덕'이라는 뜻)였다.

암부이망가는 필자가 마다가스카르에서 3년 있으면서 가장 많이 찾아간 곳이다. 마다가스카르에 바오밥 나무와 같이 신기한 볼거리가 많이 있지만, 대부분 수도에서 한참 떨어진 지방에 있기 때문에 쉽게 가지 못한다. 수도 인근에는 가족과 함께 나들이를 나갈 만한 곳도 사실 별로 없다. 우리나라 어디서든지 찾을 수 있는 이쁘게 가꾼 공원은 세계 최빈국 중 하나인 마다가스카르에는 존재하지 않는다. 그런데, 암부이망가는 주말에 안 막히면 차로 1시간 이내에 도착할 수 있으며, 남뿌이나의 궁전이 유네스코의 재정 지원으로 인하여 잘 복원되어서 관리되고 있다. 그리고 궁전 주변을 둘러싸고 있는 산의 둘레길도 나름대

---

8 op. cit. p.66
9 op. cit., pp.104−110

암부이망가 궁전 내부 전경

로 관광 코스로 개발되어 있다.

암부이망가 궁전 안에 있는 왕의 처소는 매우 소박한 단칸방의 단독 주택이다. 5평 남짓한 이 단칸방에는 부엌과 아궁이 그리고 침실까지 다 같이 있다. 지붕이 약 10미터 정도로 매우 높은데, 이 천장에 닿을 정도로 길다란 나무기둥이 단칸방 한 켠에 세워져 있다. 이 나무기둥에는 사람이 잘 딛고 올라갈 수 있도록 적당한 간격에 홈이 규칙적으로 나 있다. 궁전을 찾아온 손님이 있으면, 남뿌이나 왕은 일단 나무기둥을 타고 높이 올라가 있고, 손님은 시선을 아래로 향한 채로 궁전 안에 들어왔다. 그리고 손님이 위험하지 않은 사람이라는 것이 확인되면 기둥에서 내려 왔다.

남뿌이나는 타고난 리더였으며, 탁월한 행정가였다. 조직적으로 훈련된 군사력과 본인의 뛰어난 지략을 사용하여서 우선 12개로 분열되어 있었던 메리나 족의 유일한 군주로 등극하고, 여타 부족들을 하나씩 정복해 나갔다. 고원지대를 본거지로 삼고 있는 다른 부족인 벳시레오(Betsileo)를 복속시키고, 해안지대로 점차 세력을 확장시켜 나갔다. 1810년 별세하였을 때 남뿌이나는 사칼라바 등 일부 부족을 제외하고 대부분 복속시켰다.

　마다가스카르 통일의 위업은 남뿌이나의 뒤를 이은 그의 아들 라다마 1세에서 완성되었다. 19세기 초반에는 이미 영국, 프랑스 등 유럽인들이 마다가스카르에 빈번히 출현하였고, 일부는 해안지대에 정착해서 라다마 1세와 무역거래를 하고 있었다. 이 시기에 특히 영국과 프랑스간 아프리카에서의 세력권 확대를 위한 경쟁이 시작되었는데, 나폴레옹 전쟁 결과 프랑스가 패배하자 당초 프랑스 지배하에 있었던 인근의 모리셔스가 영국의 관할로 넘어갔다. 그러자 영국은 모리셔스를 기반으로 하여서 마다가스카르까지 진출을 꿈꾸기 시작했다. 영국은 라다마 1세에게 접근하여서 라다마 1세가 마다가스카르 전체의 왕임을 명시하는 우호협력조약 체결을 제안하였고, 영국의 우수한 기술력을 바탕으로 아버지가 못 이룬 마다가스카르 통일의 꿈을 완수하려 하였던 라다마 1세는 이를 수용하였다. 이것이 마다가스카르가 외국과 맺은 최초의 조약이다. 영국의 도움을 받은 라다마 1세는 가장 상대하기 버거웠던 서부 해안지대의 사칼라바(Sakalava) 부족까지 정복하여서 마침내 1824년 통일의 대업을 완수하였다.

역사의 평행이론

애석하게도 통일 마다가스카르도 19세기 제국주의 시대의 거대한 파고를 넘지 못하였다. 구한말 열강의 틈바구니 속에서 어떻게든지 살아남기 위하여 개방과 쇄국 사이를 오가면서 몸부림치다가 제국주의의 세력간 담합의 희생양이 되었던 조선의 역사가 인도양 아프리카의 마다가스카르에서도 똑같이 일어났다.

통일의 과업을 달성한 라다마 1세는 런던선교사회(London Missionary School; LMS) 소속 선교사들이 전해주는 서양문물을 수용하는 데 적극적이었다. 본인이 기독교로 개종하지는 않았지만, 기독교 전파에도 별다른 거부반응이 없었다. 그러나, 라다마 1세의 뒤를 이은 라나발루나(Ranavalona) 여왕 1세는 마다가스카르의 전통적인 조상 숭배 문화를 배격하고, 만민의 평등을 설파하는 기독교를 사회에 대한 근본적인 위협으로 보았다. 비슷하게 전통적인 지위가 흔들리는 것에 불안을 느끼고 있던 귀족들이 적극 합세하여서 라나발루나 여왕은 기독교를 탄압하고 쇄국정책을 펼쳤다. 반면, 라다마 1세 시절에 개혁개방정책을 적극 추진했던 귀족들은 탄압을 받았고, 라다마 1세의 자문관 역할을 하였던 영국 선교사들은 본국으로 추방당했다.[10]

---

10 2020년 9월 30일 발표된 충북대 역사교육과 강홍규 학생의 논문 '19세기 마다가스카르 메리나 왕국과 라나발로나 1세'(지도교수 공저)에 의해 라나발루나 1세는

33년간 마다가스카르를 통치한 라나발루나 1세가 1861년 타계한 후 왕위에 오른 라다마 2세는 다시 서양문물을 받아들이는 개방정책을 펼쳤는데, 재위 3년 만에 반대파들에 의하여 살해당하였다.

　　그 이후 마다가스카르는 절대 군주제에서 사실상 입헌 군주제로 전환하고, 라이니라이아리부니(Rainilaiarivony)라는 귀족이 총리로서 실권을 행사하였다. 라이니라이아리부니 총리는 탁월한 외교전략가였다. 마다가스카르에 대한 영토적 야욕이 있는 프랑스를 견제하기 위하여 영국과 긴밀한 관계를 유지하는 이이제이 외교정책을 펼쳤다. 영국의 마다가스카르에 대한 관심은 해상무역로 보호에 있었다. 특히, 당시 대영제국의 가장 중요한 식민지인 인도로 가기 위해서는 아프리카 남단 희망봉을 돌아가야 했는데, 인도양 길목에 있는 마다가스카르를 전략적으로 영국의 영향력 아래 두는 것이 중요하였다. 이에 라이니라이아리부니 총리는 영국 출신 교관들을 고용하여서 마다가스카르 군대를 영국식으로 훈련시키고, 군을 대대적으로 현대화하였다.

　　라이니라이아리부니 총리의 친영 정책은 프랑스를 효과적으로 견제하였다. 그런데, 1869년 수에즈 운하가 뚫리면서 영국에 대한 마다가스카르의 전략적 가치는 조금씩 퇴색하기 시작했다. 급기야 1890년 이집트에 대한 통치를 공고화하기 위하여 인근 우간다로 진출하는 데 관심을 갖게 된 영국은 우간다 진출의 교두보로 잔지바르(Zanzibar) 섬을 영국 보호령으로 편입시키려고 했다. 이러한 영국의 관심을 간파한 프랑스는 잔지바르에 대한 영국의 영향력을 인정하는 대신에 마다가스카르에서의 프랑스의 영향력을 인정하는 조약을 체결하자고 제안하였

서구의 침략에 맞서 메리나 왕국을 지키기 위해 전통을 지키면서 근대문물을 선별적으로 수용한 인물로 재조명되었다. 이 논문은 세계사문화사학회 학술지인 세계역사와 문화연구 56호에 게재되었다.

안타나나리보 수도 언덕 위에 있는 여왕궁.
1896년 프랑스군의 공격으로 함락되고 나서 마다가스카르는 프랑스의 식민지가 되었다.
여왕궁은 1995년 원인불명의 화재로 건물 내부가 전소되었다.

여왕궁에서 안타나나리보 시내가 한눈에 들어온다.

고, 영국은 전격적으로 이를 받아들였다. 마다가스카르판 "가스라–태프트" 밀약이다.

영국의 배신은 마다가스카르에게 엄청난 충격으로 다가왔다. 이를 되돌리기 위하여 라이니라이아리부니 총리와 런던선교회 소속 친마다가스카르 영국 인사들이 무진장 애를 썼으나, 냉혹한 국제정치 현실에서는 마다가스카르는 열강들의 제국주의 쟁탈전의 희생물에 불과할 뿐이었다. 1896년 마다가스카르 정복에 나선 프랑스군에 맞서 마다가스카르 군은 용맹스럽게 저항하였다. 그러나, 결국 수도에 있는 여왕궁은 프랑스 군의 포격에 무너지고 마다가스카르는 항복하였다. 이로써 마다가스카르라는 국가는 세계 지도에서 사라지고 1960년 독립을 얻을 때까지 프랑스의 식민지가 되었다.

PART

03

마다가스카르
사람 마음속으로
파고들기

마다가스카르의 고유 언어 말라가시어

섬나라인 마다가스카르는 대륙의 아프리카 국가들과 여러 가지 측면에서 다른 점이 있는데, 그 중 하나가 토착 언어가 말라가시어 딱 한 가지만 있다는 것이다. 물론, 지방마다 방언이 있고, 심한 경우에는 거의 못 알아들을 정도로 방언이 심하지만, 어쨌든 대륙 아프리카의 경우 한 나라에 토착 언어 수십 개가 있는 경우가 다반사인데, 마다가스카르는 말라가시어 하나만 있을 뿐이다.

많은 아프리카 국가가 식민 종주국의 언어인 불어 또는 영어를 독립 후에도 공용어로 사용하는 이유 중 하나는 토착언어가 너무 다양해서 서로 소통하기 위해서는 부득이 식민 시대에 쓰던 언어를 쓸 수밖에 없기 때문이다.

그런데, 마다가스카르는 특이하게도 토착 언어가 말라가시어 하나밖에 없음에도 불구하고, 말라가시어 이외 불어도 마다가스카르 공용어로 지정되어 있다. 불어는 엘리트 계층의 언어로서, 사실상 주로 외국사람들과 대화할 때만 사용한다. 일상생활에서 마다가스카르 사람들끼리는 다 말라가시어를 쓴다. 그나마 수도를 벗어나면 불어를 구사하는 사람은 거의 없고, 그 지방 고유의 말라가시어 방언을 쓴다.

말라가시어는 말레이-폴리네시아어에 속한다. 더 세부적으로 들어가면 인도네시아 보르네오 섬에서 쓰는 바리토어에 어원을 두고 있으며, 말레이 고어(古語)와도 일부 유사점이 있다고 한다. 그러나, 이러한 유사점에 불구하고, 인도네시아 사람이라고 해서 말라가시어를 배우는 데 특별히 더 유리한 점은 없고, 마다가스카르에서만 사용되는 유일무이한 고유 언어이다.

그런데, 신기하게도 말라가시어와 우리말 사이에는 여러 유사점이 있다. 일단 명사의 남성, 여성 구분이 없고, 단수와 복수 구분도 문법적으로 엄격하지 않다. 서양 언어처럼 복잡한 시제도 없어서, 우리말처럼 기본적으로 과거/현재/미래 세 가지 형태만 있다. 그런데, 가족간의 명칭은 우리말처럼 매우 정교한데, 예를 들어, 영어는 오빠, 남동생 모두가 brother이고, 누나, 여동생 모두 sister이지만, 말라가시어는 우리말처럼 화자의 성/서열에 따라 부르는 방식이 다 다르다.

우리나라 말의 대표적인 특성 중 하나가 의성어와 의태어가 발달한 것인데, 말라가시어도 못지않다. 말라가시어로 "시끄럽다"는 정말 시끄러운 소리처럼 들리는 "따빠따빠(tabataba)"이고, "미소를 짓다"는 말하면서 저절로 미소가 만들어지는 "밋치치키(mitsikitsiky)"이고, "후 하고 세게 불다"는 "미후후후후(mifofofofo)"이다.

또한 말라가시어도 우리말처럼 부사를 두 번 반복해서 말하는 경우가 많다. 예를 들어, "빨리 빨리"와 같이 말하는 것이다. 그런데, 우리말의 경우 두 번 반복하면 강조하는 의미이지만, 말라가시어에서는 거꾸로 의미를 좀 완화시켜준다. 즉, "좋다"에 해당하는 말라가시어가 짜라(tsara)인데, "짜라 짜라"라고 하면 정말 좋다는 것이 아니라, 오히려 "괜찮다"라는 의미가 된다.

흔히 마다가스카르를 아프리카의 아시아라고 하는데, 그 이유가 마다가스카르 사람의 원류가 동남아에서 왔기 때문인 것만은 아니다. 문화적으로 마다가스카르 사람들은 동양에 더 가깝다. 자신을 높이기

보다는 낮추고, 상대를 존중하면서 이야기를 끝까지 경청한다. 서양처럼 자신의 감정이나 생각을 거침없이 이야기하기보다는 우회적으로 이야기한다.

이러한 문화적 특성은 말라가시어에 그대로 반영되어 있다. 말라가시어는 특이하게도 문장구조가 동사 − 목적어 − 주어 순이다. 따라서, 이야기의 주체가 누구인지 알기 위해서는 상대방의 말을 끝까지 잘 경청해야 한다. 직설적으로 이야기하는 것은 가급적 피하기 위해 능동태보다는 수동태를 더 많이 쓰는데, 예를 들어, '나는 밥을 먹다'를 말라가시어로 이야기하면 '먹는다 밥을 나에 의해'가 된다. 심지어 상대방에게 지시할 때(명령형 문장)도 수동태로 이야기한다. 즉, "이것을 주세요"가 아니라 "이것이 당신에 의해 나에게 주어지기를"이라고 이야기한다.

무엇보다도 말라가시어는 서정적인 언어이다. 말라가시어로 태양이 "마쑤안드루(masoandro)"인데, "마쑤(maso)"는 눈, "안드루(andro)"는 하루, 즉, 태양은 "하루의 눈"이다. 영광은 "부니나히차(voninahitra)"인데, 이는 "풀(ahitra)"의 "꽃(vonin)"이라는 의미를 내포한다. 이러한 말라가시어의 서정적인 면을 단적으로 보여주는 것이 마다가스카르 사람들의 시간 개념이다. 말라가시어는 시간을 숫자로 나타내지 않고, 그 시간의 특색으로 이야기한다.[11]

---

11 Peter Tyson, *Madagascar − The Eighth Continent : Life, Death and Discovery in a Lost World* (USA: The Globe Pequot Press), pp. 284−285

말라가시어를 배워볼까

  외교를 한마디로 설명한다면 아마도 상대방의 마음을 사는 것이라고 할 수 있을 것이다. 그런데, 상대방의 마음을 사기 위해서는 가장 중요한 것은 진정성이 느껴져야 한다는 것이다. 국가 간의 관계라는 것도 결국은 사람 간의 관계인데, 피상적이고, 기술적인 기교만 느껴진다면, 딱 그 정도 수준의 관계만 성립되는 것이다.

  마다가스카르에 부임하고 나서 며칠 뒤 대사로서 가진 첫 일정은 외교장관을 만나는 것이었다. 외교부 청사로 가는 길에 운전기사로부터 "장관님을 만나 뵙게 되어서 반갑습니다"라고 말라가시어로 어떻게 하는지 배워서 열심히 외웠다. 외운 대로 외교장관에게 인사하니까 깜짝 놀라면서 진심으로 좋아했다. '어, 이게 생각보다 효과가 괜찮은데'라고 생각하면서, 이틀 뒤 마다가스카르 대통령을 만나 신임장을 제정하는 자리에 다시 말라가시어로 인사말을 하였다. 마다가스카르 대통령도 깜짝 놀라면서 매우 좋아했다. 그 뒤로 신임 인사차 만나는 모든 마다가스카르 정부 장관 등 주요 인사들에게도 인사말을 말라가시어로 했다.

  마다가스카르 언론은 새로 부임한 한국 대사에게 엄청난 관심을 보였다. 신임 인사차 장관들을 만날 때는 사실 특별한 의제가 있는 것은 아니고, 그냥 상견례를 하는 것인데도 불구하고도, 면담이 끝나고 나오면 주요 방송국, 일간지 기자들이 몰려와서 즉석에서 마다가스카르 장관과 나에게 마이크를 들이댔다. "흠. 이왕이면 기자들에게도 첫 몇 마디를 말라가시어로 해볼까." 생각이 들어서 장관들과 만났을 때 쓰는 인사말을 약간 변형하여서 기자들용 멘트로 재활용했는데, 이게 기자들 사이에 폭발적인 인기를 끌었다.

필자는 특이한 개인기가 하나 있는데, 예전에 개그맨 이수근이 중국어 흉내를 내면서 인기를 끈 것처럼 필자도 다른 나라 언어 흉내를 그럴싸하게 할 수 있다. 그래서 내 말라가시어 흉내도 상당히 자연스러워서 듣는 사람 입장에서는 내가 진짜로 말라가시어를 할 줄 아는 것으로 착각하게 만들었다. 기자들은 마다가스카르에 부임한지 일주일도 채 안 된 한국 대사가 말라가시어를 구사하는 것처럼 인사말을 하니까 너무나 신기했던 것이다.

다음으로 시도한 것은 연설문 도입부를 말라가시어로 하는 것이었다. 이때 내 발언문의 첫 번째 단락을 말라가시어로 준비해서 말하면, 내용과 큰 상관없이 엄청나게 뜨거운 반응을 받았다.

그런데 필자가 무슨 대국민 사기극을 하는 것도 아니고, 말라가시어를 할 줄 아는 것처럼 임기 내내 연기를 할 수 있는 것은 아니었다. 말라가시어 개인 교습 선생님을 수소문하여서 일주일에 두 번 수업을 시작했다. 그런데, 말라가시어는 필자가 익숙한 영어나 불어와 너무나 다른 외국어였다. 언어를 완전히 백지상태에서 배운다는 것이 이렇게 어려운 것인지 처음 알았다. 그리고, 새로운 언어일수록 무조건 쓰면서 익혀야 하는데, 업무상 만나는 사람들은 모두가 다 불어를 완벽하게 구사하니까 말라가시어를 쓸 기회가 없었다. 의욕적으로 대사관 현지 행정원에게 대사와 말할 때는 무조건 말라가시어로 하자고 제안했다가 내가 먼저 답답해져서 불어로 전환해버렸다. 말라가시어 개인 교습도

일 핑계로 연기하게 되는 경우도 다반사였다.

"그냥 관둬 버릴까." 해도 해도 전혀 진전이 없는 말라가시어 공부를 계속 해야 하는지에 대한 회의가 들었다. 그런데, 우리 마다가스카르 교민 중 말라가시어를 한국어처럼 유창하게 하는 분들을 알게 되었다. 사업 또는 NGO 활동을 하면서 말라가시어로 현지인들과 너무나 자연스럽게 스스럼없이 대화를 하는 모습을 보니까 다시 마음을 다잡게 되었다. "교민들도 이렇게 현지어를 하는데, 대사가 한 마디도 못하는 것은 정말 아니다. 끝까지 해보자."

말라가시어 개인 교습을 1년 정도 하고 하니까 귀는 조금 뚫렸고, 기본적인 단어들과 문장 구조는 알게 되었는데, 여전히 말하는 것은 별로 늘지 않았다. 계속 고민이 되었다. 이렇게 하다가는 마다가스카르를 떠날 때까지 말라가시어로 간단한 대화조차 나누지 못하게 될 것 같았다.

2019년 3월 MAF(Mission Aviation Fellowship)라는 NGO에서 운행하는 소형비행기로 오지 방문을 하게 되었는데, 우연히 이 MAF 소형비행기 조종사(Patrick Keller)의 아내가 외국인들을 대상으로 말라가시어 교습 센터(이름이 "네헤미아 센터")를 운영하고 있다는 것을 알게 되었다. 주로 외국인 선교사들을 대상으로 하여서, 단기간 내 집중적으로 회화 위주로 말라가시어 훈련을 시켜서 바로 현장에 투입될 수 있도록 하는 과정이었다. 켈러 씨에게 혹시 선교사가 아닌 외교관도 이 과정에 등록할 수 있는지 물어봤다. "대사님이 하시게요? 우리 과정에는 한 번도 외교관이 등록한 적은 없습니다만, 원하시면 가능합니다." 이렇게 해서 주중에는 원래 하고 있던 말라가시어 개인 교습을 계속 하고, 주말에는 네헤미아 센터의 어학 훈련과정에 다니기 시작했다. 확실히 회화 연습도 병행하면서 말라가시어를 배우니까 효과가 있었다.

마다가스카르에서의 마지막 해인 2020년. 3월에 첫 코로나 확진자가 발생하고 나니까 모든 대면 활동은 전면 중단해야 했고, 이에 말라가시 수업도 중단할 수밖에 없었다. 약 2년간 말라가시어를 공부하니까 어느 정도 자신감을 갖게 되었는데, 갑자기 수업을 중단하게 된 것이었다. 특히, 네헤미아 센터의 초급 과정을 다 마치고 중급을 시작할 무렵에 코로나 사태가 터진 것이어서 너무나 아쉬웠다.

"이 상태로 그만 두기에는 너무 아깝지⋯" 네헤미아 센터에 혹시 화상으로 연결하여서 수업을 계속 할 수 있는지 문의하였다. 센터 측은 나의 제안을 적극 고려하겠다고 하고, 인터넷 설치 등의 준비기간을 거친 후 화상으로 수업을 재개하였다. 결국 2020년 9월 29일 임기가 다 되어서 마다가스카르를 떠나기 열흘 전인 9월 19일까지 화상으로 주 3회 중급 과정 수업을 하였다. 중급 과정은 어린이 동화책 그림을 보면서 말라가시어로 스토리를 만들어서 이야기하는 것이었는데, 마다가스카르를 떠날 때는 선생님의 도움을 받아 떠듬떠듬 거리면서 간단하게 말라가시어로 이야기를 풀어나갈 수 있는 정도까지는 되었다.

당초 목표는 마다가스카르를 떠날 때 말라가시어로 자연스럽게 즉석 연설을 할 정도의 수준이 되는 것이었는데, 너무 원대한 꿈이었다. 다만, 시장이나 식당에서의 일상적인 대화 또는 관저 관리 현지인 행정원과의 간단한 대화 정도는 큰 어려움 없이 말라가시어로 소통이 가능한 정도까지는 되었다. 이렇게 공부한 말라가시어를 나중에 또 언젠가 유용하게 사용하게 될 날이 오지 않을까 기대한다.

말라가시아어로 시간을 이야기하기

00:00 - "밤의 절반"

02:00 - "개구리가 울다"

03:00 - "수탉이 울다"

04:00 - "아침이지만 아직도 밤"

05:00 - "까마귀가 울다"

05:15 - "날이 희미하게 보이다"

05:30 - "부지런한 사람들은 일어난다"

6:00 - "해가 뜨다"

6:15 - "이슬이 떨어지다"

6:30 - "(이슬이 떨어져서) 잎이 마르다"

6:45 - "날이 입을 좁게 하다(겨울에)"

8:00 - "날이 진전하다"

9:00 - "지붕 중도리를 넘어"

정오 - "지붕 마룻대를 넘어"

12:30 - "날이 문턱을 잡다"

1:00 - "날이 새나가다"

3:00 - "송아지를 묶는 곳에 있다"

4:00 - "양 또는 닭장에 있다"

5:00 - "태양이 서쪽 벽에 닿다"

5:30 - "소가 집에 돌아오다"

6:00 - "해가 지다"

6:15 - "새가 돌아오다"

6:30 - "땅거미가 지다"

6:45 - "밥솥의 끝이 어두워지다"

7:00 - "밥을 안치다"

8:00 - "밥을 먹다"

8:30 - "밥을 다 먹다"

9:00 - "잠자리에 들다"

9:30 - "모두가 다 자다"

말라가시아어는 매우 서정적인 언어이다. 시간을 숫자로 말하기보다는 그 시간대를 가장 잘 묘사하는 표현을 사용한다.

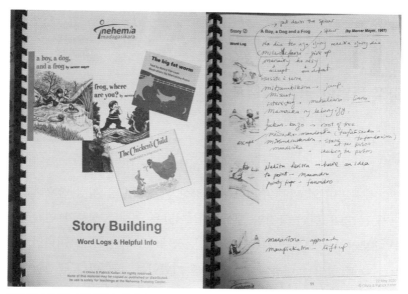

필자가 공부한 네헤미아 센터의 중급 말라가시어 교재

아주 특별한 국경일 행사

대사관이 일 년간 주최하는 다양한 외교행사 중 가장 중요하고 규모가 큰 것은 단연 국경일 행사이다. 이날은 주재국 정부와 민간 분야의 내로라하는 모든 인사들과 외교단, 국제기구 수장 등 오피니언 리더들을 수백 명씩 초대하여서 국경일을 기념한다. 나라마다 국경일 행사를 치르는 방법이 조금씩 다르지만, 보통 음악 또는 전통 공연과 같은 문화행사가 있고, 초대받은 손님들에게 전통 음식을 제공한다.

국경일 행사에서 빠질 수 없는 것이 대사의 연설이다. 보통 지난 1년간 양국 간 외교관계의 진전사항을 뒤돌아보고, 앞으로 발전 방향을 제시한다. 대사들은 사람들이 잘 경청할 수 있을 정도의 적당한 길이에 문학적인 요소와 적절한 예화 등을 곁들여서 나름대로 심혈을 기울여 준비를 한다.

그런데, 필자가 마다가스카르에서 참석한 국경일 행사에서 들은 대사 연설은 예외 없이 불어 또는 영어(불어를 못하는 대사의 경우)로 행해졌다. 이 중 가끔 연설문 첫 문장 정도는 말라가시어로 하는 경우도 있었는데, 우레와 같은 박수가 나왔다.

"흠 … 인사말을 말라가시어로 한다고 저렇게 좋아하는데, 아예 연설문을 통째로 말라가시어로 하면 어떨까?"라는 생각이 들었다. 그리고, 마다가스카르에 부임 후 처음으로 개최하는 우리나라 국경일 리셉션에서 말라가시어로 연설하는 것을 해보기로 마음먹었다.

일단 3페이지 정도 분량의 연설문 초안을 영어로 썼고, 이를 현지인 행정원에게 말라가시어로 번역을 부탁했다. 한 단락씩 영어 버전 바로 밑에 말라가시어 버전을 복사하여 붙이고 가능한 대로 내가 읽는 말라가시어가 무슨 의미인지를 음미하면서 읽는 연습을 하였다. 그러나 애시 당초 말라가시어 기본도 제대로 갖추어지지 않은 상태에서 말라가시어로 연설을 하려는 시도 자체가 아무래도 무리였다. 내가 무슨 말을 하려고 하는지를 내 스스로 알아듣지 못하는데, 제대로 된 연설이 나올 리가 만무하였다. 단어의 의미에 따라 강약을 조절하면서, 자연스럽게 이야기하면서 청중의 관심을 이끌어야 비로소 연설이 되는데, 내 귀에는 아무런 의미가 없는 단어들을 발음만 흉내를 내면서 연설을 하니까 참으로 어색하기 짝이 없었다. '아, 그냥 포기하고 불어로 해버릴까'하는 유혹이 수도 없이 들었다.

그래도, 이대로 포기하기에는 아까워서 현지인 행정원이 자연스럽게 연설문을 읽는 것을 녹음하고 이를 집에서 계속 들으면서 혼자서 연습하였다. 어느 정도 말라가시어 흉내를 비슷하게 낼 수 있게 된 후에는 하루는 대사관 현지인 리서처, 다음날은 대사관 운전기사, 그 다음은 관저 관리 행정원 등 관객을 바꿔 가면서 연설 연습을 했다.

이렇게 일주일 정도 집중적으로 연습하고, 드디어 국경일 행사 당일이 왔다. 행사장에 2시간 정도 먼저 도착해서 행사 시작 직전까지 또다시 연설을 연습했다.

드디어 11시 국경일 행사 시작 시간이 되자, 마다가스카르 정부, 업계, 언론계, 학계 등 주요 인사들과 외교단, 국제기구와 주요 NGO 대표들이 속속 도착하였다. 한국 대사가 부임한 후 첫 국경일 행사로서 많은 관심을 끌었던 것이었는데, 마다가스카르에 개최되는 국경일 행

대사 부임 후 첫 국경일 행사에서 연설하고 있는 필자

사에 통상적으로 모이는 200여 명의 인원의 거의 두 배인 400명 가까이 모였다. 마다가스카르 최고법원장, 상원의장을 비롯하여서 정부 장관들도 여러 명이 왔다.

첫 번째 순서는 수교 25주년을 축하해 주기 위해 멀리 한국에서 찾아온 진조크루의 힙합댄스 공연과 K-Tigers의 태권도 공연이었는데, 대부분의 행사 참석자들은 난생 처음 보는 현란한 공연에 깜짝 놀라고 너무 좋아했다.

이윽고, 연설을 할 순서가 왔다. 관례에 따라 내가 먼저 연설을 하고 나서, 마다가스카르 정부대표가 답례로 연설을 하기로 되어 있었다. 400여 명이 지켜보는 앞에서 준비한 원고를 꺼내서 말라가시어로 연설을 하기 시작하였다. 연설 첫 부분은 행사에 참석하여 준 주요 인사들을 호명하는 것으로 시작한다. "마다가스카르 정부 대표로 오신 국방부 장관님, 최고법원장님, 상원의장님, 외교단장님과 대사님, 국제기구 대표님들, 친애하는 신사숙녀 여러분" 우선 이 부분을 말라가시어로 하고 나니까 사람들이 박수를 쳤다. 사실 다른 나라 국경일 행사에서도 이 부분을 말라가시어로 하는 대사들이 가끔 있기 때문에 여기까지는 그렇게 놀라운 것은 아니었다.

그러나 내가 예상을 깨고 그 다음 단락도 계속 말라가시어로 연설을 이어나가니까 청중은 웅성거리기 시작했다. 첫 번째 단락이 끝나고 행사 보조를 맡은 대사관의 현지인 행정원이 외국인들을 위하여 내 연설을 불어로 통역해주니까 그제서야 청중은 내가 연설 전체를 말라가시어로 준비했다는 것으로 깨닫고 놀라움을 금치 못하였다. 10분 정도 되는 연설을 끝내니까 우레와 같은 박수가 나왔다.

답사를 하기 위해 단상에 오른 마다가스카르 정부 대표 국방부 장관은 미리 준비한 원고를 읽기 전에 "이렇게까지 말라가시인에게 다가서기 위해 우리의 언어로 연설을 해줘서 진심으로 감사하다"고 했다.

국경일 행사에 참가한 어떤 분은 그동안 수많은 국경일 행사에 참석해 보았지만, 말라가시어로 처음부터 끝까지 연설을 해주는 대사는 한국대사가 처음이라고 했다. 또 다른 분은 여기서 수십 년간 산 외국인들 중 말라가시어를 못하는 사람이 태반인데, 새로 부임한 한국 대사가 이렇게 말라가시어로 연설을 해줘서 정말 감사하다고 했다. 이날 저녁 방송 뉴스와 다음날 조간신문에도 내가 말라가시어로 국경일 행사 연설을 한 것이 크게 보도되었다.

우리의 예전 모습을 생각하면 내 현지어 연설에 대한 이러한 분에 넘치는 반응을 조금 이해할 수 있었다. 우리도 80~90년대까지만 해도 외국사람이 떠듬떠듬 한국말로 인사말이라도 하면 엄청나게 감격하였던 시절이 있지 않았나!

이날 이후로 나는 말라가시어로 연설하는 대사로 조금씩 알려지기 시작했다. 추가적인 예산을 들일 필요 없이 세치 혀로 마다가스카르 사람의 마음을 살 수 있었다는 점에서 가성비 차원에서도 상당히 효과적이라고도 볼 수 있다.

다만, 동료 대사들로부터 나 때문에 자기들은 말라가시어를 배우려고 노력조차 하지 않은 사람으로 찍히게 되었다는 농반진반 핀잔을 여러 번 들었다. 이는 외교전에서 어쩔 수 없는 부수적 피해(collateral damage)이다.

마다가스카르 예능 프로그램 데뷔

마다가스카르에 온지 만 2년이 지난 2020년 1월 초, 마다가스카르 주요 케이블 TV 방송(Viva)의 간판 예능 프로그램으로부터 신년 초대 손님으로 출연요청이 들어왔다. "스타밴"이라는 프로그램인데, 우리로 치면 이영자의 "택시"와 유사한 포맷이다. 남녀 메인 MC 두 명이 그 날의 게스트와 함께 방송국의 밴에 탑승해서 대담을 나누고, 특별히 게스트가 소개하고 싶은 곳을 같이 탐방하는 컨셉이다.

매 회마다 마다가스카르 유명 가수, 배우, 운동선수와 정치인이 게스트로 출연할 정도로 현지에서는 거의 최고의 인기를 구가하는 예능 프로그램 중 하나였다. 스타밴 담당 피디는 한국 대사가 이 프로그램에 출연하게 되면 프로그램 역사상 최초의 외국인 출연이 될 것이라고 하면서, 특히 한국을 널리 알릴 수 있는 기회가 될 수 있다는 점을 고려하여서 출연을 긍정 검토해달라고 하였다.

그런데, 문제는 이 프로그램이 처음부터 끝까지 100퍼센트 말라가시어로 진행된다는 점이었다. 피디는 필자가 말라가시어로 활동하는 모습을 저녁 뉴스를 통해서 보고 내가 말라가시어를 유창하게 하는 것으로 생각한 것이었다.

"솔직히 말씀드리면, 제 말라가시어는 아직도 초보 수준입니다. 저녁 뉴스에 나오는 말라가시어를 하는 모습은 제가 미리 연습을 한

Starvan 출연진과 함께

것입니다." 담당 피디에게 이실직고했다. 그래도 피디는 전혀 문제없다고 하면서, 그냥 있는 그대로를 보여주면 될 것이라고 했다. "음. 분명히 내가 초보수준이라고 했는데도 문제없다고 하네. 에라, 모르겠다." 하고 덜커덕 출연하겠다고 하였다.

　아무리 예능프로그램이지만, 혹시 사전에 준비한 스크립트는 있을 것 같아서 방송 전에 보내달라고 하였는데, 특별히 스크립트 같은 것은 없고, 그냥 대략적으로 질문할 사항들만 보내왔다. 그런데 또 반드시 이 질문들만 하는 것은 아니라고 했다. "흠… 그러면 이 질문들에 대한 답변을 미리 써서 줄줄이 외운들 별로 도움이 안 되겠군." 결국 맘 편하게 먹고 당일 닥치는 대로 하기로 했다.

　촬영 당일 스타밴 제작진이 수십 년도 더 된 것처럼 보이는 빈티지 폭스바겐 밴을 타고 대사관에 나타났다. 남녀 두 메인 엠씨와 반갑게 인사하고 오늘의 대략적인 촬영 일정을 이야기했다. 먼저 대사관에서 차로 2분 거리에 있는 관저로 이동하여서 관저 내부를 소개하고, 관저에서 1차 대담을 하기로 했다. 그리고 나서 내가 즐겨 찾는 말라가시

현지 음식점에 가서 다 같이 식사를 하기로 했다.

아침 9시에 시작한 촬영은 오후 1시가 되어서 끝났다. 두 메인 엠씨가 나름대로 배려하기 위해서 천천히 말을 해줬는데, 처음에는 긴장이 너무 되어서 그런지, 쉬운 말인데도 리스닝이 전혀 안 되었다. 그러나, 스타밴에서 내려서 관저에서 대담을 진행할 때는 홈그라운드 이점을 살릴 수 있어서 좀 더 자신감이 생겼다. 질문도 대략적으로 알아들을 수 있었고, 답변도 나의 짧은 말라가시어 어휘와 문장을 갖고 대충 조합해서 할 수 있었다.

> 질문: "외국대사 중 유일하게 말라가시어를 잘 하시는 것으로 알고 있는데, 뒤에서 누가 악담하면 큰일 나겠어요."
>
> 나: "아닙니다. 빨리 이야기하면 하나도 못 알아들어요. 그러나, 내 뒤에서 악담을 천천히 한다면 … 조심해야 합니다~!"
>
> 질문: "길거리 음식도 좋아하신다고 이야기를 들었는데, 그런 음식 먹고 배가 아플까봐 걱정은 안 되시나요?"
>
> 나: "전혀요. 제 배는 마다가스카르에 완전히 현지화된 배("키부 가시(kibo gasy);" 말라가시인의 배)입니다."

마다가스카르 사람들이 잘 쓰는 표현인 "키부 가시"를 사용하여서 대답하니까 엠씨들은 자지러졌다.

관저 촬영을 마친 후에는 스타밴 안에서 엠씨들과 함께 마다가스카르 국민가요 "나마나(말라가시어로 친구)"를 합창하였고, 현지인 식당에 가서 점심을 먹으면서 촬영하였다. 촬영하는 4시간이 정말 순식간에 지나갔다.

그 다음 주 내가 출연한 회분이 방영되었는데, 스타밴에 갑자기 한국 대사가 초대 손님으로 나오니까 완전히 장안의 화제가 되었다. 스타밴 제작진은 내가 출연한 회분에 대한 반응이 너무나 좋다고 하면서 나중에 주요 초대손님들이 함께 출연하는 특집을 찍을 것인데, 이때도 꼭 출연해달라고 하였다.

멀리 인도양 아프리카 섬나라 마다가스카르까지 와서 참으로 색다른 경험을 하게 되었다고 생각하고, 담당 피디에게 불러만 준다면 흔쾌히 출연하겠다고 했다. 그러나, 아쉽게도 코로나19사태가 터져서 스타밴 특집 출연은 결국 하지 못하였다.

국경일에 부른 마다가스카르 국민가요

마다가스카르에 부임하고 개최한 첫 국경일 행사에서 말라가시어로 연설을 하여서 일으킨 파란이 꽤 오래갔다. 그 이후 개최된 국경일 행사에서 다른 나라 대사들도 처음부터 끝까지는 못하더라도, 의례히 두어 단락은 말라가시어로 하는 분위기가 되었다. 심지어 어떤 대사는 본인이 못하니까 마다가스카스에 체류하는 자국 교민 중 말라가시어에 능통한 사람에게 부탁하여서 연설을 하도록 한 경우도 있었다.

해가 바뀌어 두 번째 국경일 행사 날짜가 조금씩 다가오니까, 은근히 국경일 행사 흥행(?)에 대한 압박을 느꼈다. 아무래도 연설을 작년처럼 말라가시어로 하지 않을 수는 없을 것인데, 말라가시어 연설만 하고 끝내면 왠지 2%가 부족한 아쉬움이 남을 것 같았다.

도대체 무얼 하면 좋을까 계속 고민하던 중, 어느 날 말라가시어 수업 시간에 선생님께 좀 더 재미있게 말라가시어를 배울 수 있게 마다가스카르의 인기 대중가요를 가르쳐 달라고 부탁했다. 말라가시어 선생님은 아주 좋은 아이디어라고 하면서, 유튜브 채널에서 유명한 대중가요를 골라서 틀어줬다. 그런데, 이 중 "나마나(친구)"라는 노래가 특히 마음에 와 닿았다. 조용필의 "친구여"를 연상시켜 줘서 일단 친근하게 느껴졌고, 나 같은 고음불가 음치가 따라 하기 아주 쉬운 멜로디였다.

바깥에서 나를 부르는 휘파람소리(Misy misioka any an-tokotany any)

친구여(Namana)

길거리에서 큰소리로 나를 부르는 소리

(Misy miantso eny an-dalambe eny)

친구여(Namana)

(후렴)

친구여, 나의 진정한 친구여(Namana ireo Tena namana)

나에게 없는 형제와 같은 친구여

(Solon-drahalahy Tsy mba nananana)

친구여, 나의 진정한 친구여(Namana ireo Tena namana)

친구여, 둘도 없는 친구여(Namana ireo Tsy mba namanamana)

바로 이거다! 솔직히 국경일 행사 연설을 10분간 제대로 경청하는 사람들은(나를 포함해서) 별로 본 적이 없었는데, 장황한 연설 대신에 한국-마다가스카르간 영원한 우정을 기원하면서 마다가스카르 국민 가요 나마나를 부르는 것이다! 나중에 알고 보니까, 나마나가 라조엘리나 마다가스카르 대통령의 애창곡이라고 했는데, 한국 대사가 대통령의 애창곡을 부르는 것도 나쁘지 않을 것 같았다. 고맙게도 대사관 서포터즈("친구 드 라 꼬레") 10여 명도 같이 부르겠다고 자원했다.

예행연습은 내 집무실에서 하였다. 회의 탁자에 둘러앉아서 키보드 반주에 맞춰서 다 함께 나마나를 부르니까, 집무실이 갑자기 노래연습실로 바뀐 것처럼 느껴졌다. 몇 번 연습을 거듭하다 보니까 자연스럽게 1절은 내와 내 아내가, 2절은 참사관이, 3절은 친구 드 라 꼬레 대

대사관 서포터즈와 함께 말라가시 노래 연습을 하고 있는 필자

표가, 그리고 후렴은 다같이 부르는 것으로 정리하였다.

그런데, 말라가시인들은 음악 재능이 정말 타고났다. 몇 번 부르고 나니까 너무나 자연스럽게 화음을 넣기 시작했는데, 어떻게 즉석에서 그러한 완벽한 화음이 나오게 되는지 정말 신기할 따름이었다. 이렇게 반나절 같이 연습하고 나서, 국경일 행사 당일 2시간 정도 먼저 도착해서 무대 위에서 최종 리허설을 하기로 했다.

국경일 행사 당일, 멀리 한국에서 찾아와준 전통 연회집단 The 광대의 멋진 북 공연이 끝난 후 공식 연설 시간이 되었다. 우선 미리 준비한 말라가시어 연설로 짧게 이야기했다.

"지난 1년간 마다가스카르의 더 나은 미래를 위하여 한-마다가스카르 양국이 긴밀히 협력해 온 것을 기쁘게 생각합니다. 그런데, 마다가스카르의 미래를 만들어 나가는 데 있어서 가장 중요한 사람들은 실제로 현장에서 땀을 흘리면서 일하는 지역 주민들입니다. 아울러, 마다가스카르의 밝은 미래에 한국이 동반자 될 수 있기를 진심으로 바랍니다. 이러한 의미에서 양국간의 우정을 기리기 위하여 대사관 직원들과 대사관 서포터즈 친구들과 함께 작은 무대를 준비했습니다."

이윽고 반주가 나오고, 나와 내 아내가 선창을 하니까 국경일 행사 참석자들은 깜짝 놀랐고, 환호성과 박수가 터져 나왔다. 후렴구에서는 참석자 모두가 다 함께 "친구여, 나의 진정한 친구"라고 목청껏 불렀다.

이렇게 노래 한 곡으로 마다가스카르와 더 가까워지고자 하는 한국 대사의 진정성이 전달되었다. 이날 공용 방송 저녁 뉴스부터 시작해서 그 다음날 주요 일간지는 일제히 국경일 행사에서 "나마나"를 부른 한국대사 이야기가 톱 뉴스로 나왔다.

축구 외교

다른 아프리카 국가와 마찬가지로 마다가스카르에서도 축구는 국민적인 스포츠이다. 아무리 못사는 마을에 가더라도 흔히 볼 수 있는 광경 중 하나는 폐지와 헝겊 쪼가리를 돌돌 말아서 만든 축구공을 열심히 차면서 놀고 있는 아이들이다. 그런데, 이런 축구에 대한 국민적 사랑에 비해 마다가스카르 국가대표팀의 국제무대에서의 성적은 초라하기 짝이 없다. 피파 랭킹은 106위(2018년 기준)로서, 아프리카에서도 최하위권에 맴돌고 있다. 아프리카컵이라고 불리는 "아프리카 네이션스 컵(African Nations Cup)"에는 본선에 한번도 진출해 본 적이 없었다.

그런데, 2018년 아프리카 네이션스컵 예선전에서 약체 마다가스카르가 파란을 일으키고, 2019년 본선 진출행 티켓을 거머쥐었다. 마다가스카르 축구 역사상 아프리카 네이션스컵 본선 진출은 처음이었고, 본선에 진출한 것 자체만으로도 대단한 성과였다. 2019년 본선에서도 선전을 하기를 많은 사람들이 기대를 했지만, 현실적으로 냉철하게 전력비교를 하면 큰 기대를 하기에는 아무래도 무리였다.

그러나, 공은 둥글고, 길고 짧은 것은 대봐야 아는 것 아닌가. 우리도 2002년 월드컵 본선에서 4강까지 갈 것이라고 몇 명이나 예상했나. 나는 직감적으로 2019년에 마다가스카르 축구국가대표팀의 아프리카 네이션스컵에서의 활약이 가장 큰 뉴스가 될 수도 있겠다는 생각이 들었다. 그래서, 전략적으로 마다가스카르 축구대표팀을 지원해줄 수 있는 방법을 찾아봐야겠다고 마음을 먹었다.

마침 2018년 12월에 서울에서 개최되는 재외공관장회의 참석을 위하여 잠시 한국에 귀국을 할 수 있었다. 이때 대한축구협회 측과 긴밀한 관계를 갖고 계시는 외교부 선배님(허진 대사)을 통해 대한축구협회측과 연락이 되었다. 마다가스카르가 아프리카에서 돌풍을 일으키고 있다는 사실을 설명하고, 축구협회 차원에서 마다가스카르 축구대표팀을 지원해줄 수 있는 방법을 검토하여 주기를 요청했다.

2019년 1월 마다가스카르에 새로운 대통령이 취임하고, 새 정부가 출범하였다. 이때 외교관들은 가장 바쁜데, 장관 등 주요 직위에 임명되는 새로운 사람들을 만나야 하기 때문이다. 나는 업무상 가장 중요한 신임 외교장관을 만난 다음으로 신임 체육청소년부장관부터 예방을 신청하였다. 아니나 다를까, 체육부 장관은 올해 가장 중요한 체육 행사로 마다가스카르 국가대표팀의 아프리카 네이션스컵 본선 출전을 손꼽았다. 그래서, 나도 마다가스카르가 사상 첫 본선 진출에서 좋은 성적을 낼 수 있도록 가능한 지원방법을 알아보겠다고 하니까 너무나 좋아했다. 장관 말로는 국가대표팀이지만, 축구공, 축구복 등 모든 장비들이 부족하고, 전지훈련 등 비용과 항공 숙박비 등도 지원해줄 수 있기를 바란다고 하였다. 아, 이 정도로 재정상태가 열악할 줄은 몰랐는데… 하여간 지원할 수 있는 분야를 최대한 알아보겠다고 답변하였다.

구멍가게 같은 대사관 예산으로 장관이 요청한 사항들을 지원할 수는 없었고, 결국 대한축구협회만이 유일한 희망이었다. 대한축구협회 측에 다시 읍소하는 메일을 보냈다. "우리나라가 2002년 월드컵에서 4강의 신화를 이룬 것이 많은 나라들에 희망을 줬는데, 아프리카 네이션스컵에서 또 하나의 기적이 일어날 수 있도록 우리가 마다가스카르를 도와줄 수 있으면 좋겠다"라는 요지로 간곡히 지원을 요청했다. 그런데, 대한축구협회에 의하면 이렇게 도움을 요청해 오는 국가들이 상당히 많아서 일일이 다 원하는 만큼 지원하기는 어렵다는 일차적 답변을 받았다. "음… 쉽지 않군. 대회 개막식인 6월 24일까지 아직 시간이 많으니까 좀 기다려보지"라고 생각을 했다.

5월 중순이 될 때까지 대한축구협회 측으로부터 별다른 소식이 없어서 결국 힘든가 보다 생각했었는데, 마침 5월 말경에 연락이 왔다! 마다가스카르의 축구대표팀에 월드컵 규격의 축구공 70개를 지원해주기로 했다는 것이다. 이왕이면 다른 장비들도 함께 지원해줄 수 있으면 더 좋았겠지만, 축구공 70개도 아주 훌륭했다.

체육부 측에 연락을 해서 대한축구협회에서 전격적으로 축구공 70개를 지원해주기로 했다고 알려주니까 매우 고마워했다. 6월 9일 마다가스카르 축구 국가대표팀 공식 출정식을 며칠 앞두고 축구공이 드디어 마다가스카르에 도착했다.

그런데, 이때 마다가스카르 체육부 측으로부터 갑자기 연락이 왔다. 마다가스카르 축구팀의 공식 스폰서가 얼마 전에 결정이 되었는데, 스폰서 계약에 따라 이 스폰서가 아닌 제3자가 제공하는 축구공은 받을 수 없게 되었다고 하는 것이다. 완전히 마른하늘에 날벼락이었다. 그러면, 애당초에 우리에게 지원을 요청하지 말았어야지, 어렵게 축구공을 구해서 마다가스카르에 공수하고 나니까 이제야 받을 수 없다고 하는 것은 무엇인가!!

순간적으로 눈앞이 캄캄해졌지만, 이내 정신을 차리고 대책을 생각했다. 지금 와서 축구공을 기증하지 못하고 축구협회에 다시 돌려보내는 것은 아예 선택지에 들어갈 수 없는 것이고, 지금과 같은 상황이 발생한 것은 전적으로 마다가스카르측이 잘못한 것인 만큼, 일단 강경하게 대응하기로 마음 먹었다.

"우리로서는 마가스카르 정부의 요청을 수용하여서 어렵게 국가대표팀 지원 장비를 공수해 왔다. 그런데 이제 와서 갑자기 이를 못 받겠다고 하면 이는 자칫 잘못하면 국가 간 신뢰문제로 비화되어서 앞으로 마다가스카르측과 다른 여러 협력사업도 추진하기가 어려워질 수 있다." 대략 이러한 요지로 우리 입장을 통보했다.

얼마 후, 다시 체육부로부터 연락이 왔다. 약간의 오해가 있었고, 당연히 한국이 지원하는 축구공을 받겠다는 것이었다! 그리고, 기증행사와 관련하여서 협의를 하기 위해 다음 날 대사관으로 찾아오겠다고 했다.

대사관에는 마다가스카르 축구협회, 체육부 및 스폰서 회사 대표 등이 찾아와서 며칠 후 마다가스카르 축구 국가대표팀의 공식 출정식과 팬들을 위한 시범 경기가 있고, 저녁에 국가대표팀을 위한 만찬이 있을 예정인데, 만찬 시작 전에 축구공을 기증하는 순서를 마련하는 것이 어떨지 물어봤다. 나는 아주 좋은 방안이라고 하였다.

그런데, 기증식 전날 마다가스카르측은 갑자기 계획이 변경되었다고 하면서, 국가대표팀 출정식 때 축구공을 기증하는 순서를 마련하게 되었다고, 출정식이 개최되는 아카마수아(Akamasoa) 축구장으로 와달라는 것이었다. 그리고 출정식에는 라조엘리나 마다가스카르 대통령도 참석할 예정이라는 것이었다. 갑자기 판이 엄청 커졌다.

기증식 당일, 말라가시어로 간단한 연설을 준비하고 아카마수아 축구장으로 갔다. 아카마수아는 우리로 치면 난지도 같은 곳인데, 30년 전에 페드로라는 슬로베니아 출신 신부님이 와서 쓰레기를 뒤지면서 사는 사람들에게 일자리를 마련해주면서 자급자족 마을을 시작하였다.

지금 이 마을은 3만 명이 살고 있고, 근면을 통하여 빈곤을 극복하고 있는 사람들이 사는 마을의 상징이 되었다.

아카마수아 축구장에 도착하니까 마을 사람들이 축구장을 이미 가득 채웠다. 미리 도착해 있는 체육부장관과 반갑게 인사를 하고, 대략적인 행사 개요 설명을 들었다. 이날 행사에서 내가 유일한 외국인이자 외국 대사였다.

먼저 축구 국가대표팀이 전용 밴으로 도착했다. 나는 체육부장관과 같이 밴에서 내리는 국가대표 선수들을 일일이 악수하면서 격려하였다. 이윽고, 대통령이 도착 예정이라고 연락이 왔고, 대통령 영접을 위하여 체육부장관과 함께 갔다. 대통령과 반갑게 인사를 하고, 축구대표팀과 함께 다 같이 축구장으로 이동하였다. 대통령이 축구장에 입장하니까 관중들은 열광을 하였고, 대통령과 나를 포함한 일행들은 다 함께 운동장을 한 바퀴 뛰었다. 환호는 관중들을 향해 손을 흔드는 대통령과 함께 뛰는 내 모습을 객관화하면서 드는 생각이 "이거 정말로 초현실적이네."

운동장 한 가운데로 이동하고 나서 공식 행사가 시작되었다. 대통령 바로 옆에 서서 국민의례를 한 후, 우선 대통령의 축사가 있었다. 운동장을 가득 채운 만여 명의 관중들은 대통령의 연설에 우레와 같은 박수와 환호성을 보냈다. 이어서 사회자는 나에게 마이크를 넘겼다.

차에서 열심히 연습한 말라가시어로 축사를 시작했는데, 한국 대사의 입에서 예상치 않게 불어가 아닌 말라가시어가 나오니까 관중들은 난리가 났다.

"여러분 안녕하십니까? 마다가스카르에 주재하는 대한민국 대사입니다." 와!!!! 함성 소리와 박수가 터져 나왔고, 대통령도 함박웃음을 지으면서 힘차게 박수를 쳤다. 말라가시어로 계속 이어갔다.

마다가스카르 축구 대표팀 출정식에서 연설하고 있는 필자. 필자 왼쪽의 선글라스를 끼고 있는 사람이 라조엘리나 마다가스카르 대통령이다. (사진출처: 마다가스카르 대통령실)

"제 말라가시어가 아직 초보 수준이지만, 말라가시어로 연설을 계속 하겠습니다." 이 대목에서 더 큰 박수가 터져나왔다.

"마다가스카르 국가대표팀의 아프리카컵 본선 진출을 진심으로 축합니다. 특히, 한국의 대한축구협회에서 마다가스카르를 응원하기 위하여 국제규격의 축구공을 지원하였습니다. 국가대표팀의 선전을 기원합니다. 알레파 바레아(Alefa Barea)[12]!" 대표팀 응원 구호 "알레파 바레아!"라고 외치면서 끝내니까 축구장은 거의 열광의 도가니가 되었다.

이어서 축구공을 대통령에게 기증하는 순서를 가졌고, 기념 촬영 후 대통령과 함께 귀빈석으로 이동하였다. 국가대표팀은 팬서비스를 위한 여러 가지 공차기 훈련을 보여준 후 두 개 팀으로 나누어서 친선

---

12 Alefa는 말라가시어로 "let's go"라는 뜻이고, Barea는 국가대표팀 애칭으로 황소를 뜻한다. "Alefa Barea!"는 국가대표팀을 응원하는 구호로서 우리로 치면 대략 "오! 필승 코리아" 느낌이다.

게임을 하였는데, 이날 기증한 대한축구협회 제공 축구공을 사용했다.

　대통령과 함께 참가한 국가대표팀 출정식과 3만 관중 앞에서 말라가시어로 연설하는 모습은 전국적으로 모든 뉴스 매체에 방영되었다. 이날 이후 한국 대사는 "알레파 바레아" 대사가 되었고, 한국은 마다가스카르 축구팀과 함께하는 진정한 친구로 각인되었다.

　다른 대사들은 도대체 얼마나 큰 지원을 해 줬기에 대통령과 함께 국가대표 출정식에까지 참석하게 되었냐고 물어봤다. "축구공 70개"라고 하니까 다들 할 말을 잃었다.

어린왕자의 바오밥이 있는 무룬다바

아마도 마다가스카르 하면 가장 먼저 떠오르는 이미지 중 하나는 어린 왕자에 나오는 바오밥 나무일 것이다. 어린왕자는 바오밥 나무가 자칫 잘못하면 자신이 사는 조그마한 별 전체를 다 집어삼켜버릴 수도 있다고 한다. 그런데, 실제로 어떤 바오밥 나무 종류는 어른 20명이 서로 손에 손을 잡아야 나무 둘레를 겨우 안을 수 있을 정도로 엄청나게 크게 자란다.

전 세계에 바오밥 나무는 총 8개 종이 있고, 그중 6개 종은 마다가스카르에 있다. 바오밥 나무의 가장 큰 특징은 뿌리가 하늘로 향하고 있는 듯한 모습이다. 전설에 의하면 바오밥 나무가 신에게 자신의 외모에 대해 계속 불평을 하자 화가 난 신이 바오밥 나무를 뽑아서 거꾸로 심었다고 한다.

바오밥 나무는 생명의 나무라고도 하는데, 이는 나무줄기의 80%까지 물을 저장할 수 있기 때문이다. 크기에 따라 500톤 분량의 나무줄기 안에 500톤의 물이 저장될 수 있다. 그렇다고, 이 나무에 구멍을 뚫으면 물이 콸콸 쏟아지는 것은 아니다. 저장된 물은 나무가 성장하는 데 쓰이고, 특히 몇 달 동안 지속되는 건기에 나무가 살아남을 수 있게 해준다.

그런데, 이 신기한 바오밥 나무는 마다가스카르 수도에는 없고,

지방으로 나가야만 볼 수 있다. 다만, 마다가스카르 주재 일본 대사의 관저 정원에 아주 멋진 바오밥 나무가 한 그루 있다. 원래 관저 부지에 서식하는 것은 아니고, 오래전에 심어 놓은 것이다.

바오밥 나무는 마다가스카르 해변가를 따라서 골고루 분포되어 있는데, 가장 유명한 곳은 남부 지역의 무룬다바(Morondava)라는 곳이다. 이곳에 가면 끝없이 펼쳐진 바오밥 군락지가 있으며, 특히 이 군락지의 입구로부터 시작되는 수십 킬로미터의 바오밥 나무로 이루어진 가로수길(일명 "Allee de Baobab")이 압권이다.

마다가스카르 초대 대사로서, 마다가스카르에 한국을 알리는 것 못지않게 중요한 일이 한국에 마다가스카르를 알리는 것이다. 한국사람들에게 마다가스카르는 생소해도, 어린왕자에 나오는 바오밥 나무는 웬만한 사람들이 다 아는 만큼, 전략적으로 무룬다바 지역과 다양한 행사와 협력사업을 해야겠다고 마음먹었다.

마침 내가 마다가스카르에 부임한 2018년이 한–마다가스카르 수교 25주년이 되는 해였다. 그래서 기획한 것이 그해 4월 무룬다바의 바오밥 나무 가로수길 입구에 야외무대를 설치하고 한–마다가스카르 수교 25주년 기념 공연을 하는 것이었다. 사실 어쩌면 이때까지 아직 무룬다바에 가보지 않은 상태였기 때문에 이러한 무모한 기획을 했었던 것 같다. 바오밥 나무 가로수길이 있는 바오밥 군락지에는 전기나 수도 같은 문명의 이기는 없고, 그냥 바오밥 나무들이 무성히 있을 뿐이다. 바오밥 나무 가로수길까지 가는 길 자체도 무룬다바 시내에서 비포장도로로 약 1시간 정도 가야만 한다. 바오밥 나무 가로수길 인근에는 듬성듬성 마을들이 들어서 있는데, 정말 믿겨지지 않지만, 주민들은 거의 움막 같은 곳에서 생활한다.

무룬다바의 바보밥 나무 거리 (제일 위 사진은 조용문 선교사 제공)

일단 무룬다바 시가 속한 메나베주의 주지사에게 4월에 바오밥 나무 가로수길에서 야외무대를 설치하여서 한-마다가스카르 수교 25주년 축하 공연을 하려고 하는데, 주정부 차원에서 도와줄 수 있는지 문의했다. 주지사는 한 번도 이러한 행사를 시도해본 적이 없지만, 무룬다바 시 전체의 큰 경사라고 하면서, 최대한 돕겠다고 하였다.

다음은 무룬다바에서 공연을 해주기 위해 방문할 한국 공연단을 섭외해야 했다. 본부로부터 받은 예산이 상당히 빠듯하였기 때문에 공연 개런티를 충분히 줄 만한 사정이 안 되었다. 그 대신, 바오밥 나무 사이로 석양이 지는 꿈의 무대를 배경으로 공연할 수 있는 일생일대의 기회가 주어진다고 홍보를 하였다. 그러자 현대무용팀 한 곳에서 무룬다바까지 오겠다고 하였다. 뭔가 진정한 예술혼이 느껴졌는데, 이 댄스팀이 바로 2020년 한국관광공사의 홍보 영상("범 내려온다")에 출연해서 유튜브에서 폭발적인 인기를 끈 앰비규어스 댄스 컴퍼니이다.

멀리 서울에서 공연팀이 무룬다바까지 오는데, 그냥 공연만 하고 끝내기는 너무 아쉬웠다. 그래서, 공연 전에 바오밥나무 가로수길 인근 마을 주민들을 불러서 한-마다가스카르 수교 25주년 마을 대잔치를 하면 어떨까 하는 생각이 들었다. 그런데, 마침 우리 교민 중 한 분인 조용문 선교사가 설립한 트리니티 초등학교가 바오밥나무 가로수길 가는 길목에 있는 마을에 있다는 이야기를 들었다.

조용문 선교사에게 연락하여서 대략적인 한-마다가스카르 수교 25주년 기념 행사 기획을 설명하니까, 흔쾌히 트리니티 초등학교에서 소 두어 마리를 잡아서 마을 대잔치를 준비할 수 있다고 하였다.

마지막으로, 정말로 우연히, 이 즈음에 EBS의 세계테마기행 촬영팀이 마다가스카르에 오기로 되어 있었다. 마다가스카르에 부임하기 전에 청와대 신임장 제정식에서 인사해서 알게 된 국정기록비서관실의 김민정 행정관을 통하여 EBS 세계테마기행의 양혜정 피디를 소개받았었다. 양 피디는 세계테마기행 마다가스카르편 촬영을 기획하고 있었다. 마다가스카르에 부임하고 나서도 양 피디와 계속 연락을 하였고, 마침 마다가스카르 촬영 일정이 맞아 떨어져서 양 피디가 무룬다바의 트리니티 초등학교에 와서 한-마다가스카르 수교 25주년 행사를 촬영하기로 했다.

드디어 4월 28일 행사 당일. 마을 축제가 열리기로 한 트리니티 초등학교에 가니까 학교 인근 마을 주민들뿐만 아니라, 주지사를 비롯한 주정부 인사들, 무룬다바 시장과 시청 인사들, 주 경찰 및 군 책임자들 등 하여간 그 지방 모든 지역 유지들은 다 왔었다. 주지사 말로는 이 지역 역사상 외국 대사관과 함께 마을 주민들이 전체 다 어울리는 축제를 한 것은 처음이라고 하였다. 한-마다가스카르 수교 25주년을 축하하는 일련의 축사가 행해진 후 즉석 춤판이 벌어졌다. 이곳 사람은 인도네시아가 원류인 수도의 메리나 종족과 다른 사칼라바 종족인데, 원류가 아프리카 본토에서 건너왔다. 그래서 아프리카 본토 특유의 정열적인 춤 문화가 발달되어 있다. 일군의 중년 여성 부대가 주도하여서 춤판이 점점 커졌는데, 나도 자연스럽게 같이 합류하여서 신나는 아프리카 리듬에 맞춰 몸을 흔들며 축제를 즐겼다. 그런데, 이 모든 장면이 양혜정 피디의 카메라에 고스란히 담겨져서 EBS 세계테마기행 마다가스카르편에 나왔다.

점심에는 아침부터 잡은 소 두 마리를 수육처럼 푹 고아서 참가자들에게 돌렸다. 무룬다바 지역은 바오밥 가로수가 있는 유명 관광지이지만, 대부분의 주민들은 하루 2달러도 못 번다. 1년에 고기를 먹는 기회가 두어 번 있을까 말까이다. 그러나, 이날만큼은 축제에 참가한 모든 사람들이 배불리 고기를 먹을 수 있었다.

바오밥 나무 거리 야외공연에 모인 무룬바다 주민들

4월의 무룬다바는 한여름 날씨이다. 그래서, 오후시간은 외부활동을 삼간다. 트리니티 학교에서 점심 식사가 끝난 후 4시에 바오밥 나무 가로수 입구에 마련된 야외무대에서 다시 만나기로 하고 각자 집에 귀가했다.

문명의 손길이 아직 닿지 않은 바오밥 나무 가로수길 입구에 설치된 야외무대는 진정으로 초현실적으로 느껴졌다. 바오밥 나무에 둘러싸인 야외무대 위에서 앰비규어스 댄스 컴퍼니 팀은 강렬한 오후 뙤약볕을 잊은 채 한창 리허설을 하였다. 이날을 위하여 특별히 바오밥 나무를 테마로 한 새로운 작품도 준비하였다.

오후 3시부터 마을 주민들은 공연장으로 삼삼오오 모여들기 시작했다. 대부분은 한 시간 이상 걸어서 왔다. 이곳 주민들은 아이들

바오밥 나무를 배경으로 공연하고 있는 앰비규어스 댄스컴퍼니

까지 걸어다니는 데 익숙하다. 트리니티 초등학교에 다니는 대부분의 아이들은 등하교를 위하여 매일 두어 시간을 걷는다고 한다. 이따금 소달구지를 타고 오는 사람들도 보였다. 공연시작 시간 4시가 되니까 야외무대 주위를 온 동네 주민들이 빙 둘러싸고 앉았다. 바오밥 나무 가로수길 역사상 첫 야외 공연이어서 모두가 들떠 있었다. 특히 동네 꼬마들은 무대 주변을 신나게 뛰어다녔다.

앰비규어스 컴패니의 공연은 나 같은 현대무용 문외한이 보기에도 너무나 감동적이었고, 흥겨운 무대였다. 귀에 익숙한 팝송들(예를 들어 아바의 워털루)을 배경으로 다이내믹하고, 해학적이면서도 섬세한 춤사위를 선보여 줬는데, 무룬다바 주민들은 한마디로 공연에 압도당했다. 이 모든 것이 천 년 이상 땅을 지켜온 바오밥나무 수십 그루를 배경으로 이뤄졌는데, 지구상에서 다시는 찾아볼 수 없는 장면이었다.

PART
04

마다가스카르의
도약을 꿈꾸며

마다가스카르의 또 다른 현실, 참혹한 빈곤

마다가스카르의 초현실적인 자연환경 못지않게 초현실적인 면이 또 있는데, 바로 마다가스카르의 참혹한 수준의 빈곤이다. 마다가스카르의 1인당 GDP는 아직까지 400달러대에 머물고 있다. 2019년 IMF 통계에 의하면 마다가스카르의 1인당 GDP는 세계 186개국 중 180위이다. 인구 중 빈곤선 이하로 생활하는 비율을 보면 더 참혹하다. 2019년 세계은행 통계에 의하면 마다가스카르 인구 2천 700만 명의 77.6%가 빈곤선(하루 1.9 달러/약 2,250원) 이하로 생활하는데, 이는 세계에서 1위이다. 그 다음은 내전에 휩싸여 있는 콩고민주공화국으로서, 인구의 77.1%가 하루 1.9달러 이하로 생활한다. 외교관 생활을 하면서 어찌하다 보니까 두 군데 다 근무하게 되었는데, 비록 0.5% 차이지만, 마다가스카르가 콩고보다 더 못 사는 것을 피부로 느낄 수 있었다.

일단 빈곤이 일상생활에 만연되어 있다. 수도의 시내 번화가에 있는 대통령 집무실과 외국인 전용 호텔이 있는 구역에도 구걸하는 거지들을 길거리에서 흔히 볼 수 있다. 이 구역을 지나서 좀 더 시내 쪽으로 내려가면 아누시(Anosy)라고 하는 커다란 호수가 있는데, 이 호수가 안타나나리보 시내의 심장부이다. 호수를 둘러싸고 외교부, 교육부, 보건부 등 각종 관공서, 3만 명까지 들어가는 마다가스카르 최대 야외경기장인 마하마시나(Mahamasina), 의회 건물 등이 들어서 있고, 호수 주

수도 안타나나리보 시내에 있는 아누시 호수

변의 차도도 무려 4차선이나 된다. 그런데, 교통정체로 차가 정차하고 있으면, 어김없이 어디선가 10살도 채 되어 보이지 않는 아이가 갓난 아기를 업고 나타나서 자동차 사이를 다니면서 창문을 두드리면서 구걸을 한다. 처음에 이 광경을 보면 도저히 믿겨지지가 않는다. 이 아이들은 하루 종일 자동차 매연을 마시면서 위험하기 짝이 없는 도로 위에서 구걸하면서 사는 것이었다. 그런데, 비단 이곳만이 아니다. 자동차 정체구간에는 어김없이 아이들이 갓난아이를 업고 나타나서 구걸을 한다.

아침에 관저에서 대사관으로 가는 출근길에도 상습정체 구간이 있는데, 특히 가장 많이 막히는 출퇴근 시간에는 수많은 아이들이 자동차 사이를 헤집고 다니면서 구걸을 한다. 내 차 창문을 두드리는 아이들을 봤을 때 너무 놀라서 갖고 있는 돈과 차 속에 있는 물통 등을 창문을 내리고 줬는데, 이를 본 다른 아이들이 하나 둘씩 내 차 쪽으로 몰려들기 시작했다. "아차, 이렇게 하는 것이 아닌가"라는 생각이 들었을 때는 이미 늦었다. 어느 새 내 자동차에 아이들뿐만 아니라 어른도 몰려서 구걸하기 시작했다. 차가 움직이기 시작해도 막무가내로 창문에 착

쓰레기 더미를 뒤지는 행복마을 주민들

달라붙어서 계속 손을 입으로 가르치면서 배고프다면서 구걸을 했다. 이 날 이후부터는 구걸하는 아이들에게 뭔가를 줄 때 주변을 살피고 최대한 눈에 안 띄게 얼른 줬다.

　　동네마다 쓰레기를 모아두는 곳이 있는데, 여기는 어김없이 쓰레기를 뒤지는 사람들이 있다. 쓰레기 처리장이 있는 마을들은 하루에 한 번씩 트럭이 내려놓는 쓰레기가 그 마을의 중요한 수입원이다. 일명 "쓰레기 마을"인데, 트럭이 오는 시간에는 마을 주민들이 앞 다투어서 최대한 빨리 쓰레기 더미로 달려간다. 한인들이 많이 살고 있는 이바투(Ivato)라는 동네 인근에도 이러한 쓰레기 마을이 하나 있다. 이곳 쓰레기 마을 주민들을 대상으로 구호활동을 하는 한국인 선교사(박춘란 선교사)와 한인 교민분들이 있다. 박 선교사는 쓰레기마을을 행복마을이라고 부르면서 특히 마을의 임산부와 2세 미만의 유아가 있는 집안을 대상으로 하는 모자 보건 사업을 중점적으로 시행하고 있다. 한 번은 박 선교사와 함께 행복마을을 방문하여서 구호활동에 동참하였다. 힘들게 살아가는 주민들을 보면서 너무나도 마음이 아팠지만, 선교사와 함께 웃는 이들의 모습을 보면서 더 나은 미래를 함께 꿈꿔보았다.

내가 마다가스카르에 부임한 2018년에 수도에 최신식 공연장이 완공되었다. 이 공연장 바로 인근에 우리로 치면 예전 청계천과 같은 곳이 있다. 마다가스카르에서 비행기로 한 시간 반 정도 가면 나오는 유명한 프랑스령 휴양지인 레위니옹(영화 아바타를 찍은 곳이다)이 있는데, 사람들은 이 청계천을 레위니옹 껠리(껠리는 말라가시어로 작다는 뜻으로 "작은 레위니옹")라고 부른다. 그런데, 이 레유니옹 껠리는 시내의 온갖 쓰레기가 흘러 들어오는 쓰레기 개천이다. 이 쓰레기 개천을 끼고 수천명이 산다. 이들은 대부분 출생증명서도 없고, 거주증도 없는 "유령" 인간이다.

이 레유니옹 껠리 주민들의 아이들 대상으로 교육, 보건 사역을 하는 한인 선교사(김경숙 선교사)가 있다. 김 선교사는 뜻하는 바가 있어 수년 전 혈혈단신으로 마다가스카르에 와서 수도의 가장 어려운 레유니옹 껠리 사람들을 위해 헌신하고 있다. 한번은 교민들 사업장 방문의 일환으로 김 선교사가 사역하는 레위니옹 껠리를 직접 찾아갔다. 레위니옹 껠리와 바깥 세상을 나누는 차단벽이 세워져 있는데, 이 벽 한가운데 육중한 문이 있다. 이 문을 열고 들어가면 쓰레기가 둥둥 떠다니는 개천가에서 천막을 치고 생활하는 사람들의 모습이 눈앞에 펼쳐진다. 그 충격은 지금까지도 내 뇌리에 남아 있다.

수도가 이러한데, 지방으로 내려가면 더욱더 참혹한 광경들이 펼쳐진다. 마다가스카르는 아직도 인구의 63%가 지방에서 농업에 종사하는 농경사회로서, 우리의 50년대 농촌보다도 못한 마을들이 수두룩하다. 전국 전기보급률이 15%에 불과하고, 이마저도 수도에 집중되어 있기 때문에 지방에서는 해가 진 후는 암흑천지가 된다. 집들은 그 지역에서 찾을 수 있는 나무줄기를 엮어서 맨바닥에 세운 단칸집이다. 그나마 농사를 하면서 자급자족을 할 수 있으면 다행인데, 가뭄이 심한 남부지방으로 내려가면 마실 물조차 없다.

마다가스카르의 역설

마다가스카르가 1960년에 독립하였을 당시에는 1인당 GDP가 카메룬, 케냐 등 보다 더 높았고, 1961년부터 67년까지는 한국보다 더 높았다.[13] 마다가스카르는 신생 다른 아프리카 국가들보다 출발 조건이 훨씬 더 좋았다. 아프리카 지도를 보면 특이한 점이 마치 누가 자를 대고 그은 것처럼 보이는 인위적인 국경선인데, 이는 실제로 제국주의 시절에 식민 종주국들이 임의로 만든 것이다. 이로 인하여 수많은 아프리카 국가들이 이질적인 언어, 문화, 역사를 갖고 있는 다양한 종족들로 구성된 상태에서 독립하였고, 결국 많은 국가들이 종족 분쟁과 내전까지 치르게 되었다.

그런데, 마다가스카르는 애당초 무슨 국경선을 그을 필요가 없는 하나의 거대한 섬나라이고, 마다가스카르에는 말라가시인만 있을 뿐이다. 물론, 말라가시인도 총 18개의 다양한 종족으로 구성되었지만, 이들은 말라가시라는 하나의 공통적인 언어를 공유하고 있으며, 문화도 대체적으로 유사하다. 이런 이유로 마다가스카르는 독립 후 종족분쟁이나 내전에 휩싸인 적이 없다.

많은 아프리카의 다른 국가들과 달리, 국가안보를 위협하는 외부

---

13 1960년 1인당 GDP 케냐는 98달러, 카메룬은 114달러, 마다가스카르는 132달러 (세계은행 통계)

의 적도 없다. 마다가스카르는 인구 2천 700만으로 인도양 아프리카에서 가장 큰 섬나라이고, 그 다음으로 큰 나라는 비행기로 1시간 반 떨어져 있는 동쪽의 모리셔스인데, 인구가 100만이다. 마다가스카르에서 서쪽으로 1시간 40분 정도 가면 인구 80만의 코모로가 있고, 북쪽으로는 약 3시간 가면 인구 90만의 세이셸이 있다. 이들 인도양 아프리카 섬나라들 간에는 군사적 위협이 될 만한 요소는 아예 없다.

부존 자원 측면에서도 마다가스카르는 다른 아프리카 국가들에 비해 결코 불리하지 않다. 일단 신이 축복해준 천혜의 자연을 자랑한다. 아프리카 대륙에서 발견되지 않는 동식물들이 서식하는 신비의 섬이고, 아직까지 사람의 손길이 많이 닿지 않은 환상적인 해변을 갖고 있다. 땅은 비옥하고, 해산물은 풍부하고, 사파이어, 니켈, 코발트 등 여러 광물자원이 매장되어 있다.

인구도 다른 아프리카 국가들처럼 비교적 젊은 편이고, 15세 이상의 취직률은 여타 서부 사하라 이남 국가들에 비해 월등히 높은 편이다.[14] 특히, 마다가스카르 사람들은 근면 성실하기로 정평이 나 있고, 손재주가 무척 좋아서 각종 수공예 제품은 아프리카를 넘어 유럽까지 널리 알려져 있다.

그런데, 도대체 왜 마다가스카르는 세계에서 가장 못 사는 국가 중 하나인가? 이러한 마다가스카르의 역설은 학술적인 차원에서 심층적으로 연구가 되기도 하였다.[15]

필자가 들어본 마다가스카르의 저발전에 대한 설명 중 가장 당혹

---

14 15세 이상 취업률 마다가스카르는 84.1%, 여타 서부사하라이남 국가 63.5%
15 가장 유명한 연구는 M.Razafindrakoto, F.Roubaud, J.−M. Wachsberger, 2017 *L'enigme et le paradoxe; Economie politique de Madagascar.* Marseille, IRD Edition

스러운 설명은 '마다가스카르가 한 번도 전쟁을 치러 본 적이 없어서 발전이 없다'는 것이다. 2018년 마다가스카르에 부임하고 나서 한창 한국 관련 외부 강연을 하였을 때다. 한 번은 마다가스카르 북부 안치라나나 지역의 대학에서 한국에 대한 강연을 한 후 가진 질의응답 시간에 한 사람이 자못 진지하게 "한국이 발전하게 된 것은 역설적으로 한국전이라는 엄청난 사건을 거치면서 한국 사람들이 정신적으로 강인해졌기 때문이 아닌가요? 반면에 마다가스카르는 전쟁을 한 번도 경험해 본 적이 없어서 사람들이 절실함이 없는 것 같습니다. 이에 대해 어떻게 생각하는지요?"라고 질의하였다. 그런데 이날 이후에도 몇 번 비슷한 이야기를 들었다. 이러한 질문을 받았을 때 필자는 "국가가 발전하기 위해서 전쟁을 치를 필요는 없지만, 반드시 더 나은 미래를 만들어 나가야겠다는 절실함은 필요하다고 본다"는 요지로 답변했다.

마다가스카르의 저발전은 개인과 구조 차원에서의 요인이 복합적으로 작용한 결과라고 설명할 수 있을 것이다.

우선, 마다가스카르가 경제적으로 조금이나마 발전을 하면, 이를 다 상쇄해버리는 정치적 혼란기가 대략 10년 주기로 어김없이 찾아왔다. 1960년 마다가스카르가 독립을 되찾은 후 계속 조금씩 발전해 나갔는데, 과도한 친프랑스 정책에 학생과 시민들이 들고 일어서서 1972년 제1공화국이 몰락했다. 이때 경제도 동반 추락하였다. 몇 년간의 혼란기를 거친 후 라치라카(Ratsiraka)가 대통령에 당선되면서 사회주의 시대가 도래하였고, 사회주의 경제정책을 고수한 1980년대 중반까지 경제는 계속 제자리 걸음이었다. 그러다 1980년대 후반 경제자유화 조치가 취해지자 1990년대 초반까지 매년 3%씩 성장을 하였다. 그런데, 1991년 민주화 요구를 위한 시위가 발발하고, 결국 1993년 라치라카 정권이 무너지고 민주정부가 수립되었다. 이 기간 동안 다시 경제는 침

체되었다.

　93년 민주정 출범 후 다시 경제가 조금씩 회복되었는데, 2002
년 대선 결과에 대한 불복으로 6개월간 대선 후보간 대치가 지속되
면서 수도가 봉쇄되고, 물자가 유통되지 않는 최악의 상황이 발생했
다. 이때 다시 한 번 경제가 후퇴하였다. 2002년 취임한 라발로마나
나(Ravalomanana) 대통령은 04년부터 08년간 연간 평균 6%의 경제성
장을 이루었다. 그런데, 2009년 쿠데타로 물러나고 나서 2013년까지
과도정부가 통치하는 기간 동안 경제는 다시 한 번 추락하였다. 2013
년 국제기구 감시하에 대선이 치러지고, 2014년 라나오나라맘피아나나
(Rajaonarimamapianina) 대통령이 취임하였다. 그 이후로 다시 경제가
조금씩 회복되어서 2019년 1인당 GDP가 463달러가 된 것이다.[16]

　다른 한편으로 마다가스카르의 저발전에는 무엇보다도 지도층의
귀책사유가 크다는 분석도 있다.[17] 마다가스카르의 지도층은 과거 신분
제가 철폐되기 전 귀족 계급("Andriana" 계급) 출신이 다수이며, 혈연,
지연, 학연 등으로 매우 긴밀하게 상호 연결되어 있는 폐쇄적인 집단이
다. 물론, 이중에는 매우 훌륭한 지도자들도 있지만, 공동체 전체보다
는 개인 또는 가족의 이익을 우선시하였다는 비판에서 자유롭지 못하
다. 이의 배경에는 마다가스카르 사회 자체가 극도로 분절화 되어 있어
서, 계층간 의미 있는 상호작용이 거의 없다는 현실이 있다. 아직도 마
다가스카르 인구의 63%는 지방에 거주한다. 그런데, 마다가스카르의
지방 마을들은 수도와의 물리적 연계성이 매우 약한데, 그 이유는 지방
에는 포장도로는커녕 도로 자체가 존재하지 않아서 마을이 완전히 고

16　Ibid. pp.19－21
17　이하 내용은 Ibid. 제5장 "Les élites à Madagascar; un essai de sociographie,"
　　pp.191－227를 참고함

립되어(불어로 엉끌라브 "enclave"라고 한다) 존재하는 경우가 비일비재하기 때문이다. 따라서 지방으로 내려갈수록 수도에 사는 엘리트층과는 사실상 아무런 상관없이 하루하루 벌어먹고 사는 사람들이 대부분이다. 이렇게 일반 대중과 유리된 마다가스카르의 지도층에 대한 최근 연구 결과, 놀랍게도 빈곤 탈출보다는 질서유지를 더 시급한 국가적 과제로 인식하고 있는 것으로 나타났다.[18]

---

18 Ibid, pp.221－222

쌀과 바닐라

　마다가스카르는 기본적으로 농업사회로서, 인구 2천 7백만 명 중 63%가 농업분야에 종사하고 있고, 마다가스카르 GDP의 26%를 차지한다. 아울러, 마다가스카르의 주식은 쌀이다. 이는 인도네시아에서 건너온 조상들의 영향으로 추정되는데, 마다가스카르의 연간 1인당 쌀 소비량은 약 120Kg으로서(우리나라는 59Kg), 세계에서 12위이다. 농업분야에서 종사하는 사람의 약 절반은 쌀을 경작하고, 한때 마다가스카르는 쌀 수출국이었으나, 1980년대부터 쌀 수입국이 되어서 이제는 매년 약 20만 톤의 쌀을 수입하고 있다. 여러 가지 원인이 있는데, 일단 마다가스카르 국토의 많은 부분은 산으로 덮여 있거나 기후 등 여타 조건이 농사에 적절하지 않다. 전 국토의 약 6% 정도만 경작 가능할 뿐이다(우리나라는 14%). 그리고 대부분 영세농민들이고, 변변한 농기구 없이 벼농사를 한다.

　벼농사하는 모습은 어디서든 쉽게 볼 수 있다. 당장 내가 살았던 동네는 나름대로 여러 나라 대사관저와 대사관이 있는 지역이었는데, 동네에서 10분 정도만 나가면 우리나라 50~60년대 시골 풍경이 펼쳐졌다. 우기철이 시작될 때 즈음(10~11월)에는 한창 손으로 일일이 모내기하는 마을 주민들이 보인다. 이양기와 같은 기계는 없다. 건기가 막 시작될 무렵(2~4월)에는 노랗게 익은 벼를 베어서 탈곡할 때이다. 이때

마다가스카르 농촌 마을 풍경(수도 인근의 사하마을)

도 낫으로 벼를 베고, 드럼통 위에 벼를 내리치면서 탈곡을 한다.

쌀은 매년 수입하지만, 마다가스카르가 전세계에서 1위로 생산하고 수출하는 농산품이 있는데, 바로 바닐라이다. 마다가스카르산 바닐라가 전 세계에서 소비되는 바닐라의 75%를 차지하며, 이는 마다가스카르의 총 대외수출의 27.2%를 차지한다. 마다가스카르산 바닐라는 품질면에서 최고로 인정받고 있으며, 주요 고객 하나가 코카콜라이다. 코카콜라 제조법은 비밀에 부쳐져 있으나, 바닐라가 들어간다는 것이 정설이다. 이와 관련된 전설적인 이야기가 있다. 코카콜라가 1985년 New Coke를 시장에 선보이면서 더 이상 마다가스카르산 바닐라는 안 쓰고 바닐라향이 나는 화학물질인 바닐린으로 대체하였는데, 그 여파로 마다가스카르 경제는 치명타를 입었다. 다행히도, New Coke는 완전한 실패작이어서 론칭된 지 얼마 안 되어서 원조 코카콜라가 돌아왔고, 마다가스카르 경제도 되살아났다고 한다.

바닐라는 마다가스카르 북동부 지역에 있는 사바(Sava)주에서 주로 재배된다. 필자가 2019년 초 사바주의 주도인 삼바바(Sambava)시에 출장을 가게 되었는데, 놀랍게도 도시의 공기에서 바닐라향이 났다. 숨을 깊게 들이마시면 마치 달콤한 바닐라를 먹는 기분이 들었다.

사실, 바닐라의 원조는 따로 있는데, 바로 멕시코이다. 멕시코의 바닐라가 식민 종주국 스페인을 통하여 유럽에 전파되었고, 바닐라의 향긋한 맛에 반한 유럽사람들은 이를 유럽이나 자신들의 식민지에서 재배하기 위해 무단히 노력했는데, 번번이 실패하였다. 그 이유는 바닐라 꽃을 수정하는 벌이 멕시코에서만 서식하기 때문이었다. 그러다 1841년 마다가스카르 인근의 프랑스령 섬인 레유니용(Réunion)의 14살짜리 흑인 노예가 손으로 조그마한 막대기에 꽃가루를 묻혀서 인공으로 꽃을 수정시키는 방법을 고안하였다. 이 방법이 옆 나라 마다가스카르에 전수되어서, 오늘날 마다가스카르가 바닐라 강국이 된 것이다.

바닐라 재배는 많은 시간과 인내와 노동이 필요한 작업이다. 꽃을 일일이 손으로 수정해야 할 뿐만 아니라, 꽃이 피고, 씨알이 들어 있는 바닐라 꼬투리가 자라면 9개월을 기다린 후에 손으로 꼬투리를 재배한

마루제지 국립공원에 있는 바닐라 나무

다. 그 후 이를 조심스럽게 말리고, 소금에 절이는 등의 일련의 과정을 거쳐서 최종적으로는 검은색 바닐라 꼬투리를 한 다발씩 묶어서 판매하게 된다. 이렇게 고도로 노동집약적인 일을 할 사람들이 충분히 있을 뿐만 아니라, 바닐라를 재배하기 위해 적합한 기후까지 겸비한 국가가 마다가스카르이다.

바닐라 가격은 수십 년 간 킬로당 대략 50달러 내외를 유지하였는데, 2015년부터 가격이 400달러대로 급등하기 시작하더니 2018년에는 600달러까지 찍었다. 이의 배경에는 바닐라에 대한 세계적 수요가 증가하였으나, 사이클론 등으로 인한 공급이 부족해졌고, 중간상 등에 의한 인위적 가격 인플레 등 복합적인 요인이 작용하였다. 중요한 것은 바닐라로 완전히 팔자를 고친 사람들이 생겼고, 다른 한편으로는 바닐라가 거의 금딱지 취급을 받게 되어서 바닐라 도적떼가 출현하기 시작했다. 가뜩이나 치안이 취약한 지역이 더욱더 불안하게 되었고, 바닐라 농가들은 마치 마약 영화에서 마약 재배지에 무장한 요원들이 삼엄하게 경비를 하듯이 바닐라 재배지에 낫으로 무장한 사람들을 고용하기 시작했다.

2020년 8월 필자는 란뚜 라꾸투말라라(Lanto Rakotomalala) 마다가스카르 통상산업부장관과 화상면담을 하였다. 주 면담 목적은 WTO 사무총장 선거에 출마한 우리나라 후보에 대한 지지를 요청하기 위한 것이었으나, 한-마다가스카르간 경제관계 강화 방안에 대해서도 여러 가지 이야기를 나누었다. 라꾸투말라라 장관은 특히 바닐라에 대해 많은 시간을 들여서 설명해줬다. 마다가스카르 정부가 올해부터 처음으로 바닐라 가격에 적극 관여하여서 킬로당 250달러 수준으로 책정하였다고 9월 15일부터 판매를 시작할 예정이라고 하였다. 바닐라가 각종 요리뿐만 아니라 향수, 화장품 등에도 많이 사용된다고 하면서, 한국이 우수한 마다가스카르산 바닐라를 많이 구입하기를 기대한다고 하였다. 필자는 장관에게 마다가스카르산 바닐라에 대한 한국 내에서 홍보가 중요할 것 같다고 이야기했는데, 이 책 덕분에 마다가스카르 바닐라가 좀 더 알려질 수 있게 되기를 바라는 마음이다.

우리의 대아프리카 최대 투자 사업

마다가스카르는 광물자원의 전시장이라고 불릴 정도로 다양한 광물이 매장되어 있다. 니켈, 코발트, 티타늄 철광, 크롬 철광, 보크사이트, 석탄 등 산업용 광물 자원뿐만 아니라, 사파이어, 에메랄드, 루비, 금 등 귀금속도 다양하게 발견되고 있다. 마다가스카르의 대외 수출품목 중 농수산물 다음으로 중요한 것이 광물자원으로서, 총 대외수출의 약 21%(2019년 기준)를 차지한다.

그런데, 아직까지 이러한 광물자원 분야의 잠재력을 현실화하지 못하고 있는 실정으로, 광업은 마다가스카르의 연간 GDP의 약 5% 정도 밖에 기여하지 못 하고 있다. 귀금속 분야에는 약 50만 명이 종사하는 것으로 추정되는데, 별다른 도구 없이 맨손에 채만 하나 갖고 강물에 뛰어들어서 귀금속을 채취하는 매우 원시적인 방식으로 이루어지고 있다.

마다가스카르는 특히 사파이어 수출 세계 1위 국가이다. 사파이어가 발견된 지는 그리 오래되지 않았다. 1990년대 초반 일부 지역에서 간헐적으로 사파이어가 발견되다가 1998년 대박이 터졌다. 수도 안타나나리보와 서남부지역 항구도시 뚤리아(Tulear)를 잇는 7번 국도(Route Nationale 7)상 뚤리아르에서 약 3시간 정도 거리에 일라카카(Ilakaka)라는 아주 조그마한 마을이 있다. 원래 주민이 몇 십 명 정도

밖에 되지 않으며, 주로 소떼 모는 사람들이 마을 인근 강가에서 물을 긷기 위해 잠시 쉬다 가는 곳이었다. 한마디로 지도상에 잘 나타나지도 않는 아무런 특색이 없는 시골 깡촌 마을이었다. 하루는 이 마을 주민이 우연히 파랑색의 아주 반짝거리는 돌을 발견해서 마을을 지나가는 사람에게 팔았는데, 이게 나중에 알고 보니 사파이어였던 것이다. 그후로 이 마을은 완전히 뒤바뀌었다. 마치 미국 서부의 골드러시처럼 마다가스카르 전국뿐만 아니라, 유럽, 아시아 등지에서도 일확천금을 노리는 사람들이 몰려왔다. 지금 일라카카 마을은 약 6만여 명이 사는 중소도시로 변모하였다. 필자는 2020년 2월 7번 국도를 달릴 기회가 있었는데, 허허벌판을 지나서 뜬금없이 갑자기 길 양 옆으로 단층 건물들이 빽빽이 들어서 있고, 사람들이 바글바글한 마을을 지나가게 되었다. 바로 일라카카였다. 특이한 점은 단층 건물의 간판들은 거의 다 보석상들이었다.

한편, 산업용 광물의 경우 현재까지는 마다가스카르에 2개의 대규모 민간 투자가 이루어진 상태이다. 첫 번째는 QMM이라는 컨소시움이 투자한 티타늄 철광 광산으로, 마다가스카르 최남단에 있는 포르도펭(Fort Dauphin)에 위치하고 있다. 티타늄 철광은 산화티타늄의 원료로서, 치약, 페인트 등에 들어가는 하얀색 물질이다. 2008년부터 생산에 들어갔는데, 총 10억 달러가 투자가 되었고, Rio Tinto(호주-영국계 광물회사)가 80%, 마다가스카르 정부가 20%의 지분을 갖고 있다.

다른 한 개의 대규모 민간 투자는 암바토비(Ambatovy) 니켈 플랜트이다. 마다가스카르에 대해 한 가지 잘 알려지지 않은 사실이 있는데, 우리나라의 대아프리카 투자 사업 중 가장 큰 규모의 사업이 마다가스카르에 있다는 것이다. 바로 암바토비 니켈 플랜트로서, 니켈 채굴부터 제련, 정련까지 모든 공정이 통합적으로 운영되는 최첨단 플랜트이다. 총 80억 달러를 한국, 일본, 캐나다가 공동투자하였고, 일본이 최대 1대주주로 지분의 47%, 한국이 41%, 캐나다가 12%를 갖고 있다. 우리나라는 2020년 8월 현재까지 총 2조 6천억 원을 투자했다. 2006년 노무현 대통령 시절에 투자를 개시하여서 2014년부터 니켈과 코발트까지 생산하기 시작하였고, 니켈은 연간 최대 6만 톤, 코발트는 6,000톤을 생산할 수 있다. 니켈은 제4차 산업혁명의 주요 분야인 전기자동차의 배터리뿐만 아니라 핸드폰 배터리에 들어가는 핵심재료이다. 이에 미국, 중국, 유럽 각국들이 물량 확보에 혈안이 되어 있다. 2019년 12월 포스코 경영연구원은 전기차 배터리용 니켈 수요가 2023년까지 연평균 43% 급증하여서 2023년에는 글로벌 공급부족으로 톤당 니켈 가격이 1만 7,000달러까지 상승할 것(2020년 7월 30일 현재는 1만 3,715달러)으로 전망하였다.[19] 우리나라는 암바토비 생산량의 50%에 대한 처분권을 갖고 있으며, 2012년부터 2019년까지 누적 5만톤을 국내에 들여왔다. 사실, 마다가스카르에 2016년에 대사관이 신규로 문을 열게 된 가장 큰 이유가 바로 이 암바토비 플랜트 때문이다.

암바토비 니켈 플랜트는 마다가스카르로서도 가장 큰 규모의 외국인 투자 사업이다. 마다가스카르 전체 연간 GDP의 2~3%, 외환보유액의 30%가 암바토비에서 나온다. 마다가스카르가 2017년 2만 아리아리(1,000아리아리는 약 3,500원)권 신화폐를 선보였는데, 이 화폐 도안에 암바토비 니켈 플랜트가 들어가 있다. 이제 암바토비는 마다가스카르를 대표하는 상징물이 되어버린 것이다.

그런데, 암바토비 플랜트가 현실화되기까지는 수많은 장애물을 극복해야만 했고, 지금도 많은 도전에 직면하고 있다. 우선, 기술적인 차

19 https://www.posri.re.kr/ko/board/content/16144

암바토비 니켈 플랜트 전경. 마다가스카르 화폐 도안에 이 전경이 들어가 있다.

원에서의 도전을 보면, 광산의 니켈 매장량은 1억 9천톤으로 추산되고
있는데, 문제는 니켈 광산은 제련소가 있는 타마타브(Tamatave; 마다가
스카르의 제1의 항구도시)에서 220Km 떨어진 무라망가(Moramanga)라는
곳에 있다. 따라서 무라망가에서 채굴한 니켈을 타마타브 제련소까지
운반하기 위해 니켈을 묽은 액체("슬러리") 상태로 변환하여서 220Km
에 달하는 파이프를 통해 제련소까지 보내야 한다. 제련소에 도착한 슬
러리를 다시 농축하고, 불순물을 제거하고, 니켈과 코발트만 별도로 분
리하여서, 최종적으로 순도 99.8%의 니켈, 코발트로 거듭나게 하는 일
련의 매우 복잡하고 정교한 공정을 거치게 된다. 이 모든 일련의 과정
이 시계 톱니바퀴처럼 잘 맞아떨어져서 순조롭게 진행되도록 하는 것
자체가 지난한 과제였다. 그렇지만, 결국 투자 개시 8년 만인 2014년
에 니켈, 코발트 생산에 성공하였다.

　　다음으로, 환경적인 차원에서도 엄청난 도전에 직면했다. 주지하
다시피 마다가스카르는 지구상 몇 군데 남지 않은 생명다양성의 보고
이다. 마침 암바토비 니켈 광산이 위치한 곳에도 약 1,300여 종의 관다
발식(vascular) 식물, 62종의 새, 16종의 여우원숭이 등 다양한 동식물

이 서식하고 있다. 암바토비는 마다가스카르 정부와 국내외 환경 NGO 등과 협조하여 관련 국제규범과 지침에 따라 환경에 대한 충격을 최소화하고, 생태계를 최대한 보전하는 종합적인 환경보전 계획을 공동으로 수립하였으며, 이를 지금도 계속 시행하고 있다. 예를 들어, 광산으로 영향을 받게 되는 지역에 서식하는 동식물을 다른 지역으로 이주시켰으며, 특별히 위협을 받고 있는 종에 대해서는 실험실에서 개체수를 충분히 양육 또는 재배한 후 생태계에 재도입하였고, 광산으로 직접적인 피해를 보게 되는 지역 인근에 있는 여타 열대림에 대한 보전을 지원하는 등의 다양한 활동을 전개하였다.

아프리카 등 후진국에 투자를 할 때 가장 중요한 고려요소 중 하나가 정치적인 안정이다. 실제로 마다가스카르에서도 70년대 라치라카(Ratsiraka)의 사회주의 정권이 등장하면서 갑자기 주요 기업들을 국유화하였다. 정치적 혼란이 주기적으로 일어나는 마다가스카르에서 이러한 정치적 리스크를 최소화하는 것이 매우 중요했다. 첫 시련은 2009년 발생한 쿠데타 때 찾아왔다. 국제사회는 쿠데타 후 세워진 과도정부를 인정하지 않았으며, 마다가스카르에 대한 국제사회의 원조도 동결되었다. 국가재정 위기에 직면한 당시 라조엘리나 과도정부 수반은 모든 광산 계약을 재검토할 것이라고 공언하였다. 당시 마다가스카르를 관할하였던 남아공 주재 한국 대사가 마다가스카르에 급히 출장을 가서 일본, 캐나다 대사와 함께 공동전선을 펼쳐서 이 위기를 극복하였다.

시간이 흘러 2019년 라조엘리나가 다시 유력 대선 후보로 등장하였다. 대선 토론회에서 상대 후보 측이 여러 가지 원대한 발전계획을 도대체 무슨 재원으로 추진할 것이냐고 질문한 데 대해 라조엘리나 후보는 암바토비 광산을 재계약하여서 재정을 충당할 수 있다고 시사하였다. 그리고, 2019년 12월 대선 결과 라조엘리나 후보가 당선되었다.

대통령 취임식 때 우리 정부축하사절단이 마다가스카르를 방문하여 대통령 예방을 하게 되었는데, 마침 대통령실에서 가능하면 한국 기업들도 같이 예방을 오면 좋겠다고 연락이 왔다. 그래서, 마다가스카르 내 사업을 하고 있는 교민분들과 암바토비에 파견 나가 있는 광물자원공사 대표를 예방에 초청하였고, 예방시 암바토비 대표가 대통령에게 직접 암바토비를 소개할 수 있도록 하였다.

다른 한편으로, 암바토비가 단지 한국 등 직접 투자한 국가들만의 문제가 아니라, 국제사회 모두가 관심을 가져야 하는 상징적인 사업임을 강조할 필요가 있었다. 이에 마다가스카르에 주재하는 외교단, 국제기구 대표 등에 대해 마다가스카르의 발전을 위해서는 암바토비를 지탱하고 있는 법적 토대가 정권교체와 상관없이 흔들림 없이 유지되어서 외국인 투자가들을 안심시키고, 제2, 제3의 암바토비와 같은 대규모 투자가 이루어질 수 있도록 하는 것이 중요하다는 점을 설명하였고, 이에 대한 공감대가 형성되었다. 그리고 기획한 것이 주요국 대사들과 함께 암바토비 플랜트를 단체로 시찰을 가고, 현장에서 기자회견을 여는 것이었다. 미국, 일본, 노르웨이, 남아공 대사가 일정이 맞아서 같이 갔고, 암바토비에서 단체로 기자회견한 것이 마다가스카르 언론에 크게 나왔다. 다행히도 라조엘리나 대통령이 취임하고 나서 암바토비는 마다가스카르 정부의 전폭적인 지지를 받고 있으며, 암바토비의 법적 지위를 변경하기 위한 시도도 없었다.

이와 같이 여러 가지 도전을 이겨내면서 암바토비 사업이 지금까지 잘 이어오고 있으나, 아직까지 매년 적자를 보고 있다. 엎친 데 덮친 격으로 2020년 코로나19로 인하여 플랜트 자체가 설립 이래 최초로 운영을 중단하였고, 최악의 경영실적을 기록할 것으로 예상되고 있다. 암바토비와 같은 대규모 광물 투자 사업은 투자 회임 기간이 장기일

Compagnie minière: des membres du diplomatique en visite à Ambatovy

Par Les Nouvelles sur 05/02/2019

미국, 일본, 남아공, 노르웨이 대사 등과 함께 한 인터뷰 관련 마다가스카르 언론 보도

수밖에 없다. 하지만, 니켈과 코발트 가격은 계속 오를 수밖에 없고, 제4차 산업이 진행됨에 따라 이러한 희귀광물을 확보하기 위한 국제 쟁탈전이 더 격화될 것은 명약관화하다. 좀 더 긴 호흡을 갖고 암바토비 사업을 지켜볼 필요가 있다고 생각한다.

마다가스카르산 니트 스웨터의 기억

    마다가스카르에 주재하는 대사로 가기 전에 내가 갖고 있는 마다가스카르와 관련된 몇 가지 안 되는 에피소드 중 하나는 내가 2001년 미국 워싱턴에서 연수할 때이다. 하루는 가을 옷을 사기 위해 집 근처 몰에 갔다. 가성비를 따지면서 여러 매장을 한참 동안 돌다가 가격도 적당하고, 스타일도 꽤 좋아 보이는 니트 스웨터를 하나 구입하였다. 득템했다고 생각하고 무척 기쁜 마음에 집에 오자마자 니트 스웨터를 다시 꺼내서 입으려고 했는데, 상품 딱지가 딱 내 눈에 들어왔다: "Made in Madagascar." '오잉, 웬 마다가스카르?? 여기는 해산물을 주로 수출하는 섬나라 아닌가?? 음 … 이거 바꿀 수도 없고 … 에라 모르겠다 그냥 입자' 기쁨이 실망으로 바뀌고 이내 체념이 되어서 그 옷을 입었다. 그런데, 20여 년이 흐른 지금, 아직까지 그 옷을 입고 있을 뿐만 아니라, 그 옷은 나의 의상 콜렉션(?)에서 내가 가장 좋아하는 옷 탑 3에 들어간다. 옷도 아직까지 멀쩡하다.

마다가스카르 시장의 화려한 수공예품

마다가스카르 사람들은 손재주가 무척 뛰어나다. 조상들이 인도네시아에서 왔기 때문인지 모르겠지만, 손놀림에 아시아적 섬세함이 배어 있다. 아프리카에 여행을 가면 의례히 아프리카 공예품들을 찾게 되는데, 마다가스카르 수공예품은 단연코 최고의 수준이다. 프랑스의 유명 디자이너 브랜드들이 마다가스카르에서 수공예 공장을 운영하는 것은 공공연한 비밀이다.

이러한 마다가스카르의 비교우위를 최대한 활용하여서 경제발전에 기여할 수 있도록 도입한 제도가 있는데, 이름 하여 수출가공 지구(Export Processing Zone; 불어로 Zone Franche)이다. 국가에서 지정한 이 지구 안에 입주한 제조업체들은 각종 면세 혜택과 투자 인센티브가 부여된다. 다만, 이 지구에 입주하기 위해서는 생산물품의 최소한 95%를 해외로 수출해야 한다. 서부사하라 이남의 여러 국가에서 수출을 진흥하기 위하여 이와 유사한 제도를 시행하였는데, 지금까지 성공을 거둔 국가는 모리셔스와 놀랍게도 마다가스카르 정도이다. 모리셔스의 경우, 1968년 독립 후 수출주도형 성장정책을 채택하여서 1970년부터 수출가공 지구를 설립하고 의류제작 등 경공업을 육성하였는데, 이 정책이 주효하여서 오늘날 아프리카에서 1인당 GDP가 1만 달러가 넘는 몇 안 되는 국가로 성장하였다.

마다가스카르도 1980년대에 들어서 IMF의 권고로 사회주의 경제정책을 포기하고, 경제자유화를 점진적으로 단행하였고, 1991년 모리셔스의 예를 따라 수출가공 지구법을 제정하였다. 수출가공 지구에 입주한 기업들은 대부분 저렴한 노동력을 이용한 의류가공 업체들이었는데, 짧은 기간 내 성장을 거듭하였다. 1990년 초반에 수출가공 지구에 입주한 업체들이 마다가스카르 해외수출에 차지하는 부분이 총 2% 밖에 안 되었는데, 10년이 지난 2000년에는 총 수출의 40%를 차지하게 되었다.

특히 2000년부터 마다가스카르는 미국의 AGOA(African Growth and Opportunity Act)법[20] 적용을 받기 시작하였고, 이 덕분에 미국에 무관세로 각종 의류를 수출할 수 있게 되었다. 내가 2001년 미국에서 구입한 마다가스카르산 니트 스웨터도 AGOA법 덕분에 미국에 오게 된 것이었고, 무관세였기 때문에 당시에 가성비가 뛰어나서 내가 구입하게 된 것이었다. AGOA법이 처음 시행되었던 2000년에 7천 5백만 달러에 불과하였던 섬유 수출은 2008년에 10억불로 대폭 증가하였다.

그런데, 2009년에 마다가스카르에 쿠데타가 일어나자 국제사회는 마다가스카르의 쿠데타를 인정하지 않았고, 마다가스카르에 대한 제재를 가하기 시작했다. 마다가스카르에 국제사회의 각종 지원도 중단되었는데, 이때 마다가스카르의 AGOA 수혜 자격도 박탈되었다. 이와 함께 섬유 분야가 급격하게 쇠락하였다.

마다가스카르의 AGOA 수혜자격은 2014년 마다가스카르 대선이 성공적으로 치러진 이후 재부여되었다. 한편, 유럽과도 AGOA와 유사한 법인 APE(Accord de Partenariat Economique)가 2012년부터 시행되기 시작하였다. 2019년 기준으로 섬유 수출은 다시 5억 달러 수준으로 증가하였고, 이는 대외 수출 총액 27억 달러의 약 20%를 차지했다.

이러한 마다가스카르의 섬유 분야에서의 잠재력을 간파하고 이곳에 진출한 한국 기업도 두 군데가 있다. 둘 다 의류를 생산하여서 전량 미국으로 수출하고 있다. 임금이 아직까지 중국, 동남아에 비해 경쟁력이 있고, 마다가스카르 사람들 손재주가 무척 좋을 뿐만 아니라, 매우

---

20 서부사하라 이남 국가들 중 일정한 요건을 충족하는 국가들이 수출하는 제품(특히 의류)에 대해 무관세 혜택을 부여하여서 미국시장에 대한 접근성을 높여주는 법안

마다가스카르 교민(김동우)이 경영하는 봉제공장(HS Global)

근면 성실해서 섬유공장을 운영하는 데는 최고의 조건이라고 하면서
무척 만족해하고 있다.

　　2019년 취임한 라조엘리나 대통령의 국가 경제발전 계획에는 수
출가공 지구를 더욱 확충하여서 섬유를 포함한 제조업을 육성하는 방
안이 포함되어 있다. 한국 기업들이 중국, 동남아 등에 대한 대안으로
마다가스카르도 충분히 고려해볼 만하다고 생각한다.

호롱불과 촛불에서 태양력과 풍력으로

　마다가스카르는 전기 보급률에서도 고전을 면치 못하고 있다. 2018년 기준으로 전국 평균 전기 보급률이 약 24%로서 전 세계 190개 국 중 184위이다. 지방으로 내려가면 상황은 더욱 심각해서 평균적으로 전체 지방 거주 인구의 5% 정도만이 전기가 들어오는 곳에서 살고 있다. 마다가스카르 전체 인구 2천 7백만 명의 63%가 지방에 거주하니까, 이는 1천 6백 7십만 명의 95%, 약 1천 6백만 명은 전기 없이 산다는 의미이다.

　저녁이 되면 극히 제한된 일부 지역을 제외하고는 대부분 전기가 안 들어오기 때문에 촛불이나 호롱불을 사용하는데, 화재의 위험에 상시 노출되어 있다. 특히, 도시 빈민층이 거주하는 지역은 집 자체가 나무, 플라스틱 등 발화물질로 엉기성기 지어졌고, 다닥다닥 붙어 있어서 한곳에 불이 나면 걷잡을 수 없이 번지게 되어서 대형 참사로 이어진다.

　요리를 하기 위한 불은 주로 숯을 사용한다. 어디를 가든지 한 가마 가득 담은 숯을 쉽게 살 수 있는데, 가격도 우리나라 돈으로 약 10,000원 정도로 매우 저렴한 편이다. 그런데, 숯은 마다가스카르의 숲이 놀라운 속도로 사라지게 하는 주요 원인 중 하나이다. 그리고 사라지는 숲과 함께 그 숲 속에 살고 있는 마다가스카르의 온갖 희귀 동식물도 사라지고 있다. 위성사진 등 판독을 통한 연구결과, 1950년과 2000년을 비교하면, 50년 만에 마다가스카르의 삼림의 40%가 사라졌다고 한다.

마다가스카르 에너지난의 보다 근본적인 원인은 독립 후 누적되어 온 경제개발의 실패와 주기적인 정치적 불안정 등 마다가스카르의 저개발에서 찾을 수 있다. 마다가스카르의 연간 전력 생산량이 1,500 GMh 정도인데, 이는 우리나라의 연간 전력 생산량의 약 390의 1에 해당되는 수치이다.[21] 마다가스카르의 전력은 JIRAMA[22]라고 부르는 국영회사에서 운영하는 전력망을 통하여 송전된다. 문제는 마다가스카르에는 전국을 연결하는 국가 전력망 자체가 존재하지 않는다. 수도 안타나나리보에서 약 180Km 정도 떨어져 있는 안치라베(Antsirabe)라는 지방도시까지 연결되는 전력망이 가장 긴 것이고, 지방 도시별로 분절된 소규모의 전력망을 별도로 운영한다. 그러나, 이러한 전력망도 그나마 지방 도시에서 벗어나면 존재하지 않는다.

현재 마다가스카르에서 생산되는 전력의 약 68%가 수력발전소에서 생산되는 것인데, 대부분의 수력발전소 설비가 노후화되어 있고, 유지보수가 제대로 이루어지지 않고 있다. 그러나 신규 수력발전소를 건설하는 것은 통상 대규모 사업이기 때문에 마다가스카르의 현 재정 상태에서 추진하기가 어렵다. 결국 대안은 태양력, 풍력 등 신재생에너지를 활용하는 방안인데, 마다가스카르는 2030년까지 신재생에너지를 이용하여 전체 마다가스카르 가정의 70%에 전기를 보급한다는 야심찬 계획을 추진하고 있다.

---

21 2018년 우리나라 전기 생산량은 585,301 GWh임.
22 말라가시어로 Jiro(전기)와 Rano(물)을 합쳐서 만든 이름임.

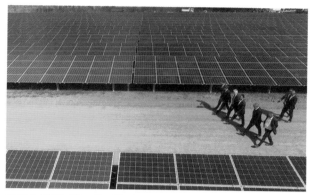
암바토람피에 있는 인도양 아프리카 최대규모의 탸양광 패널 단지

마다가스카르와 같은 최빈국에서 태양광 에너지를 활용한다는 것이 언뜻 상상이 안 갈 수도 있다. 그러나 이는 마치 많은 개도국에서 값비싼 유선망을 구축해야 하는 유선 전화를 건너뛰고 바로 핸드폰 시대로 진입한 사례와 비슷하다고 보면 된다. 마다가스카르는 태양광 에너지를 사용하기 위한 최적의 입지조건을 갖추고 있다. 연간 일조량이 2,800시간 이상이고, 이를 이용하여서 연간 제곱미터당 2,000kWh의 전력을 생산할 만한 잠재력을 갖고 있다.

지난 2019년 6월 마다가스카르 수도에서 약 35Km 남쪽으로 떨어진 곳에 있는 암바토람피(Ambatolampy)라는 곳에 인도양 아프리카 지역에서 가장 큰 태양열 패널 단지 준공식이 거행되었다. 약 3만 6천평(대략 광화문 일대보다 좀 더 큰 면적) 대지에 7만 4천개의 태양열 패널이 설치되었는데, 최대 20MW 전력이 생산될 수 있다.

이러한 대형 태양열 패널뿐만 아니라, 각 가정에서 사용할 수 있는 휴대용 태양열 패널도 조금씩 보급되고 있다. 제대로 된 도로도 없는 시골 마을에 휴대용 태양열 패널을 이용하여서 유료 케이블 채널 위성까지 설치한 가정집들을 볼 수도 있다. 한편, 수도에는 몇 년 전부터 가로등이 조금씩 설치되기 시작했는데, 전부 다 태양열 패널로 전력이 공급된다.

또 하나의 청정 재생에너지원은 풍력이다. 마다가스카르 북쪽의 디에고 수아레즈(마다가스카르 지명으로는 안치라나나)는 브라질의 리우 다음으로 세계에서 두 번째로 큰 자연항만인데, 아주 세찬 바람으로도 유명하다. 디에고에서 차로 30분만 가면 '몽딴뉴 드 프랑세(Montagne de Francais; '프랑스인의 산'이라는 뜻)'라는 산에 여러 마을들이 있다. 산 속 깊이 있는 마을에 전기가 있을 리가 만무하다. 그런데 이 중 한 곳에서 풍력 발전을 이용하여 마을 주민들에게 전기를 보급하고 있다.

2018년 9월 디에고에 출장을 갔었다. 우연히 이 지역에서 풍력 발전에 특화한 마드에올(Mad'Eole)이라는 비영리단체가 산간 속 마을에 풍력을 이용하여서 전기를 공급하는 데 성공했다는 이야기를 들었다. 너무나 신기해서 마드에올 대표에 연락해서 한 번 그런 마을에 직접 가볼 수 있냐고 물어봤는데, 흔쾌히 갈 수 있다고 하였다. 오전 일찍 단체 대표와 만나서 몽따뉴 드 프랑세 산속의 길 아닌 길 위로 하염없이 계속 갔는데, 어느 순간에 갑자기 마을이 보였다.

이부부나(Ivovona) 마을에는 총 500여 명의 주민들이 살고 있고, 주로 농사와 가축을 기르는 일을 했다. 전기가 들어오기 전까지는 전등, 텔레비전, 라디오, 냉장고 등 우리가 너무나 당연시 하는 문명의 이기들은 이 마을과 아무런 상관이 없는 물건들이었다. 해가 지면 촛불에 의지할 뿐이었다.

그런데, 2010년 마드에올이 약 1만 5천 달러의 비용이 들어서 풍력 발전기를 설치한 이후 지금까지 아무런 문제없이 잘 운영되고 있다. 전기세로 가정당 한 달에 우리나라 돈으로 3,000~6,000원 정도를 내는데, 이는 도시에서 내는 한 달 전기세보다 훨씬 저렴하다고 한다.

이부부나 마을의 풍력 발전기 기사(왼쪽 여성분)와 풍력 NGO 마드에올 대표와 함께

마을 주민들은 완전히 새로운 세상에 살게 되었다. 일단 전기가 들어와서 저녁에도 마을 전체를 환하게 비춰 줬다. 텔레비전을 구입한 가정에서는 공중파 방송은 잡히지 않지만, DVD에 연결하여서 원하는 프로를 원없이 보았다. 마을 슈퍼에는 냉장고가 들어서서 시원한 음료를 판매하였고, 일정한 요금을 내면 주민들이 냉장고에 음식을 보관할 수도 있다.

발전소 유지관리는 마을 주민이 맡아서 하고 있다. 50대로 보이는 중년 여성분으로서 평범한 가정주부 출신이다. 물론, 아주 복잡한 문제가 발생하면 본사에서 출장을 오지만, 매일 매일의 일상적인 유지관리는 이분이 전적으로 다 한다. 마드에올에서 유지관리 기사를 뽑을 때 의도적으로 마을 여성 중에 뽑았다고 한다. 양성평등 실현에 기여하기 위한 대의도 있었고, 다른 한편으로는 남성들은 주로 일하러 외부에 나가 있다는 현실적인 고려도 있었다고 한다. 그런데, 막상 뽑고 보니까 웬만한 남성 기사보다 더 나았다는 평가이다.

마드에올은 이 산간 지방에 있는 총 15개 마을 중 3군데에 풍력

발전기를 설치하였는데, 안타깝게도 추가적인 지원을 받지 못하여서 더 이상 설치를 못하고 있었다. 출장에서 돌아오고 나서 외교부 본부와 코이카에 상세히 보고를 하였고, 여러 우여곡절 끝에 2020년 추가적인 마을 한 곳에 풍력 발전기를 설치할 수 있는 예산을 확보하였다.

도로의 경제학

최빈국 마다가스카르이지만, 지난 10여 년간 자동차가 꾸준히 증가하였다. 그런데, 자동차가 늘어나는 데 반비례해서 전반적인 도로 상태는 오히려 후퇴하여서, 내가 부임한 2018년에는 시내 교통 체증이 정말 심각한 수준이 되었다. 한반도의 약 3배에 달하는 면적의 마다가스카르는 도로 총연장이 48,000km에 불과하며, 이 중 포장된 도로는 7,200Km 밖에 안 된다. 일부 통계에 의하면, 세계 141개국 중 마다가스카르 도로가 139위로 낙후되어 있으며, 심지어 내가 10년 전 근무한 내전에 휩싸여 있는 콩고(136위)보다도 도로상태가 더 안 좋다.[23] 그런데, 이 통계가 상당히 신빙성이 있는 것이, 136위와 139위의 차이를 피부로 느낄 수 있었다.

일단 시내에 있는 도로를 포함해서, 웬만한 도로는 2차선이다. 도로 중간 중간이 움푹 파여져 있어서 차체가 낮은 승용차의 경우 자칫 잘못하면 구멍에서 못 빠져 나오는 경우도 있다. 따로 인도는 거의 없고, 그냥 갓길로 사람들이 다닌다. 우리로 치면 봉고차처럼 생긴 밴("큰 택시"라는 의미로 "딱시베(taxi-be)"라고 한다)이 시내 버스 역할을 하는데, 승객들 승하차를 위해 그 좁은 도로에서 수시로 선다. 그래도 그나마

---

23 우리나라는 세계 9위이다.
　https://www.theglobaleconomy.com/rankings/roads_quality/

딱시베는 승객을 태우고 나면 달리기라도 하지, 인력거나 소달구지가 나타나면 꼼짝 없이 사람 또는 소의 속도에 맞춰서 가야 한다. 도로를 달리는 자동차들은 대부분 10년 이상 된 - 어떤 차들은 30~40년 이상 된 것들도 있다 - 중고차들이기 때문에 갑자기 도로 한복판에서 퍼지는 경우가 허다하다. 이때는 정말 대책이 없다. 그냥 도로에 하염없이 정차하게 된다.

　사정이 이렇기 때문에 한 번 교통체증에 잘못 걸리면 몇 시간을 꼼짝 말고 차 속에서 보내야 한다. 여러 도로 중 가장 악명 높은 곳 중 하나가 미국 대사관 앞을 지나는 2차선 도로인데, 2019년 새로운 우회로가 생기기 전까지는 이 도로를 지나야만 공항에 갈 수 있었다. 그리고 한인식당, 한인교회 겸 한글학교 등이 밀집되어 있는 한인타운이라고 할 수 있는 곳이 공항 근처에 있기 때문에 이 도로를 안 다닐 수가 없다. 그나마 나는 주말에 한 번씩 이 도로를 다녔지만, 불쌍한 미국대사는 평일 이곳으로 출근을 해야 했다. 더욱이 미국 대사의 관저는 완전히 반대편 시내 안쪽에 있었다. 스위스 대사는 미국 대사의 반대였다. 대사관이 시내 쪽에 있었고, 관저가 이 악명 높은 도로를 지나서 한인타운 쪽으로 가는 길에 있었다. 오죽하면 넉살 좋은 스위스대사는 "나는 정말 차 속에서 일하고, 책보고, 영화 보고, 잠자고, 하여간 샤워하는 것 빼고는 다하지요"라고 농담 반 진담 반 이야기할 정도였다.

　나는 다행히도 부임하였을 때 들어간 임시숙소(내가 첫 대사이기 때문에 관저가 아직 없었다)와 대사관이 안 막히면 약 10분 거리에 있었다. 물론, 막히면 대략 한 시간 정도 걸렸지만, 미국, 스위스 대사를 생각하면서 위안을 삼았다. 마다가스카르에 부임하고 나서 첫 번째 달은 의욕이 앞서서 어떻게든 한 명이라도 더 만나기 위해서 좀 과도하게 열심히 다녔다. 점심 약속까지 포함하여서 많게는 하루에 3~4건의 약속을 잡았는데, 이 약속들을 소화하기 위해서 차속에서 3~4시간을 보냈다. 문제는 그때가 1월, 연중 가장 더운 달이어서 아무리 에어컨을 틀어도 직사광선 때문에 차속에 계속 갇혀 있으면 어질어질해졌다. 결국은 무리하게 강행군을 한 덕분에 한 달 만에 39도의 고열로 출근을 못하고 며칠간 집에서 요양을 해야 했다. 그 뒤로는 가급적 이렇게 미련하게 일정을 잡지 않고 가능한 동선과 시간대를 고려하여서 일정을 짰다.

이런 지옥 같은 교통체증 때문에 많은 사람들이 약속시간에 늦을 것으로 생각할 수 있으나, 역설적으로 약속시간보다 훨씬 더 일찍 도착하는 경우가 종종 발생하였다. 나도 오전 9시와 같이 한창 막히는 시간에 개최되는 행사에 초대를 받게 되는 경우, 교통체증을 피하기 위하여 아예 7시에 출발해서 행사 시작시간보다 한 시간 이상 먼저 도착하기도 했다. 그러면, 행사장 인근의 커피숍 같은데 들어가서 기다리는데, 그 커피숍에서 행사에 초대받은 다른 나라 대사나 정부 인사를 만나기도 했다. 다들 비슷하게 생각하고 행동하는 것이었다.

수도와 지방을 잇는 국도

마다가스카르에 고속도로는 아직 없다. 수도와 지방 주요 도시들을 연결해주는 것은 2차선 국도이다. 이들 중 포장된 도로도 일부 있으나, 유지관리가 제대로 되어 있지 않아서 중간 중간에 구멍이 뻥뻥 뚫려 있는 경우가 많다. 가장 중요한 국도는 2번 국도인데, 안타나나리보와 제2도시인 타마타브를 이어준다. 우리로 치면 부산이라고 할 수 있는 타마타브는 항구도시로서 마다가스카르에 들어오는 모든 컨테이너는 타마타브항으로 온다. 안타나나리보–타마타브 국도는 우리로 치면 경부고속도로에 해당한다. 그런데, 이 중요한 국도도 2차선이다. 옛날 대관령 길처럼 꼬불꼬불 산등성이를 통과하는 구간들이 많고, 비까지 오면 길이 무척 미끄럽다. 이러한 길을 타마타브항에서 하역한 온갖 물자들을 실은 수십 톤짜리 트럭이 달리는데, 마다가스카르에서 가장 위험한 길로 악명이 높다. 안타나나리보에서 타마타브까지 367Km이지만, 10시간이 걸린다.

지방도시에는 삼륜 자전거 또는 툭툭이라고 하는 삼륜차가 도로를 달린다.
사진은 타마타브 시내

지방에는 포장된 도로가 드물다

　지방으로 내려가면 교통체증은 별로 없다. 일단 지방 도시들에는 자동차보다는 인력거나 삼륜자전거 또는 툭툭(tuc tuc)이라고 하는 삼륜차가 대세이다. 따라서 교통 체증보다는 다양한 장애물과 돌발 상황을 피하면서 곡예를 하듯이 운전하는 것이 관건이다. 그나마 주도에 해당되는 도시들에는 일부 포장된 도로가 있으나, 주도를 조금만 벗어나면 도로 자체가 없는 경우가 많다.

　경제적으로 가장 낙후되어 있는 남부지역에 가면 믿겨지지 않는 광경이 펼쳐진다. 광활한 자연 속에 도로 자체가 존재하지 않는다. 그냥 모래 또는 진흙 위로 자동차들이 달려서 생긴 자연발생적인 트레일이 있을 뿐이다. 트레일을 지나면 돌밭이 나오는데, 직감적으로 돌밭 위로 가상적인 길을 그리면서 달린다. 그러다가 지진이 일어난 것 같은 구간도 나타난다. 수십 년 전에는 도로가 포장되었으나, 그 뒤로 제대로 보수 관리를 하지 못하여서 도로가 막 갈라지고, 움푹 파여지고, 중간이 통째로 잘라 나가 버려진 것이다. 정말 무슨 재난 영화 세트장에

들어선 기분이다.

가장 압권은 물위를 지나야 할 때다. 가끔 다리가 있는 경우도 있지만, 다 썩어가는 나무로 얼기설기 짜여진 다리 위로 육중한 4X4가 지나가는데 정말 손에 땀을 쥐게 한다. 차라리 다리가 없으면 차는 과감하게 물속으로 주행한다. 선박이 항구에 접안할 때 도선사를 따라가는 것처럼, 이따금 물 깊이를 가늠해주기 위해서 차 앞에서 물 위로 뛰어가는 "인간 도선사" 알바 뛰는 사람이 있을 때가 있는데, 그러면 좀 더 안심하고 물 위로 주행할 수 있다. 도선사가 없으면 노련한 기사가 오로지 감에 의지하면서 조심스럽게 깊은 곳을 피하면서 운전한다. 거의 신기에 가깝다.

이런 길은 당연히 승용차는 다니지 못하고, 토요타 랜드크루저 또는 랜드로버와 같은 4x4만 다닐 수 있다. 그나마 모래나 진흙 위로 달리면 차가 크게 흔들리지 않아서 괜찮은데, 돌밭이나 지진 현장과 같은 도로 위로 달리면 마치 누군가가 나를 성냥갑에 집어놓고 마구 흔들어

대는 것 같다. 그냥 혼이 몸에서 빠져 나가는 것이 느껴진다. 이런 구간을 지날 때는 그냥 아무 생각 없이 차의 흔들리는 리듬에 몸을 맡겨야 한다. 두어 시간 계속 흔들어 대면서 가면 흔들리는 것이 정상처럼 느껴지고 나중에 익숙해지면 잠까지 들 수 있는 경지에 도달하게 된다. 이렇게 하루에 많게는 10시간씩 차로 이동하고 목적지에 도착하면 땅이 울렁거린다.

마다가스카르의 발전에 가장 큰 걸림돌 중 하나가 바로 도로의 부재이다. 한반도의 약 3배에 달하는 광활한 영토인데, 지방으로 내려가면 제대로 된 도로 자체가 존재하지 않아서 마을과 마을사이는 완전히 단절되어 있다. 이 마을에는 먹을 것은 있지만 물이 없고, 저 마을에는 먹을 것은 없지만 물이 있어도, 두 마을 간에 전혀 왕래가 없기 때문에 두 마을 다 어려운 상태로 계속 있는 것이다. 발전을 위한 가장 기본인 교류와 교역이 원천적으로 불가능한 상황이다. 도대체 어떻게 21세기가 되어서 아직까지 외부와 단절된 고립된 마을(enclave)들이 있을 정도로 도로를 깔 생각조차 안 한 것이 놀라울 뿐이다.

2019년 1월 취임한 라조엘리나 대통령은 야심차게 "마다가스카르 개발 계획"을 발표하고, 도로를 포함한 여러 기간 시설의 확충을 추진하기 시작했다. 일단 수도의 여러 악명 높은 구간들부터 도로 개보수 작업을 개시하였는데, 역설적으로 이 작업들 때문에 미국 대사관 앞 도로와 같은 상습 교통체증 구간은 더 이상 차가 다닐 수 없을 정도로 최악의 상황이 되어버렸다.

다행히 2019년 9월 역사적인 교황의 마다가스카르 방문이 예정되어 있었는데, 수도의 모든 도로공사는 교황의 방문에 맞춰서 완료시키는 것을 목표로 추진되었다. 교황 방문 일자에 가까워짐에도 도로공사가 끝날 기미가 안 보여서 결국은 마무리가 안 되는가 싶었는데, 정말 대단하게도 교황 방문에 맞춰서 주요 공사를 모두 다 완료하였다. 그 이후로 우리는 새로 수리된 길을 지날 때마다 '교황님의 선물'이라고 말하곤 했다. 이와 같은 도로공사 계획이 수도뿐만 아니라, 지방에도 계획되어 있는데, 실제로 실행되면 마다가스카르의 발전에 획기적인 기여를 하게 될 것으로 기대한다.

자동차 생산국 마다가스카르

　불과 10여 년 전만 해도 프랑스 등 유럽 차가 대세였으나, 그 후 조금씩 한국차가 알려지기 시작하더니, 지금은 마다가스카르에서 가장 핫한 자동차는 한국산이다. 특히, 10년 이상된 구형 모델, 심지어 국내에서 더 이상 생산되지 않는 단종된 차량들이 주로 마다가스카르 도로를 달리는데, 이곳에 와서 정말 오랜만에 추억의 티코, 마티즈와 테라칸을 종종 보았다. 이러한 차량들은 국내의 중고차 시장에서는 거의 거래가 되지 못하고, 결국은 폐기대상이 되어버리는데, 마다가스카르에서는 소비자들이 가장 많이 찾는 차량들이다. 가끔은 한국에서 달리던 마을버스가 번호까지 계속 붙어 있는 상태에서 달리기도 하고, 동네 태권도 학원 차량도 보인다. 한번은 우리 동네에 있는 한국식당에서 배달음식을 시켜 먹었는데, 배달 온 사람의 오토바이를 보고 깜짝 놀랐다. 흰색과 빨강색으로 만들어진 제비 모양의 로고가 들어 있는 우리나라 우체국 집배원 오토바이였기 때문이다.

　이렇게 마다가스카르 생활 곳곳에 한국 차가 침투해 있지만, 한 가지 예외가 있는데, 바로 택시이다. 마다가스카르 택시만큼은 프랑스제 시트로엥이 절대 강자로 군림하고 있다. 그것도 시트로엥 2CV라고 하는 1948년에 첫 생산에 들어가서 1990년에 단종된 모델이다. 프랑스제 자동차의 역대 판매량 10위에 들어가는 차량으로서, 전세계에 약 5

마다가스카르의 국민택시 시트로엥 2CV

백만 대 이상이 팔렸다. 그런데, 자동차 박물관에서나 찾아볼 수 있을 것 같은 이 자동차가 안타나나비로의 좁은 도로를 마다가스카르 택시 색깔인 살구색으로 단장하고 지붕에 "택시" 싸인을 부착한 채 달리는 모습을 흔히 볼 수 있다.

　　마다가스카르 택시기사들에 의하면 시트로엥 2CV는 마다가스카르에 최적화된 차량이다. 일단 차량 구조가 단순해서 수리하기가 수월하다. 단종되었지만, 부품을 구하기가 어렵지 않고, 부품 비용도 저렴하다. 기름 값이 리터당 우리나라 돈으로 약 1,270원으로서 결코 적지 않은 부담이 되는데, 기름도 많이 안 먹는다. 최고속도가 60Km/h까지밖에 안 나오지만, 어차피 그 이상의 속도를 내면서 달릴 만한 길도 별로 없다.

　　그런데, 이 시트로엥 2CV가 한때는 마다가스카르에서도 생산이 되었다. 프랑스에서 부품을 들여와서 조립하는 공장이었는데, 1962년 당시 마다가스카르의 치라나나(Tsiranana) 대통령이 이 공장에서 생산

마다가스카르의 시외 버스 (사진제공: 조용문 선교사)

된 1호 시트로엥 2CV 기념식에 참석하여서 차량 번호판 001호를 부여해줬다고 한다. 그러나, 하루에 최대 5대 정도만 조립 생산되었으며, 1978년에 문을 닫을 때까지 700여 대만 생산되었을 뿐이다.

1982년 당시 라치라카(Ratsiraka) 대통령이 지역별 차세대 산업 정책을 발표하면서 야심차게 남부의 피아나란추아 주를 자동차 산업의 메카로 선정하였다. 그리고 1985년에 마다가스카르 고유 브랜드인 카렌지(Karenjy) 자동차가 첫 선을 보였다. 마치 미니 장갑차처럼 생긴 매우 심플한 디자인이며, 마다가스카르의 악명 높은 도로 상태에 최적화된 자동차를 표방하여서 만들어졌는데, 1989년 마다가스카르를 방문한 당시 교황 바오로 2세의 전용 차량으로도 사용되었다.

그러나, 카렌지 공장은 1993년 정권이 자피(Zafy) 대통령으로 넘어가면서 문을 닫았고 그 후 15년간 법정관리 상태에 놓였다. 2009년에 들어와서 사회적 기업인 흘레 드 마다가스카르(Relais de Madagascar)가 카렌지를 인수하면서 생산을 재개하였다. 엔진은 프랑스에서 공수해 오지만, 여타 전기, 전자계통 부품과 샤시 등은 모두 카렌지 공장에서 자체 생산한다. 생산 공정의 자동화는 아직 초보 수준이어서 한 달에 약 세 대 정도 밖에 생산을 못하지만, 카렌지의 엔지니어들은 마다가스카르산 자동차를 생산하고 있다는 데 대해 자부심이 대단하다. 2019년 프란시스코 교황이 마다가스카르를 방문하였을 때 다시 한 번 카렌지가 교황 전용 차량을 제공하였다.

2020년 6월 코로나19로 인하여 마다가스카르 사람들이 많이 힘들어하고 있을 때, 평상시 조용하게 지내는 주마다가스카르 영국대사가 날린 트위터 하나가 엄청나게 회자되었다. 영국 대사관의 새로운 행정차를 소개하는 트위트였는데, 바로 카렌지였다. 특별주문 제작을 하여서 지붕을 영국기로 장식하였는데, 정말 멋져 보였다. 마다가스카르 사람들은 마다가스카르산 자동차를 구입하기로 결정한 영국 대사관에 최고의 찬사를 보냈다. 우리 대사관도 나중에 행정차를 교체하기 될 때 카렌지로 해야겠다는 생각이 들었다.

PART

05

정치 격동
한복판에서

대선!

마다가스카르에 부임한 2018년은 대선이 예정되어 있는 해였다. 아프리카에서 대선이 있는 모든 국가들이 문제가 생기는 것은 당연히 아니다. 그러나, 마다가스카르와 같이 여러 면에서 취약한 국가에서 대선을 성공적으로 치르는 것은 거의 무한도전 그 자체이다.

우선, 대선을 제대로 치르기 위한 기본적인 사회 인프라가 제대로 갖추어지지 않았다. 수도에는 일부 도로가 깔려 있지만, 지방으로 내려가면 포장된 도로를 구경하기가 힘들다. 우기인 9월부터 2월까지는 비포장 도로는 완전히 진흙으로 변해버려서 더 이상 차가 다니지 못하는 경우가 태반이다. 이러한 곳에 있는 마을들은 외부세계와 완전히 차단되어 버린다.

다음으로, 유권자를 제대로 파악하는 것도 지난한 일이다. 마다가스카르 선거법에 따르면 18세 이상이면 투표권을 갖게 되는데, 마다가스카르처럼 행정시스템이 낙후된 곳에서는 정확한 호구조사 자체가 사실상 불가능하다. 지금도 각 구청의 주민 관련 제반 자료들은 전산화가 되어 있지 않고, 도시빈민 중에는 주민등록조차 안 되어 있는 유령 인구도 상당수 있다.

한편, 당연한 이야기이지만, 대선을 치르기 위해서는 상당한 예산이 소요된다. 선거인명부 작성, 투표용지 인쇄, 투표소 설치, 투표소 진행요원 운영, 투표소간 이동수단 확보, 연락체계 구축, 투표집계 시스템 구축 등등 … 그리고, 이 모든 과정이 한번으로 끝나는 것이 아니라 두 번을 해야 한다. 왜냐하면 마다가스카르가 프랑스 선거 시스템을 따라했기 때문에 1차 투표에서 과반을 득점한 후보가 안 나오면, 최고득점자와 차점자간 결선투표를 하도록 되어 있기 때문이다. 세계에서 가장 못사는 국가 중 하나인 마다가스카르로서는 자체 예산으로 선거를 치르는 것은 애당초 불가능하다. 그런데, 역설적으로 이러한 선거를 치르기 위한 정부 예산은 없어도, 후보자들 개개인의 선거 캠페인을 위한 자금은 상상을 초월한다. 2013년 대선에서 승리한 라자오나리맘삐아니나 후보는 4천 3백만 달러를 선거 자금으로 사용한 것으로 집계되었는데, 전체 인구수로 나누어 환산하면 1인당 21.50달러를 사용한 것이다. 이는 미국 트럼프 대통령이 2016년 대선에서 쓴 자금(1인당 12.6달러)의 거의 두 배에 달하는 금액이다.

마지막으로 가장 중요한 것은 대선 결과에 대한 승복과 평화적 정권 이양 문제이다. '문명의 충돌'로 유명한 학자 새뮤얼 헌팅턴은 두 번 연속으로 평화적 정권 교체가 이루어지면 민주주의가 어느 정도 정착되었다고 평가할 수 있다고 하였다. 아프리카에서 이 기준을 충족시키는 국가들은 가나, 보츠와나, 나미비아 등 손에 꼽을 수 있을 정도이다. 사실 마다가스카르도 90년대에 이 기준을 충족한 적이 있었다. 80년대 말 공산권의 몰락이 마다가스카르에도 민주화 바람을 불러일으켜서 1993년에 18년 만에 처음으로 자유로운 선거가 실시되었으며, 이때 1975년 이후 독재를 해왔던 라치라카(Ratsiraka) 대통령이 패배하고 자피(Zafy) 후보가 당선되어서 민주정부가 출범하였다. 그러나, 자피는 1996년 국회에 의해 탄핵되어서 그 해 대선이 치러졌는데, 놀랍게도 라치라카가 재기에 성공하여서 라치라카에게 다시 평화적으로 정권이 이양되었다.

 그런데, 딱 여기까지였다. 그 후 2001년에 개최된 대선에서 두 후보는 결과에 승복하지 않았다. 6개월간 두 후보자의 지지기반인 수도와 제2도시 타마타브간 대치상태가 지속되면서 정치적 불안정이 극에 달하였고, 경제도 곤두박질쳤다. 2009년에는 쿠데타가 발생하였고, 쿠데타 진압과정에 유혈사태가 터졌다. 결국 쿠데타 세력이 권력을 장악하여서 2013년 국제기구 감시하에 대선이 치러질 때까지 4년간 과도정부 체제가 유지되었다. 이 기간 동안 마다가스카르는 국제사회의 제재하에 놓이게 되었고 나라는 완전히 뒷걸음치게 된다.

 내가 도착한 2018년 1월은 대선이 치러지기 10개월 전이었지만, 나라는 이미 대선 모드에 들어갔다. 정치권에서는 선거법을 개정하기 위한 치열한 공방이 이루어지고 있었고, 중앙선거관리위원회에서는 2014년 대선 때 사용한 선거인 명부를 업데이트하는 작업을 하고 있었으며, 정부 차원에서는 마다가스카르에 나와 있는 외교단, 국제기구 등을 대상으로 대선을 치르기 위한 국제사회의 재정적 기여를 요청하고 있었다. 언론에서는 거의 매일 대선 동향 관련 기사가 톱을 장식했다. 2018년 당시 국제사회에서 가장 많은 관심을 가진 아프리카 선거가 콩고민주공화국과 마다가스카르 대선이었는데, 유엔뿐만 아니라, 아프리카연합(AU), 남아프리카개발공동체(SADC) 등 아프리카 지역기구 차원에서도 마다가스카르 대선을 예의주시하고 있었다. 마다가스카르 주재 외교단은 여러 모임을 통하여 대선 동향에 대한 평가와 정보를 수시로 교환하고 있었다.

 아직은 대선을 앞두고 특별한 소요사태 징후는 없었으나, 집권 내내 별다른 성과를 보여주지 못한 현직 대통령과 집권당에 대한 민심 이반은 매우 심각한 수준이었다.

결국 유혈사태 발생

　　당시 마다가스카르 현직 대통령은 세계 정상 중 가장 긴 이름을 가진 헤리 라자오나리맘삐아니나(Hery Rajaonarimampianina)였다. 라자오나리맘삐아니나 대통령은 원래 정치인 출신이 아니었고, 캐나다에서 공인회계사로 활동하던 사람이었다. 2009년 쿠데타로 과도정부 수반이 된 라조엘리나에 의해 재무장관으로 발탁되어서 2011년까지 재직하였다.

　　2013년 국제기구(SADC: Southern African Development Commumity)의 중재로 대선이 치러졌는데, 이때 국제기구가 부과한 조건은 라조엘리나 전 과도정부 수반과 2009년 쿠데타로 쫓겨난 라발로마나나(Ravalomanana) 전 대통령은 대선에 출마하지 않는다는 것이었다. 이에 라자오나리맘삐아니나는 라조엘리나의 대리인 격으로 출마해서 라발로마나나가 내세운 대리인에 이겨서 대통령에 당선되었다.

　　그런데, 일단 권력을 손에 넣게 되니까 라자오나리맘삐아니나 대통령은 다른 생각을 품게 되었다. 본인의 후견인인 라조엘리나가 미는 사람을 총리에 임명하지 않고 자신의 사람을 총리에 임명하더니, 급기야 HVM(Hery Vaovao ho an'i Madagasikara; '마다가스카르를 위한 새로운 힘')이라는 당을 만들고, 라조엘리나가 당수로 있는 MAPAR당(Miaraka amin'i prezidà Andry Rajoelina; '라조엘리나 대통령과 함께')의 의원들을 대

2018년 4월 발생한 유혈사태에 대한 현지 언론 보도

부분 흡수하였다.

　이렇게 해서 입법부까지 장악하게 된 라자오나리맘뻬아니나 대통령은 불행히도 임기 내내 무기력한 모습을 보이고, 영부인을 포함한 측근들의 부정부패 의혹에 휘말렸다. 2018년 대선을 앞두고 민심은 거의 뒤돌아선 상태였고, 국민들은 라조엘리나 전 과도정부 수반과 라발로마나나 전 대통령 지지 세력으로 양분되어 있었다. 그러나, 라자오나리맘뻬아니나 대통령은 재선의 꿈을 포기하지 않았고, 결국은 무리수를 두게 되었다. 바로 쿠데타나 유혈사태에 연루된 사람은 대통령선거 후보 자격을 박탈하도록 선거법을 개정하는 것이었다. 두말할 필요 없이 이는 결국 최대 정적인 라조엘리나 전 과도정부 수반과 라발로마나나 전 대통령이 대선에 출마하지 못하도록 하기 위한 것이었다. 라자오나리맘뻬아니나의 HVM당이 상하원을 장악한 만큼, 선거법은 2018년 4월 3일 일사천리로 의회에서 통과되었다. 이제 재선은 떼어 놓은 당상처럼 보였다.

　그러나, 성난 민심은 거리로 뛰쳐나오기 시작했다. 시민 저항의 상징인 시청 앞의 '5.13 광장'[24]에 시위대가 모여서 선거법 개정의 무효를 외쳤고, 야당 정치인들도 합류하였다. 시위대는 자유발언대를 설치하고, 가두시위를 벌이는 등 평화적으로 시위를 진행하였다.

　2018년 4월 21일 토요일. 천명 이상의 시민이 5.13 광장에 모여서 시청 앞 대로에서 가두시위를 벌이고 있는데, 갑자기 무장한 군경이 나타나서 군중에 발포를 하였다. 두 명이 사망하고, 수십 명이 부상을 입었다. 발포 현장에 있던 시위대가 찍은 영상이 SNS를 통하여 빠르게

---

24 1972년 5월 13일 있었던 프랑스의 식민 잔재 청산을 요구하는 학생들의 시위를 기념하는 광장이다. 이 시위로 결국 마다가스카르 제1공화국이 막을 내렸다.

전파되었다. 영상 속의 시위대는 "이런 XX … 총을 쏘고 있어!!!"라고 다급하게 외치고 있다. 마다가스카르 유혈사태는 속보로 국제사회에도 긴급 보도되었다.

하필이면 이때 대사관에서는 한-마다가스카르 수교 25주년을 기념하기 위한 춤 공연 행사를 한창 준비하고 있었다. 파리까지 날라왔던 서은지 문화외교국 심의관을 단장으로 한 축하사절단은 위화도 회군을 할 수밖에 없었고, 4월 25일로 예정되었던 수도 공연도 취소하였다. 한인회와 비상대책 회의를 갖고, 비상연락망을 가동하여서 교민들의 안전을 점검하였다.

라자오나리맘뻬아니나 대통령은 시위대를 쿠데타 세력이라고 규정하면서, 이러한 불법적인 시위에 대해 강력히 대응할 것이라고 엄포를 놓았다. 그러나, 이런 강경대응은 성난 민심에 오히려 더 불을 지폈다. 라자오나리맘뻬아니나 대통령이 선거법으로 제거하려고 했던 라조엘리나 전 과도정부 수반과 라발로마나나 전대통령을 따르는 지지자들은 연합전선을 이루어서 선거법 개정 무효뿐만 아니라, 아예 라자오나리맘뻬아니나 대통령의 퇴진을 요구하기 시작했다. 시위 참가 인원도 수천 명 이상 더 늘어났다. 결정적으로 군경 지휘부가 합동으로 시위대의 평화적 시위를 보장할 것이면서, 더 이상 무고한 시민의 희생을 원하지 않는다고 독자적으로 발표하였다.

5월 3일, 최고헌법재판소는 야당의원이 제기한 선거법 개정 무효 헌법소원에 대해 선거법 개정이 헌법에 반한다고 판결을 내렸다. 코너에 몰린 라자오나리맘뻬아니나 대통령은 헌법소원 판결을 수용하고, 선거법 개정안을 철회하였다. 그러나 성난 민심은 가라앉지 않고, 계속 라자오나리맘뻬아니나 대통령의 하야를 요구하였다. 이에 대해 라자오나리맘뻬아니나 대통령은 하야하는 일은 절대로 없을 것이라고 맞섰다.

마다가스카르 언론에서도 주요국 대사들의 마다가스카르 상황에 대한 입장을 계속 보도하였고, 나한테도 기회가 될 때마다 한마디 해 주기를 요청하였다. 이때가 마침 판문점 남북정상회담이 개최된지 얼마 안 된 시점이었다. "한때 전쟁을 하였던 남북한이 평화를 위해 노력해 나가는 것을 보면 마다가스카르에서도 충분히 현 상황을 평화적으로 해결할 수 있을 것으로 봅니다. 금번 대선이 투명하고, 공정하고, 모든 당사자들이 참여하는 포용적인 선거가 되기를 바랍니다"라고 하였다.

마다가스카르 정치계의 양대 산맥

　한창 시위대와 정부의 대치가 격화되고 있을 즈음, 하루는 남아공 대사가 저녁에 초대하여서 남아공 대사관저에 갔는데, 뜻밖에도 라발로마나나 전 대통령이 왔다. 필자 이외에 미국대사, 영국대사, 아프리카연합대표만 초대한 자리였다. 라발로마나나 전 대통령은 비록 2009년에 라조엘리나에 의해 쫓겨났었지만, 수도권 지역에서는 여전히 인기가 높았고, 부인이 현직 안타나나리보 시장이었다. 이에 비해 라조엘리나는 주로 지방에서 인기가 많았다. 라발로마나나 전대통령은 만찬 내내 자신감 넘치는 모습을 시종일관 보여주면서 거침없이 말했다.

　라발로마나나는 마다가스카르 대통령을 역임한 사람 중 유일하게 흙수저 출신이다. 빈농의 8번째이자 막내로 태어나서 학교는 중학교 과정까지 밖에 못 마쳤다. 거의 독학으로 불어와 영어를 공부했는데, 마다가스카르 공용어가 불어임에도 불구하고, 제대로 교육을 받지 못하여서 오히려 사업을 하면서 배운 영어를 더 잘한다.

　집에서 직접 요구르트를 만들어서 자전거에 싣고 동네 주민들에게 판매하러 다니면서 장사를 시작한 라발로마나나는 탁월한 사업수완을 통하여 유제품 회사 티코(Tiko)를 차렸고, 마다가스카르에서 가장 큰 유제품 회사로 키웠다. 이를 바탕으로 유통업에도 진출하였고, 마다가스카르를 대표하는 기업인이 되었다. 마다가스카르에서 전통적인 엘리트 계층에 속하지 않은 흙수저 출신이 자수성가한 사례는 매우 드물었다. 라발로마나나는 이러한 입지전적인 스토리를 활용하여서 1999년 안타나나리보 시장 선거에 뛰어들어 당선되었다. 시장으로서 라발로마나나는 치안 강화, 인프라 구축 등 여러 정책들을 뚝심 있게 추진하여서 시민들이 변화를 피부로 느끼게 하였다. 시장으로서 대중성을 확인한 라발로마나나는 2001년 대선에 출마하였다. 대선 결과를 두고 라발로마나나와 당시 대통령이었던 라치라카가 6개월간 대치한 끝에 라발로마나나가 대통령에 취임하였고, 라치라카는 해외로 망명을 떠났다.

대통령이 된 라발로마나나는 과감한 탈프랑스화를 추진하였다. 자수성가하는 과정에서 프랑스계 기업의 부당한 횡포 등 식민 잔재의 폐해를 경험한 라발로마나나는 프랑스의 영향에서 벗어나기 위해 전략적으로 미국, 영국 등 영어권에 접근하였다. 이때 미국이 야심차게 시작한 개도국 지원 프로젝트인 밀레니엄 채린지 사업(Millenium Challenge Compact)의 첫 번째 수혜자로 마다가스카르가 선정되었다. 라발로마나나는 심지어 영어를 마다가스카르의 새로운 공용어로 추가하기도 하였다. 이러한 영어권에 대한 우호적인 정책으로 인하여 프랑스로부터 상당한 견제를 받았다. 그러나 한편으로는 시장친화적인 정책을 추진하면서 도로 등 인프라 확충에 국가재정을 집중적으로 투입하였고, 그 결과 연 7%의 경제성장을 이룩하였다. 지금도 마다가스카르 사람 대다수는 역대 대통령 중 가장 성공적인 대통령은 초선 때의 라발로마나나라고 평가할 정도이다.

그런데 2006년 재선에 성공한 라발로마나나는 불행히도 국가정책을 추진하는 데 사적인 이익을 챙기는 모습을 보여주기 시작했다. 이때 혜성처럼 나타난 정치 신인이 라조엘리나였다. 라조엘리나는 비교적 유복한 중산층 가정에서 태어났다. 아버지는 프랑스 국적을 가진 이중국적자로 군 대령 출신이다. 준수한 외모의 라조엘리나는 정치에 입문하기 전인 1990년대에는 안타나나리보에서 가장 핫한 디제이로 이름을 날렸으며, 그 후 광고회사를 차려서 크게 성공하였다. 33살이 된 2007년, 라조엘리나는 안타나나리보 시장 선거에 출마하여서 당시 라발로마나나 대통령이 밀었던 후보를 물리치고 당선되었다.

라발로마나나의 실정에 대한 국민들의 실망이 커질수록 젊고 포토제닉한 라조엘리나 시장의 인기는 더욱 올라갔다. 결정적으로 2008년 10월 대우 사태가 터졌다. 대우로지스틱이 마다가스카르의 총 경작지의 절반에 해당되는 130만ha 규모의 농지를 99년간 사실상 무상으로 확보하여서 한국의 식량기지로 활용하기로 했다. 그런데 이를 처음으로 보도한 서구 언론은 신식민주의라고 비판을 하였고, 마다가스카르 국민은 조상 대대로 물려받은 땅을 국민들과 아무런 상의 없이 외국자본에 넘겨버린 데 대해 분노하였다. 라발로마나나 정부는 이 합의를 통하여 외국자본이 들어와 수많은 일자리가 창출되고, 지방 불모지가 개발된다고 하면서 여론을 돌리려고 하였으나, 역부족이었다. 그리고 2008년 11월 라발로마나나 대통령이 6천만 달러를 들여서 대통령 전

라조엘리나 마다가스카르 대통령과 함께

용기 구입을 추진한 것이 알려지자 민심이반은 더욱 가속화되었다.

라조엘리나는 대규모 시위를 주도하면서 라발라로마나나의 퇴진을 요구하기 시작했다. 2009년 2월 7일 수백 명의 라조엘리나 지지자들이 대통령궁으로 몰려갔는데, 경비대가 이들에게 발포를 하여서 23명이 사망하고 83명이 부상당했다. 이 유혈사태를 계기로 군부마저 라발로마나나로부터 돌아섰다. 결국 2009년 3월 21일 라조엘리나는 과도정부의 수반으로 취임하였고, 라발로마나나는 남아공으로 망명을 떠났다.

그러나, 국제사회는 라조엘리나의 과도정부를 인정하지 않았다. 라조엘리나는 민중 봉기로 부패한 권력을 몰아낸 것이라고 항변하였으나, 국제사회는 이를 쿠데타로 규정하였고, 마다가스카르에 대한 경제제재에 돌입하였다. 미국을 비롯한 대부분의 국가들은 마다가스카르에 대한 원조를 중단하였다. 유일하게 프랑스만 마다가스카르에 대해 별다른 제재를 가하지 않았다. 라발로마나나가 망명을 떠나기 전에 마지막으로 라조엘리나에 반격을 가하였는데, 이때 라조엘리나는 프랑스 대사관에서 보호를 받았다. 이에 일각에서는 친미성향의 라발로마나나를 몰아내기 위해 프랑스가 배후에서 라조엘리나를 후원하였다는 이야기가 공공연하게 나돌았었다.

2014년 국제기구 감시하에 대선이 치러질 때까지 5년간의 과도정부 기간은 암흑기였다. 국제사회에서 고립되어서 외부의 원조를 받지 못하게 된 마다가스카르의 경제는 급속도로 퇴보하였고, 국민들의 삶은 더 어려워졌다. 국가재정이 바닥나니까 불법과 부정부패가 기승을 부렸고, 특히 고급 가구를 제작하는 데 사용되는 장미목(rosewood)의 불법적 벌목을 통한 축재가 큰 사회적 문제로 대두하였다.

이런 과도정부 시절의 전력으로 인하여 2018년 대선에 다시 라조엘리나가 등장한 데 대해 우려하는 시각이 특히 식자층에 있었다. 외교단에서는 당연히 어느 특정 후보에 대해 호불호를 공개적으로 이야기하지 않았으나, 적어도 영어권 국가들은 라발로마나나를 은근히 더 선호하는 것 같이 느껴졌다. 아마도 그렇기 때문에 남아공 대사가 라발로마나나 전 대통령을 만찬에 초청한 자리에 나를 비롯한 미국, 영국 등 영어권 대사들 위주로 초청했던 것이다.

일촉즉발의 정국

　라자오나리맘삐아니나 대통령이 선거법 개정을 철회한 후에도 야당은 라자오나리맘삐아니나 대통령의 퇴진만이 유일한 해결책이라고 하면서 강경하게 나왔다. 그리고 헌법재판소에 라자오나리맘삐아니나 대통령이 헌법 수호 의무를 이행하지 않았다는 이유로 퇴진을 요구하는 소를 제기하였다. 집권당은 시위대의 하야 요구는 응대할 가치조차 없다고 반격하면서, 헌법질서를 유린하고 있다고 강력히 비난하였다. 5월 25일 최고헌법재판소의 판결이 나왔다. 대통령의 퇴진 요구는 기각되었으나, 6월 5일까지 여야 합의로 신임 총리를 임명하고 중립내각을 출범시켜야 한다고 하였다.

　집권당은 최고헌법재판소의 판결이 월권이고, 법적 판단이 아닌 정치적 판단이라고 비판하면서 강력히 반발하였다. 정국은 한치 앞을 내다보지 못하는 혼돈 속으로 빠져 들어갔다. 모두가 향후 전개될 상황에 대해 걱정이 태산이었다. 이 중 비관적인 사람들은 마다가스카르가 결국은 10년 주기로 정치 위기가 찾아오는 악순환의 고리를 끊지 못하고 이번에도 나라가 퇴보하게 될 것이라고 자포자기하는 심정으로 이야기했다.

　최고헌법재판소가 시한으로 제시한 6월 5일. 올리비에 술루난자사나(Olivier Solonandrasana) 총리가 전격적으로 사퇴하였다. 결국 라자오나리맘삐아나나 대통령이 헌재의 판결을 수용한 것이다. 6월 6일 야당이 추천한 중립인사인 크리스티앙 은짜이(Christian Ntsay)가 새로운 총리로 임명되었다. 신임 은짜이 총리의 일성은 "본인의 가장 중요한 임무는 투명하고 모두가 참여하는 포괄적인 선거를 준비하는 것이다"였다. 이어서 야당 몫으로 내무부장관, 산업부장관, 통상부장관 등 여러 장관 자리들이 할양되었고, 중립내각이 출범하였다.

마다가스카르 정치 역사상 새로운 이정표가 세워지는 순간이었다. 국제사회는 중립내각 출범을 일제히 환영하였다. 은짜이 총리는 마다가스카르 주재 국제노동기구(ILO) 수장을 역임한 전형적인 테크노크라트 출신이었다. 취임하고 나서 이틀 후 러시아 국경일 행사가 열렸는데, 이때 총리가 마다가스카르 정부 대표로 참석하였다. 필자도 아내와 함께 국경일 행사에 갔다. 이날 만찬은 뷔페식이었고, 테이블도 지정석 없이 자유롭게 앉도록 되어 있었다. 필자가 조금 늦게 만찬장에 들어가는 바람에, 다른 대사들은 이미 다 자리에 앉아 있었다. 그런데, 의외로 총리가 있는 테이블에는 아무도 앉지 않았다. "높은 사람과 같은 테이블에 앉기 싫어하는 것은 동서고금을 막론하고 비슷하군. 잘 되었네. 오늘 신임 총리와 제대로 인사를 나눌 수 있겠군"이라고 생각하고, 아내와 함께 총리가 앉아 있는 테이블로 갔다. "안녕하세요? 한국 대사이고, 제 아내입니다"라고 인사하니까 총리도 아주 반갑게 인사하면서 옆에 앉으라고 권하였다. 만찬 내내 총리와 향후 정국 구상, 한-마다가스카르 관계 발전 방향, 한국의 개발경험 등 이런저런 주제에 대해 많은 이야기를 나누었다. 이때 참으로 진실되고 왠지 믿음을 주는 사람이라는 인상을 받았다.

은짜이 총리는 믿음을 저버리지 않고, 성공적인 대선을 치르기 위한 준비 작업에 곧장 착수하였다. 중앙선거관리위원회와 함께 선거 준비 상황을 수시로 점검하였고, 마다가스카르에 주재하는 대사관, 국제기구 등과 긴밀히 소통하였다. 특히, 총리 주재로 외교단, 국제기구 대표 및 NGO 등 시민사회 대표까지 참석하는 상황점검 회의를 정기적으로 개최하여서 선거 준비과정을 최대한 투명하게 공유하려고 했다.

6월 29일 총리는 대선 일정을 발표하였다. 11월 7일 1차 투표, 12월 19일 결선 투표. 그리고 마다가스카르 헌법에는 특이한 조항이 있는데, 현직 대통령이 대선에 출마하려면 선거일 90일 전에 사임하도록 되어 있다. 이는 현직자가 대선에서 부당한 영향력을 행사하지 못하게 하기 위한 방어기제로 2010년 헌법 개정 당시 신설된 조항이었다. 11월 7일부터 90일을 역산을 하면 라자오나리맘삐아나나 대통령은 늦어도 9월 7일까지는 사임을 해야 했다.

사실 아프리카의 많은 대선에서 현직자의 프리미엄이 문제가 된 경우가 상당히 많다. 그래서 이론적으로 이러한 조항이 유용할 수도 있는데, 실제로 9월 7일이 점점 다가오게 되니까 정국은 또다시 혼돈에 빠지게 되었다. 라자오나리맘삐아나나 대통령은 대선 출마를 위해 사임할 것이라는 의사를 명백히 밝히지 않았다. 그리고 만일 사임하게 되면 상원의장이 대통령권한대행을 맡게 되는데, 대통령권한대행의 권한의 범위가 정확히 어느 정도 되는지에 대해서도 논란이 많았다. 다른 한편으로는 사임으로 인한 일시적 권력의 공백으로 인하여 또다시 정치적 불안정이 야기될 수 있다는 우려도 제기되었다.

8월 21일 대통령 선거 후보자 등록이 마감되었고, 예상대로 라자오나리맘삐아나나 대통령, 라발로마나나 전 대통령, 라조엘리나 전 과도정부 수반은 입후보하였다. 이외 군소후보 33명이 더 입후보하였다. 사임여부에 대해 계속 침묵을 유지해 온 라자오나리맘삐아나나 대통령은 9월 3일 사임하겠다고 공식 발표하였고, 9월 7일 사임했다. 9월 12

일 대통령의 이임식과 대통령권한대행의 취임식이 개최되었고, 외교단들은 행사가 거행되는 대통령궁에 초청받았다. 필자도 행사에 참가했는데, 연설을 하는 라자오나리맘삐아니나 대통령의 눈시울이 붉어졌다. 재임중에 이렇다고 할 만한 업적도 없이, 임기 말년에 측근들의 부정부패 스캔들에 휘말리고 급기야 시위대에 발포하여 하야 요구까지 받은 대통령이 역설적으로 공정하고 투명한 대선을 위하여 솔선하여서 헌법에 따라 사임하는 모습을 보여준 것이다. 이날 필자를 비롯한 많은 대사들은 라자오나리맘삐아니나 대통령을 다시 보게 되었다. 행사 후 열린 리셉션에서 라자오나리맘삐아니나 대통령과 간단히 인사를 나누면서 마다가스카르의 민주주의를 위하여 중요한 결단을 하였다고 덕담을 건넸다. 라자오나리맘삐아니나 대통령은 상당히 결의 찬에 목소리로 고맙다고 하였다. 이날 만난 집권당 인사들은 대통령의 대승적인 사임이 지지율이 반등하는 계기가 되어 대선에서 이기게 될 것이라고 확신에 차서 이야기했다. 9월 7일 정식 대선 캠페인 기간이 시작되었고, 라자오나리맘삐아니나, 라발로마나나, 라조엘리나 빅3는 본격적으로 전국을 돌면서 유세를 하기 시작했다.

사임을 발표하는 라자오나리맘삐아니나 대통령. 앉아 있는 사람이 대통령권한 대행이 된 라꾸투바우 상원의장

마다가스카르 대선 지원하기

　대선 후보들은 상상을 초월하는 자금을 쓰면서 전국 유세를 돌기 시작했는데, 정작 마다가스카르 정부는 선거를 치르기 위한 예산 부족에 계속 시달리고 있었다. 유엔이 주도하여서 마다가스카르 선거를 지원하기 위해 SACEM(Soutien au cycle electoral de Madagascar)이라는 지원단이 발족되었지만, 여전히 약 4백만 달러가 부족한 상태였다. 아울러, 유엔 차원에서 선거 참관단을 구성하여서 파견하지만, 유엔 혼자만으로는 역부족이기 때문에 여타 국가들도 선거 참관단을 파견해주길 요청받고 있었다.

　SACEM에는 미국, 프랑스, 독일 등 주로 서구국가들이 참가하고 있었고, 어떤 국가는 이미 수백만 달러를 지원한 상태였다. 이는 마다가스카르 대선이 국제적으로 나름대로 중요한 대선으로서, 국세사회에서 많은 관심을 갖고 있었기 때문이다. 반면, 당시 한국에서는 아마도 마다가스카르에서 대선이 열릴 예정이라는 사실을 아는 사람조차 별로 없었을 것이다. 그리고 외교정책적인 면에서도 마다가스카르가 우선적으로 고려해야 할 주요국도 아니었다. 그럼에도 불구하고, 국제사회에서 우리나라가 갖는 위상, 그리고 마다가스카르와 같은 최빈국들의 입장에서는 우리나라가 선망의 대상이라는 점을 감안하여서 마다가스카르 대선에 우리가 조금이라도 도움을 줄 수 있는지를 본부에 타진하였다.

마다가스카르 선거 지원단(SACEM)에 아시아 국가 중 우리나라가 유일하게 참가하였다. SACEM 로고에 서구국가들 국기와 태극기가 함께 있다.

다행히도 본부에서 긍정적으로 검토해 줘서 10만 달러를 지원할 수 있게 되었다. 그리고 마침 마다가스카르 선거관리위원회에서 전국 24,852개 투표소와 연락을 하기 위한 핸드폰이 필요한데, 우리가 지원하는 금액으로 저렴한 2G 삼성 핸드폰을 구입하기로 하였다. 이 핸드폰은 대선 때만 쓰는 것이 아니라, 내년에 예정되어 있는 총선과 지선 등 향후 선거에서 계속 사용하기로 하였다.

우리나라의 10만 달러 지원 결정을 마다가스카르 중앙선거관리위원회와 유엔사무소 측에 알리니까 진심으로 사의를 표하면서, 이를 기념하기 위한 약정식 체결 행사를 개최하겠다고 하였다. 9월 6일 중앙선거관리위원회 건물에서 개최된 약정식 체결 행사에는 유엔사무소 대표와 여타 SACEM 그룹 회원국 대표들 그리고 마다가스카르 주요 언론들이 참석하였고, 다음날 한국이 SACEM의 일원으로 마다가스카르 대선을 지원한다는 기사가 마다가스카르 주요 매체에 일제히 보도되었다.

마다가스카르 선관위에서 제작하는 각종 투표 관련 포스터에는 SACEM 로고와 SACEM에 참여하는 국가들의 국기가 들어갔다. 우리나라가 10만 달러를 지원한 결과, SACEM 로고 밑에 미국, 프랑스, 독일 등 서구 국가들 국기와 함께 우리의 태극기도 새겨졌다. 우리나라는 SACEM에 참여하는 유일한 아시아 국가였다. 70년 전인 1948년 유엔 등 국제사회의 지원으로 첫 민주선거를 치렀던 우리나라가 이제는 당당하게 서구 국가들과 함께 마다가스카르의 민주 선거를 지원해주는 국가가 된 것이다.

아울러, 소위 가성비 차원에서 본다면, 우리는 10만 달러를 지원하였지만, 수백만 달러 이상을 지원한 서구 국가들과 똑같이 SACEM의 일원이 되었고, 똑같이 SACEM 로고에 국기가 들어가 있다. 그리고 이 SACEM 로고와 우리의 태극기가 들어간 투표 안내 포스터들은 마다가스카르 전국 24,852개 투표소에 부착되었다.

한편, 유엔에서 마다가스카르 대선 참관단을 파견해달라고 계속 요청해 왔다. 마침 안면이 있는 우리 중앙선거관리위원회 국장(현 옥미선 선거연수원장)이 있어서 연락을 하여서 마다가스카르 상황을 설명했는데, 감사하게도 마다가스카르 선거에 관심을 보였다. 세부 일정에 대한 협의 끝에 선관위에서 11월 7일 예정되어 있는 대선 1차 투표에 참관단을 파견하기로 결정했다.

선관위에서 4명의 전문가가 마다가스카르에 출장 와서 수도와 수도 인근 지역 투표소 총 13군데에 대한 감시 업무를 수행했다. 마다가스카르 선관위에서는 한국의 선관위가 참관단을 파견해준 데 대해 진심으로 고마워하면서, 마다가스카르 선관위원장이 직접 우리 대표단을 위한 만찬을 베풀어주었다.

위원장은 11월 7일 1차 투표가 큰 문제없이 평화적으로 치러진 데 무척 고무되어 있었다. 지난 3주간 밤 12시 이전에 퇴근을 해 본적이 없다고 했다. 그렇지만, 한국 선관위 대표단이 마다가스카르까지

와 준 것에 대해 직접 감사를 표하기 위하여 오늘 자리를 마련하였다고 하면서, 한국의 선진적인 선거 관리 체계를 배워서 마다가스카르에도 꼭 민주주의를 정착시키기를 원한다고 했다. 나는 이렇게 모든 것이 열악한 상황에서 평화적으로 대선을 치른 것을 진심으로 축하한다고 하고, 금번 선거를 통해 마다가스카르의 민주주의에 중요한 이정표를 세웠다고 하였다.

한편, 마다가스카르 대선에 참관한 것을 계기로 그 다음해 있었던 총선과 지방선거에도 참관하였다. 19년 5월 개최된 총선 때는 마침 안타나나리보 대학교 학술대회에 참가하기 위하여 한국의 국제정치학계 교수 3명이 방문하였는데, 이들과 함께 총선 참관단을 구성하여서 활동하였다. 그리고 19년 11월 개최된 지방선거 때는 마침 이주영 국회 부의장 대표단이 마다가스카르를 공식 방문하였는데, 대표단과 함께 참관단을 구성하였다. 이렇게 우리정부는 마다가스카르 대선, 총선, 지선 등 3대 선거 모두에 참관하여서 마다가스카르의 민주주의 정착 과정에 함께하였다.

마다가스카르 대선 참관활동을 하고 있는 필자

1948년 유엔의 감시하에 선거를 치러서 출범한 우리나라가 이제
는 머나먼 아프리카 섬나라의 대선을 지원하고, 유엔의 요청을 받아 참
관단을 파견하는 나라가 된 것이다.

대선 불복의 그림자

　　2018년 11월 7일 온갖 난관을 물리치고, 우여곡절 끝에 마다가스카르 대선 1차 투표가 무사히 잘 치러졌다. 투표용지가 늦게 도착한 일부 투표소를 제외하고 대부분의 전국 투표소는 오전 6시부터 문을 열었다. 필자는 마다가스카르 선관위원장과 몇몇 대사들과 함께 수도권 주요 투표소를 참관하는 일정에 참가하였다. 투표소는 주로 학교 건물을 사용하였고, 사람들이 질서정연하게 줄을 서서 차례를 기다리고 있었다. 투표 현황은 투표진행요원이 칠판 위에 분필로 실시간대로 집계

마다가스카르 대선 투표용지.
글을 읽지 못하는 사람들을 고려하여서 후보 사진을 부착했다.

를 하였다. 문맹률이 높은 것을 감안하여 36명 후보의 칼라 사진과 정당 로고가 찍힌 투표용지가 사용되었고, 투표소마다 적어도 3개 정당 대표가 참관인으로 참가하였다. 중복투표를 방지하기 위하여 소중한 한 표를 행사하고 나서 마지막 순서는 인주에 지장을 찍는 것이었다. 우리가 참관한 투표소는 모두 다 매우 차분한 분위기에서 투표가 진행되었다.

투표가 종료되고 나서 전국 24,852개 투표소에서 개표 결과가 조금씩 중앙선관위로 들어오기 시작했는데, 이곳 사정상 시간이 좀 걸렸다. 우리의 지원으로 구입한 전화기로 투표소별 개표 결과를 중앙선관위에 우선 비공식적으로 보고를 했지만, 개표 책임자, 참관인 등의 서명이 들어간 개표결과 보고서 원본이 수도의 중앙선관위에 접수되어야 비로소 공식적으로 집계가 되는 것이었다.

그런데, 일부 지방에 있는 투표소의 경우, 개표결과 보고서를 송부하기 위해 가장 가까운 교통수단이 있는 곳까지 가기 위해서는 3일을 걸어가야 했다. 그리고 수도에 있는 중앙선관위까지 무사히 개표 보고서가 도착하려면 최소 일주일 이상이 소요되었다. 투표가 끝난 지 3일이 되는 11월 10일 전국 개표율은 10%였고, 일주일이 지난 11월 14일에는 55%였다. 선관위 차원의 최종 집계는 투표가 끝난 지 열흘 만에 마무리되었다. 결과는 라조엘리나 후보가 39%, 라발로마나나 후보가 35%, 라자오나리맘뻬아니나 후보는 8%였다. 현직자가 3위를 한 것인데, 아프리카 대선에서 현직자가 1차 투표에서 떨어지는 것은 흔치 않은 일이었다.

마다가스카르 선거법에 따르면 선관위의 집계 결과에 대해 최고헌법재판소에 이의를 제기할 수 있으며, 최고헌법재판소는 모든 제기된 소를 검토한 후 공식 투표 결과를 발표한다. 그런데, 라자오나리맘뻬아니나 대통령은 현직자가 3위를 한 것은 부정선거였다는 반증이라면서 여러 투표소에서 불법행위가 자행되었다고 주장하고, 이에 따른 무효소송을 제기하였다. 그리고 다수의 군소후보들도 무효소송을 제기하였다.

그러나 11월 28일 최고헌법재판소는 모든 제기된 소송을 이유 없음 또는 증거불충분으로 각하 또는 기각하였다. 그리고 라조엘리나 후보가 39%, 라발로마나나 후보가 35%로 결선 투표에 진출하게 되었음을 공식 발표하였다.

결선 투표일은 12월 19일이었고, 양 후보는 마지막 선거 캠페인에 박차를 가했다. 라조엘리나 후보는 주로 지방, 젊은층에서 지지를 받고, 라발로마나나 후보는 수도권과 중장년층의 지지를 받는 것으로 평가되었으나, 누가 우세할지는 끝까지 예측불가능했다. 확실히 필자가 사는 수도 안타나나리보에서는 라발로마나나 지지자들을 더 많이 만났다. 안타나나리보 시장이 라발로마나나 후보의 부인인 것도 라발라마나나 후보에게 유리하게 작용하였다. 아울러, 라조엘리나 과도정부 수반 시절에 국제사회 제재로 인하여 여러모로 나라가 어려웠던 것을 기억하는 사람들도 라발로마나나를 지지하였다.

반면 라조엘리나는 지방에서 상당한 강세를 보였다. 지방의 젊은층을 유세현장으로 이끌어내고, 라조엘리나 후보의 상징인 오렌지 물결이 길거리를 뒤덮게 하는 식으로 매우 효과적인 캠페인을 이어갔다. 특히, 라조엘리나 후보 자체가 워낙 카리스마가 넘치는 인물이어서, 대중과 함께 호흡을 하면서 마치 클럽 디제이처럼 지지자들을 열광의 도가니로 빠트렸다. 라발로마나나를 구세대 정치인으로 치부하고, 마다가스카르를 완전히 뒤바꿀 젊은 지도자라고 자임했다.

마다가스카르에는 전통적으로 수도와 지방간의 긴장관계가 존속해왔다. 이는 역사적으로 수도에 사는 메리나(Merina)족이 여타 지방

부족(불어로 cotière라고 하는데, 이는 '해안가 사람들'이라는 뜻이다)들을 정복하여서 마다가스카르를 통일한 데로 거슬러 올라간다. 그런데, 역설적으로 라발로마나나와 라조엘리나 둘 다 메리나족 출신이다. 다만, 라발로마나나의 경우 집권하였을 때(2002~2009) 지역안배보다는 능력 본위의 인사를 실현한다는 명분하에 주로 메리나 출신들을 등용한 반면, 라조엘리나는 과도정부 수반일 때(2009~2013) 총리는 꼭 지방출신으로 임명하고, 내각도 적절한 지역안배에 신경을 썼다.

선거 운동 기간 중 일부 과열된 유세도 있었으나, 우려했던 양 후보 지지자들간의 큰 충돌이나 정치적 불안정은 없었고 전반적으로 평화적으로 선거 캠페인이 마무리되었다. 12월 19일 결선 투표 때도 한국대사관 차원에서 참관활동을 하였다. 선거관리위원회에 참관단으로 등록하고 대사관 직원들과 참관 활동을 하였는데, 1차 투표 때와 마찬가지로 별다른 문제없이 차분한 분위기에서 투표가 진행되었다.

관건은 투표결과가 발표되고 난 후 선거에 진 후보 쪽에서 선거결과에 깨끗하게 승복할 것인지에 달려 있었다. 과거 정치적 불안정과 소요사태가 발생한 이유는 대선 결과에 대한 불복 때문이었다.

결선 투표가 마무리된 후 라발로마나나와 라조엘리나 양 후보 진영은 자체 집계한 결과를 근거로 하여 서로 자신이 승자라고 주장하였다. 1차 투표 때와 마찬가지로 전국 2만 4천여 개 투표소에서 개표 책임자, 참관인 등의 서명이 들어간 개표결과 보고서 원본이 선관위에 도착해야 비로소 공식 집계되었다. 1차 때 한번 한 경험이 있어서 그런지, 의외로 개표결과 보고서들이 속속 도착하였고, 선관위에서는 매일 개표결과를 실시간으로 업데이트하였다.

그런데 당초 박빙의 승부가 될 것으로 예상한 것과 달리, 개표가 진행됨에 따라 라조엘리나 후보가 1위를 유지하면서 라발로마나나 후보와의 격차도 계속 커져갔다. 급기야 개표가 거의 90%가 완료된 12월 24일 라조엘리나 후보가 54%, 라발로마나나 후보가 45%의 득표율을 기록하여서 라조엘리나 후보의 승리가 확실시되었다.

라발로마나나 후보 진영은 부정선거가 곳곳에서 자행되었다면서 강력히 반발하였고, 라발로마나나 후보의 본거지인 수도에서 연일 대규모 시위를 벌였다. 특히 라발로마나나 후보측 참관인이 있었던 투표소에서 채집한 부정선거 증거들을 언론에 제시하면서 조직적인 부정이 자행되었다고 주장하였는데, 마치 대선 결과에 승복하지 않을 것처럼 보였다.

12월 27일 선관위는 라조엘리나 후보 55.66%, 라발로마나나 후보 44.34%라는 최종 결과를 발표하였다. 이제 마지막 남은 절차는 최고헌법재판소에서 양측 후보에서 제기하는 소에 대한 판결을 내리고, 대선 투표결과를 공식 발표하는 것이었다. 공식 발표는 2019년 1월 9일에 이루어질 예정이었다.

라발로마나나 후보 진영은 선관위 발표에 즉각적으로 반발하고, 최고헌법재판소의 최종발표가 나올 때까지 계속 대규모 시위를 이어갈 것이라고 공언하였다. 자칫 잘못하다간 평화적 선거를 위해 지금까지 해 온 모든 노력이 수포로 돌아갈 위기에 처하였다.

평화를 향한 첫 발걸음

마다가스카르 주재 외교단들과 유엔 등 국제기구 대표들은 일제히 양 후보 측에 대해 자제와 헌법 준수를 촉구하였다. 특히, 라발로마나나 후보 측에 대한 물밑 접촉을 통하여 어떻게든지 대선 불복이라는 불행한 결말을 피하기 위해 노력하였다. 이러한 노력의 일환으로 마다가스카르 주재 아프리카 연맹(AU) 대표는 12월 31일 라발로마나나와 주요국 대사들 간의 회의를 주선하였다. 라발로마나나 후보 측으로서는 주요국 대사들에게 직접 본인의 케이스를 설명할 수 있는 자리가 마련되는 것이고, 외교단 입장에서는 라발로마나나에게 직접 선거 결과에 대한 승복을 설득할 수 있는 자리였다.

필자도 이 회의에 초청되어 갔다. 라발로마나나 후보는 선거본부장을 대동해서 나타났다. 라발로마나나 후보는 구체적인 부정선거 증거를 하나씩 보여주면서 본인이 선거에서 이기는 것 자체가 목적이 아니라, 금번 대선의 진실을 밝히고자 한다고 역설했다. 이에 대해 회의에 참석한 대사들은 모든 이의제기는 최고헌법재판소에 소를 제기하여서 이루어져야 하며, 또 다른 정치적 위기상황이 발생하지 않도록 우선은 재판소의 판결을 기다리길 주길 요청했다. 라발로마나나는 대사들의 이야기를 경청하였으나, 자신이 정당한 문제제기를 하고 있는데, 조용히 재판소의 판결을 기다리라고 하는 데 대해 실망한 빛이 보였다.

최고헌법재판소에서 대선 승자를 발표하고 있다.

필자도 한 마디 하였다. "한국도 민주주의 역사가 30여 년 밖에 되지 않기 때문에 신생민주주의가 겪는 어려움을 잘 이해합니다. 아울러, 민주주의는 원래 조용하지 않고, 때로는 시끌벅적한 것이 더 자연스럽다고 봅니다." 이 대목에서 라발로마나나는 처음으로 웃음을 띠면서 고개를 끄덕였다.

이어서 필자는 "다만, 모든 문제제기는 법적인 테두리 내에서 이루어지는 것이 중요합니다"라고 하면서 발언을 마쳤다.

1월 8일 오후 3시. 최고헌법재판소의 대선 결선투표 결과 발표가 있을 것이라는 연락이 왔고, 이 자리에 외교단을 다 초청하였다. 시작 시간보다 좀 일찍 도착했는데, 이미 여러 나라 대사들과 국제기구 대표들, 기자단, 각 후보 진영 사람들 등이 최고헌법재판소의 방청석에 앉아 있었다. 이날 현장은 생방송으로 전국에 방영되었다.

이윽고 라조엘리나 후보가 부인과 함께 나타났다. 그러나 3시가 다 되어 가는데 라발로마나나 후보는 나타나지 않았다. 라발로마나나 후보가 최고헌법재판소의 공식 결과 발표 자체를 보이콧하는 것인가.

소문에 의하면 라발로마나나 지지자들이 시내 곳곳에서 대선 불복 집단행동에 들어가기 위한 개시 신호만 기다리고 있다고 했다. 그러다 갑자기 사람들 시선이 일제히 재판정 출입구 쪽으로 향하였다. 라발로마나나 후보가 부인과 함께 도착한 것이었다. 라발로마나나 내외는 재판정 방청석 맨 앞줄 오른쪽에 있는 지정석으로 가서 앉았다.

3시 조금 넘으니까 9명의 최고헌법재판소 재판장들이 법복을 입고 입장하였다. 먼저 라조엘리나 후보 측이 제기한 청원에 대한 판결이 있었다. 라조엘리나 후보 측은 부정선거 의혹이 있는 투표소의 투표결과 무효소송 등 총 73건의 청원을 냈었는데, 헌법재판소는 모두 다 각하 또는 기각하였다. 다음은 라발로마나나 후보 측이 제기한 총 214건의 청원에 대한 판결이 발표되었다. 한 건 한 건 청원을 읽고 이에 대한 주문을 발표하는 식으로 진행되었다. 각하, 각하, 기각, 기각, 기각, 각하 … 결국 214건 모두 다 각하 또는 기각되었다.

이어서 최고헌법재판소장이 대선 결선 투표 결과를 발표하였다

대선 승자가 발표된 후 최고헌법재판소에서 나오고 있는 방청객들

"총 유효투표수 4,767,887 중 라조엘리나 후보 2,586,938득표, 라발로마나나 2,060,847 득표로 라조엘리나 후보 당선." 최종 발표가 나자마자 최고헌법재판소 법정 안에서 뿐만 아니라, 법정 바깥으로부터 엄청난 함성이 들렸다. 곧이어 법정 맨 앞줄 왼쪽 편에 앉아 있던 라조엘리나 당선자 쪽으로 지지자들이 몰려들기 시작했다. 그러나 방청석에 있는 외교단을 비롯한 많은 사람들은 법정 맨 앞줄 오른쪽 편에 앉아 있던 라발로마나나 쪽을 주시했다. 한동안 라발로마나나는 미동도 없었다. 얼마나 지났을까. 라발로마나나가 일어섰다. 서서히 라조엘리나 후보 쪽으로 가더니 악수를 건넸다. 두 후자가 악수를 하자 우레와 같은 박수가 터져 나왔다.

아프리카의 최연소 대통령 탄생

12월 27일 중앙선거관리위원회에서 라조엘리나 후보가 이긴 것으로 잠정 발표한 후 라발로마나나 후보 측이 부정선거라고 주장하면서 정국이 다시 불안해질 조짐을 보였을 때, 마다가스카르 주재 각국 대사관은 정국 안정화를 위하여 긴밀히 움직이면서, 다른 한편으로는 라조엘리나 대통령 시대에 대한 대비도 본격적으로 시작하였다.

정국이 불안정한 상황이었으나, 필자는 최고헌법재판소에서 대선 결과를 공식 발표하기 전에 선제적으로 라조엘리나 후보를 미리 만나서 안면을 트는 것이 추후 양국 관계를 관리하고 강화해 나가는 데 도움이 될 수 있을 것이라는 생각이 들었다.

2019년 1월 2일 새해가 밝아오고 나서 라조엘리나 후보 캠프에 면담을 신청하였다. 얼마 안 지나서 바로 답변이 왔다. 라조엘리나 후보가 한국 대사와 만나기를 희망하며, 실무진을 통해 일정을 조율해서 면담 날짜를 확정하자고 하였다. 결국 1월 4일 라조엘리나 선거 본부에서 단독 면담을 하기로 확정했다.

예정된 약속시간보다 조금 일찍 선거본부에 도착했다. 집무실 앞에 있는 대기실에서 기다렸고, 예정된 면담시간이 되니까 비서가 집무실로 나를 안내해줬다. 배석자 없이 단 둘이서 이야기를 나누었다.

처음 만난 라조엘리나 후보는 언론에 비춰진 모습보다 더 젊게 보

마하마시나 야외 경기장에서 거행된 라조엘리나 대통령 취임식 장면

였다. 그리고 확실하게 젊은 지도자의 패기와 선거에서 이긴 사람의 자신감이 느껴졌다. 현지 고유어인 말라가시어로 미리 준비한 인사말을 하니까 라조엘리나 후보는 놀라면서도 무척 반가워했다.

라조엘리나 대통령은 가장 중요한 과제가 마다가스카르의 경제 성장이라고 하면서, 1960년 독립 후 지금까지 허비한 시간들을 만회하기 위하여 압축성장을 이루는 것이 목표이고, 이를 위하여 마다가스카르 종합 발전 계획을 마련하였다고 했다. 그리고 한국이야말로 놀라운 경제성장을 이룩한 모델 국가인 만큼, 앞으로 한국과 긴밀히 협력해 나가고 싶다고 하였다. 그리고 당선이 확정되고 나서 바로 취임식 초청장을 각국 정부에 발송할 예정이라고 하면서, 가능하면 한국 기업 대표도 취임식에 참석할 수 있기를 희망한다고 하였다.

1월 8일 최고헌법재판소에서 예상대로 라조엘리나 후보자를 대선 승자로 공식 발표한 후 각 대사관에서는 축하 메시지를 보냈는데, 대부분 페북 등 SNS에 대사 명의 축하메시지 또는 본부에서 보내온 축하메시지를 올리는 형식으로 축하하였다. 필자도 비슷하게 축하를 하면 수 많은 메시지에 묻혀버릴 것 같았다. 그래서 아예 기자회견을 열어서 말라가시어로 취임축하 메시지를 보내고, 양국관계 강화에 대한 기대를 표명하기로 하였다. 마다가스카르 주요 일간지, 방송국 기자들을 다 불렀는데, 거의 대부분 다 왔다. 한국 대사의 축하메시지가 마다가스카르에서는 상당한 뉴스가치가 있는 것이었다. 미리 열심히 연습한 대로 축하메시지를 말라가시어로 발표하고, 기자들과 향후 한국-마다가스카르 관계 강화방안에 대한 인터뷰를 하였다. 이렇게 하니까 한국 대사관의 대통령 당선 축하메시지만 이날 저녁 뉴스와 다음날 일간지에 별도로 크게 다루어 주었다.

외국 국가원수 취임식에는 기본적으로 그 나라에 주재하는 대사가 정부 대표로 참석을 하는데, 경우에 따라서는 정부 차원에서 축하사절단을 파견하기도 한다. 특히, 주요 우방국일 경우, 주요 정치인, 대통령 비서실장, 외교장관 등 비중 있는 인사가 대통령 특사자격으로 취임식에 참석하기도 한다. 이때 경제사절단도 구성되어서 특사와 같이 가는 경우도 있다.

본부에 축하사절단의 마다가스카르 파견을 건의하기 전에 우선 여타 주요국가들의 동향을 파악하였는데, 미국, 중국, 일본, 프랑스 정도가 축하사절단을 보낼 준비를 하고 있었다. 다만, 문제는 취임식 날짜가 계속 확정이 안 되고 있어서 이들 국가들도 본부로부터 사절단 파견에 대한 확답을 받지 못하고 있었다. 본부에 이러한 상황임을 설명하고, 특히, 일본, 중국이 사절단을 보낼 준비를 하고 있는 만큼, 우리도 적극 검토하여 줄 것을 요청했다. 다행히도 본부에서 건의를 수용해 줘서 정부대표단을 파견하기로 했다. 대표단장은 본부의 프랑스어권 국제기구(OIF: Organisation Internationale de la Francophonie) 담당 장근호 대사였다.

대통령 취임식은 1월 18일로 확정되었고, 우리 정부대표단은 하루 전날 도착하였다. 필자가 마다가스카르에 부임한 이래 한국으로부터 가장 고위급의 정부대표단이 마다가스카르를 방문한 것인데, 장근호 대사는 짧은 체류기간 동안 취임식 전날 공식 리셉션과 만찬, 취임식, 취임식 오찬, 대통령 예방, 교민 간담회 등 많은 일정을 소화했다.

취임식 오찬장은 여러 나라 축하사절단과 고위 관료들로 붐볐는데, 주최 측에서 우리 대표단의 자리를 대통령 비서실장과 같은 테이블로 마련해줬다. 라조엘리나 대통령은 조금 떨어진 상석 테이블에서 축하사절로 온 국가 원수들과 함께 있었다.

대통령을 예방하는 자리에는 정부대표단과 마다가스카르 주재 한인 기업 대표들로 구성된 경제사절단이 함께 갔었고, 한인 기업 대표들은 돌아가면서 대통령에게 각자의 사업을 설명하였다. 라조엘리나 대통령은 미리 준비한 경제개발 계획 관련 영상을 보여주면서 한국 기업들이 마다가스카르에 많이 진출하고 투자하기를 바란다고 하였다.

예방 후 얼마 지나지 않아 대통령 비서실장으로 후속조치를 위해 만나자는 연락이 왔다. 비서실장은 선거 캠프 출신이 아닌 외부 전문가인데 전격적으로 발탁된 여성이었다. 캐나다에서 컨설팅 관련 업무를 하다가 갑자기 부름을 받아서 마다가스카르에 왔다고 하였다. 대통령 비서실장은 대통령 주재로 각종 회의가 연일 이루어지고 있는데, 경제 발전을 이루기 위해서는 한국과의 관계가 매우 중요하다는 인식을 공유하고 있으며, 한국이 주도적인 역할을 하기를 기대한다고 하였다.

참으로 고무적인 이야기였다. 그러나 동시에 참으로 안타까웠다. 우리의 현실에 비춰 볼 때 그 기대를 충족시키는 것은 불가능한 것이었기 때문이다. 마다가스카르에 대사관이 생긴 지도 얼마 안 되었고,

코이카 사무소도 없고, 대사관 규모도 아프리카에 있는 여타 대사급 한국 대사관 중에서 가장 작은 대사관인 것이 우리의 현실이었다.

대통령 비서실장에게는 너무 과도한 기대를 갖지 않도록 우리의 상황을 적절하게 설명을 해줬다. 그렇지만, 여러 현실적인 제약에도 불구하고, 마다가스카르의 발전을 위하여 한국이 기여할 수 있는 분야를 최대한 발굴하여서 최선을 다하여 협력을 하겠다고 하였다.

그 후 대통령 비서실장과는 매우 가까운 사이가 되어서 수시로 핸드폰으로 업무연락을 하고, 부부동반으로 식사도 같이 하는 사이가 되었다. 그리고 이러한 긴밀한 협력관계가 이후 마다가스카르에서 추진한 여러 가지 협력사업의 든든한 기반이 되었다.

PART
06

마다가스카르의
발전을 위하여

한국이 무엇을 할 수 있을까?

앞에서 얘기한 것처럼 마다가스카르는 1인당 GDP가 470달러 밖에 안 되는 세계 최빈국 중의 하나이다. 필자가 10년 전 근무한 내전으로 나라가 완전히 망가져버린 콩고민주공화국도 1인당 GDP가 이보다 높은 500달러다. 그런데, 1인당으로 환산한 국제사회로부터 받는 공적개발원조(ODA) 규모를 보면, 마다가스카르가 거의 최하위권이다. 사하라 사막 이남 국가 중에서는 국제사회로부터 받는 원조가 가장 적고, 아프리카 전체에서도 54개국 중 45위이다. 도대체 마다가스카르는 왜 이렇게 국제사회의 관심 밖에 놓이게 된 것일까?

일단, 마다가스카르에 대해 형성된 이미지가 과도하게 긍정적이다. 대부분 마다가스카르라고 하면 바오밥나무, 끝없는 백사장, 환상적 해변 등을 생각한다. 특히 2005년 전세계적으로 히트친 디즈니의 "마다가스카르" 만화영화 덕분에 마다가스카르 하면 신비의 섬 이미지가 떠오른다. 그런데, 꼭 이 만화영화 때문에 지금의 이미지가 형성된 것이라고 보기는 어렵다. 이미 1980년 유로댄스 무대를 휩쓸었던 독일의 혼성 그룹 징기스 칸(Dschinghis Khan)이 "마다가스카르"라는 신나는 댄스곡을 발표했었다. "태풍을 만나 표류하던 배 / 절망 속에 빠져 있던 선원들 / 멀리서 마다가스카르를 발견하고/ 마마마마 마다가스카를 외쳤다 / 야자나무와 해변가 / 럼주를 꺼내자 마시자!" 마다가스카르라는 나라 이름 자체가 왠지 친근감 있고, 로망이 있게 들리는 것은 어쩔 수 없는 것일까.

둘째로, 지리적으로 아프리카 대륙이 아닌 인도양 아프리카에 동떨어져 있는 섬나라라는 특성이 심리적으로도 고립감을 주고, 세상에서 잊혀진 곳처럼 느껴지게 하는 것 같다. 실제로 나치 독일은 마다가스카르를 유럽의 유대인들을 멀리 유배시킬 곳으로 심각하게 고려하기도 했다. 1940년부터 4년간 매년 1백만 명의 유대인을 마다가스카르로 보내는 계획이었는데, 영국 해군에 막혀서 실행되지 못하였다.

셋째, 2009년 쿠데타로 인하여 국제사회의 제재하에 놓이게 되었을 때 국제사회로부터 원조를 거의 받지 못하였는데, 일부 통계에 의하면 이때 마다가스카르가 거의 북한 수준으로 고립되었다고 한다. 2014년 국제사회의 감시 하에 선거를 성공적으로 치르고 나서 국제사회의 제재가 풀렸지만, 아직까지 제제 이전 수준으로 ODA 규모가 회복되지 못하였다.

2018년 기준으로 마다가스카르가 받은 ODA 총액은 약 6억 9천만 달러였으며, 이는 정부의 연간 지출의 대략 절반 정도에 해당한다. 17~18년간 가장 많이 지원한 국가는 미국이었는데, 9천 3백만 달러를 지원했다. 한편, 유럽연합에서는 8천 3백만 달러, 프랑스 6천 5백만 달러, 독일은 4천 6백만 달러를 지원했다.

한 가지 특이한 점은 여타 아프리카 국가들에서와 달리 중국의 영향이 상대적으로 크지 않다는 것이다. "Chinafrique"라는 신조어가 생길 정도로 일부 아프리카국가에서의 중국의 영향력은 프랑스 등 아프리카와 전통적으로 가까운 관계에 있는 서구 국가들을 추월한 것으로 평가되고 있다. 그런데, 마다가스카르에서 만큼은 아직은 중국이 후발 주자이다. 다만, 시진핑 주석이 취임한 이후 일대일로 구상의 일환으로 마다가스카르에 보다 많은 관심을 보이고 있으며, 2014년에는 마다가스카르를 공식적으로 '일대일로 가교국가'로 지칭하면서 도로 등 인프라 건설 분야에서 지원을 강화하고 있다.

일본도 인프라, 농업, 환경, 교육 등 다양한 분야에서 마다가스카르와 협력하고 있는데, 특히 2018년에는 마다가스카르의 제1의 항구인 타마타브 항만 개발을 위해 약 4천만 달러에 달하는 유상원조를 지원하기로 발표하였다. 일본정부의 대외원조기관인 JICA는 봉사단원까지 합하면 거의 100명에 달했다. 특히 봉사단원들은 마다가스카르 수도뿐만 아니라, 지방 곳곳에 파견되어서 지역사회에서 주민들과 함께 호흡하면서 일본 브랜드 가치를 높이고 있다.

반면, 우리나라는 마다가스카르에 대사관이 개관한지도 몇 년 안된 상태였다. 우리나라의 대외원조기관인 코이카는 당연히 마다가스카르에 없었고, 87년부터 18년까지 20여 년간 마다가스카르에 지원한 ODA 총액이 약 5천만 달러에 불과했다. 필자가 마다가스카르의 초대 상주대사로 할 가장 중요한 일 중 하나가 향후 우리의 마다가스카르에 대한 중장기적인 개발협력 청사진을 그리고, 이를 실행해 나가기 위한 토대를 만들어나가는 것이었다.

필자가 2018년 1월 마다가스카르에 부임하니까 마다가스카르 정부뿐만 아니라, 외교단과 국제기구, 그리고 마다가스카르에서 활동중인 다양한 NGO들이 드디어 개발협력계의 레전드인 한국이 등장했다면서 엄청나게 많은 기대를 하였고, 필자와 면담을 요청해왔다. 마다가스카르에 부임한 첫 해에 필자는 각계분야의 다양한 전문가들과 만나고 마다가스카르 지방 곳곳에 있는 개발협력 현장을 방문하였다. 이를 토대로 우리나라가 마다가스카르의 개발을 위해 기여할 수 있는 주요 분야들을 식별하고, 대 마다가스카르 개발협력 외교의 중장기적 청사진을 마련하였다.

　가장 큰 과제는 개발협력 사업들을 추진하기 위한 예산을 확보하는 일이었다. 이를 위하여 외교부 본부와 우리나라 대외원조기관인 코이카는 물론이고, 아프리카와 개발협력 사업이 있는 여타 정부 부처와 공공기관들도 적극적으로 연락을 하였다. 아울러, 아프리카에 이미 진출해 있거나 아프리카 사업을 개시하는 데 관심을 갖고 있는 국내 NGO들이 이왕이면 마다가스카르에서 사업을 하도록 적극 접촉하고, 필요한 지원도 제공하였다.

마다가스카르의 생명다양성 보전을 위해

디즈니 만화 영화 "마다가스카르"에 나오는 주인공 중 사자, 하마, 기린 등은 마다가스카르에 없고, 여우원숭이만 있다. 총 108가지의 다양한 여우원숭이 종이 있는데, 지구상에서 오로지 마다가스카르에서만 발견되는데, 지금도 계속 새로운 종이 마다가스카르의 열대림에서 발견되고 있다. 가장 최근에 발견된 여우원숭이는 지난 2020년 7월 28일 북동부 열대림에서 발견된 조나여우원숭이(학술명은 "microcebus jonahi")로서, 몸길이가 25cm밖에 안 되는 난장이리머과이다. "마다가스카르" 만화영화에 나오는 여우원숭이 "줄리안"왕은 마다가스카르의 상징이라고 할 수 있는 알락꼬리여우원숭이(말라가시어로 "마키(maki)")이다. 마다가스카르 기념품점에 가면 티셔츠부터 시작해서 열쇠고리, 목각인형 등 마키가 들어가지 않은 것이 없을 정도이다.

어린왕자에 나오는 바오밥나무의 본거지도 마다가스카르이다. 전 세계에 바오밥나무는 총 9개 종이 있는데, 이 중 6개 종은 마다가스카르에서만 발견된다. 이렇게 우리에게 잘 알려진 여우원숭이와 바오밥나무 이외에 손톱보다 더 작은 개구리 미니멈(mini mum), 잘 익은 토마토처럼 생긴 토마토개구리(tomato frog), 낙엽 속에서 완벽하게 위장하는 도마뱀붙이(flat-tailed gecko), 울긋불긋 다채로운 색깔의 악어카멜레온(crocodile chameleon), 커다란 부채처럼 생긴 여행자 야자나무

왼쪽 상단부터 시계방향으로
① 시카파 여우원숭이 ② 토마토 개구리 ③ 인드리 여우원숭이 ④ 악어 카멜레온
⑤ 헨켈 납작꼬리 도마뱀붙이

무(traveller's palm) 등 오로지 마다가스카르에서만 발견되는 동식물이 전체 마다가스카르에서 서식하는 동식물의 90%를 차지한다. 그렇기 때문에 마다가스카르를 생명다양성의 보고(biodiversity hotbed)라고 부른다.

2018년 1월 마다가스카르에 부임한 후 우리나라가 마다가스카르의 개발에 기여할 수 있는 분야가 무엇일까 고민하였다. 가능하면 저개발국에서 공통적으로 직면하게 되는 도전인 보건, 식량, 물, 에너지, 인프라 이외에 마다가스카르만에 특화된 개발협력 사업을 발굴하고자 했다. 그런데, 마다가스카르 생명다양성의 보고가 위협을 받고 있는 것을 알게 되었다. 가장 큰 이유는 기후변화의 영향이었다. 기후변화로 인해 수 년간 가뭄과 이상 기후가 지속되고 있다. 특히 남부지방은 연간 강수량이 400mm 정도 밖에 되지 않고(우리나라는 1500mm), 이마저도 예측 가능하게 오는 것이 아니라, 기후 변화로 인한 이상 기온으로 들쭉날쭉 오거나, 집중적으로 쏟아지는 경우가 많아서 농사에 전혀 도움이 안 된다. 먹고 살기가 어려워진 사람들은 어쩔 수 없이 땔감으로 나무를 베고, 화전을 하여서, 야생동물의 보금자리인 산림이 파괴되는 것이다. 일부 연구에 의하면, 매년 51만 헥타르(서울의 약 9배)의 산림이 사라지고 있고, 이와 함께 마다가스카르의 독특한 동식물도 멸종위기에 처해지고 있다.

마침 마다가스카르 주재 유네스코 사무소로부터 유네스코 세계자연유산으로 등록되어 있는 열대림 중 소멸위기에 있는 남부, 북부의 열대림 보전 사업을 함께하자고 연락이 왔다. 유네스코를 비롯하여서 마다가스카르 내 환경 관련 단체, 생명다양성 보전 사업을 이미 실시하고 있는 여타 대사관 및 대외원조기관 등 여러 관계자들과 수차례 만나서 전문가 회의를 하였다. 그리고 이를 토대로 코이카 본부에 마다가스카

마다가스카르 생명다양성 보전 사업 현장 시찰차 마다가스카르를 방문한 최재천 교수와 함께 마루제지 공원에서. 뒤에는 브이자를 하고 있는 박한선 문화인류학자.

르에서 새로운 시도로 생명다양성 보전 사업을 할 것을 제안하였다.

하늘이 도와줬다. 코이카에서 마다가스카르를 담당하고 있는 직원(김명년 대리)가 이러한 새로운 제안을 전향적으로 검토해 주었을 뿐만 아니라, 이 사업에 힘을 실어주기 위해서 우리나라 생태학계의 최고 권위자인 최재천 이대 석좌교수에게 자문을 구했다. 최재천 교수는 많은 바쁜 일정에 불구하고, 기꺼이 마다가스카르를 직접 방문하여서 심층조사에 참여하겠다고 했다. 최재천 교수가 열대우림 탐사에 직접 나선 것은 10여 년 전 인도네시아 방문 이후 처음이었다. 심층조사단에는 문화인류학자 박한선 교수도 동행하기로 했다.

심층조사단은 마다가스카르에 2019년 1월 도착해서 일주일간 유네스코 사무소 대표, 마다가스카르 정부 관계자 등과 함께 북동부 지역의 마루제지(Marojejy) 국립공원 열대림의 훼손 현장을 탐사하기로 했다. 그런데, 하필이면 탐사일정 마지막 날이 마다가스카르의 새로운 대통령 취임식날과 겹쳤다. 대통령 취임식 참석을 위한 정부 대표단이 마다가스카르에 도착하기로 되어 있었고, 필자도 당연히 대표단과 함께 취임식에 참석해야 했다. 상당히 고민이 되었다. 그렇지만, 현지 대사가 심층조사단과 함께 현장 탐사를 가서 생물다양성 보전 사업에 대한 우리의 관심과 의지를 보여주는 것이 중요하다고 판단하고 같이 떠났다.

　1박 2일 동안 비행기와 차량으로 이동한 끝에 마루제지 열대림에 도착했다. 산림 보전 사업이 성공하기 위해서는 산림 인근 마을주민들이 보전의 주체로 함께 나서는 것이 매우 중요하다. 그래서 우선 마루제지 열대림 인근 마을들을 방문하여서 마을주민들과 간담회를 개최하고, 향후 마루제지에서 생명다양성 보전 사업을 실시하게 될 경우 마을주민들과 협력해 나기 위한 방안을 모색하였다. 마루제지 열대림 탐사일정은 1박 2일로 잡았다. 아침 일찍부터 햇살은 따가웠고, 조금 지나니까 찌는 듯한 더위가 엄습했다. 그러나 세계적 석학 최재천 교수는 더위도 잊고 마루제지 열대림의 희귀한 동식물 탐사에 여념이 없었다. 교수님의 생명다양성 보전을 위한 숭고한 노력과 열정에 무한한 경의를 느꼈다. 해가 질 무렵 산중턱에 있는 야영장에 도착하여서 여장을 풀고, 저녁을 먹었다. 열대림의 밤은 칠흑같이 깜깜했다. 그리고 어둠을 뚫고 태고의 소리들이 밀려왔다.

　아쉽게도 필자는 다음날 마다가스카르 대통령 취임 축하사절단과 함께 대통령 예방이 예정되어 있어서 새벽에 가이드와 함께 하산하였다. 손전등에 의지하면서 깜깜한 열대림 속을 걸어서 내려갔는데, 하필이면 이때 하늘에 구멍이 난 듯 비가 쏟아지기 시작했다. 발 한번 잘못 디디면 그냥 굴러 떨어지는 것이었다. 낮에 찌는 듯한 더위 속에서 시원하게 건넜던 계곡은 비로 불어났고, 물살이 소용돌이치면서 엄청 빨라졌다. 도대체 몇 시간을 걸었을까. 분명히 해 뜰 때가 다 되었는데, 빽빽한 열대림은 계속 깜깜했다. 6시가 다 되어서 무사히 산에서 다 내려왔다. 그리고 늦지 않게 수도에 복귀하여서 대통령 예방 일정에 참석하였다.

한편, 마루제지 이외에 또 다른 소멸 위기에 있는 남부지역의 안도아엘라(Andohahela) 열대림과 북부 지역의 몽타뉴 드 프랑세 숲 지대에 대한 심층조사도 진행되었다. 그리고 거의 2년 간 코이카, 유네스코, 마다가스카르 정부 관계부처, 우리정부 관계부처와 계속 사업을 구체화시키기 위한 협의가 진행되었다.

이 모든 노력이 2020년 8월 결실을 맺어서 마다가스카르 생명다양성 보전을 위한 사업 약정서 체결식이 개최되었다. 코로나19로 인하여 체결식은 화상으로 진행되었다. 컴퓨터 모니터 앞에 앉아서 필자와 유네스코 대표 그리고 마다가스카르 환경부 장관이 약정서에 서명하였다. 향후 5년간 6백만 달러가 투입되는 이 사업은 산림 보전 및 생태계 복원을 위한 조치들을 취하는 데만 그치는 것이 아니다. 중장기적으로 산림 생태계에 대한 지속가능한 보전이 이루어질 수 있도록 산림 훼손의 주체였던 마을 주민들을 산림 보전의 주체로 변화시키는 것을 목표로 한다. 이를 위해 마을주민들을 대상으로 산림 보전 요원, 관광 가이드 등 다양한 직업훈련 기회를 제공하고, 전반적으로 산림 보전과 지역사회 발전이 상호 연계되어서 통합적으로 이루어지도록 할 것이다. 이제 마다가스카르의 여우원숭이, 바오밥나무와 같은 세계자연유산을 지켜나가는 데 우리나라도 기여를 하게 된 것이다.

160만 명이 식량 불안정(food insecurity)에 시달리는 남부지역

　마다가스카르에서 가장 낙후된 지역은 그랑 쉬드("Grand Sud," 불어로 거대한 남부"라는 뜻) 불리는 마다가스카르 최남단 지역으로서, 약 2백 20만 명이 살고 있다. 그런데, 이 중 160만 명이 매일 먹을 것을 걱정해야 하는 식량 불안정 상태에 있고, 이 중 50만 명은 식량위기 상태(IPC 3), 2만 7천 명은 식량 비상(IPC 4) 상태에 있다.[25] 특히 12만 명에 달하는 5세 미만 아동이 급성 영양실조에 시달리고 있으며, 이 중 약 2만 명은 중증 급성 영양실조(severe acute malnutrition)로 고통받고 있다. 남부지역이 이렇게 참혹한 현실에 놓이게 된 데에는 복합적인 원인이 있다.

　우선, 앞서 살펴본 봐와 같이 수년간 지속된 기후변화로 인하여 가뭄과 이상 기온이 반복되었고, 이는 결과적으로 농업에 엄청난 재해로 작용하였다. 메마른 대지에 농작물은 더 이상 자라나지 못하였고, 초근목피도 아닌 선인장 껍질과 열매로 연명하는 비참한 현실이 되었다.

　전통적으로 남부지역에는 농사를 짓는 부족보다는 가축, 특히 마

---

25 IPC(Integrated Food Security Phase Classification)는 식량 안보 위험 단계를 분류하는 기준으로서, IPC 1단계(최소/위험 제로)에서 IPC 5(최악의 파국/기근) 단계까지 다섯 단계로 분류

남부지역에서 가뭄으로 인하여 선인장 열매 껍질로 연명하고 있다.

다가스카르 혹소를 기르는 유목민 부족이 주류를 이루었다. 이 중 특히 아프리카 본토의 반투(bantu)족이 마다가스카르에 건너와서 남부지역에 뿌리내려서 형성된 바라(bara) 부족이 유명하다. 바라족은 매우 용맹스럽고, 무기를 잘 만들며, 다른 부족들에게 두려움의 대상이었다. 그런데, 이들에게 독특한 풍습이 있다. 결혼을 하기 위해서는 신부 측에 자신의 용맹을 보여줘야 하는데, 혹소를 훔쳐서 이를 신부 측에 바치면 용맹을 인정받는다. 그런데, 남부지역에서 워낙 살기가 힘들어지니까, 이 풍습을 악이용해서 아예 소총으로 무장해서 조직적으로 혹소를 훔치는 도적떼가 출현하기 시작했다. 일명 "다알루(dahalo)" 도적떼로 불리는데, 시도 때도 없이 출현하는 도적떼로 마을 전체가 초토화되기도 하고, 수많은 사람들이 목숨을 잃기도 하였다. 다알루는 수도 인근까지도 진출해서 수천마리의 혹소를 훔치기도 했다. 다알루로 인하여 남부지방의 많은 사람들은 마지막 희망인 혹소까지 잃고, 치안 불안으로 경제활동도 위축되어서 삶이 전반적으로 더 힘들어졌다. 다알루 문제는 국가적인 문제가 되어서 급기야 2019년 취임한 라조엘리나 신임 대통령은 다알루와의 전쟁을 선포하기까지 하였다. 그런데 다알루를 색출하는 것은 마치 예전 베트남전 당시 베트콩과 일반 마을 주민들간 식별이 어려웠던 것과 비슷한 어려움이 있다. 다알루가 출현했다가 홀연히 사라지는데, 사라지는 쪽에 있는 마을에 가면 다알루는 아무도 모른다고 한다. 그런데 사실은 그 마을 전체가 다알루와 연계되어 있다. 일부 음모론에 의하면, 다알루는 안정적인 쇠고기 공급망을 확보하려고 하는 쇠고기 상거래의 큰손들이 배후에서 조정하고 있다고 한다. 국가가 아무리 다알루와의 전쟁을 선포해도 전혀 기세가 꺾이기 않기 때문에 이러한 음모론까지 도는 것 같다.[26]

마지막으로, 남부지방은 마다가스카르에서 가장 개발이 안 된 지역이다. 마을간 도로 자체가 없는 경우가 다반사이다. 마을들은 고립되어서 상호간 단절된 상태로 존재하기 때문에 상호간의 교류와 거래를 통해서 상업이 활성화될 여지가 아예 없다. 외부세계와 차단된 상태에서 최대한 자급자족을 위해 노력하되, 자급자족에 실패하면 어쩔 수 없는 것이다.

남부지역의 식량 위기 상황에 대해서는 마다가스카르에 부임하자마자 여러 경로를 통하여 이야기를 들었고, 특히 마다가스카르 주재 세계식량기구 사무소에서 코이카와 함께 식량 개선 사업을 하고 싶다고 적극적으로 제안해 왔다. 이러한 상황을 종합적으로 본부에 보고하였고, 2019년 1월 다행히도 국제개발협력학계의 대표적 학자이시자 풍부한 현장 경험을 겸비한 경희대 손혁상 교수(현 코이카 이사장)와 성하은 굿네이버스 제네바 지부장이 심층조사단으로 마다가스카르를 방문하였

---

26 다알루에 대해 더 자세한 내용을 읽고 싶으면 프랑스 기자가 쓴 다알루를 추적하는 탐사 르뽀 형식의 책 참고. Bilal Tarabey, *Madagascar Dahalo*(Antananrivo: No Comment Edition, 2014)

다. 두 분은 참혹한 남부지역의 현실을 직접 목도하고 인도주의 차원에서 우리나라가 개입해야 하는 당위성을 확인하였다.

남부지역에 도움의 손길을

　2019년 7월 남부지역 식량 위기 조사를 위한 두 번째 심층조사단이 마다가스카르를 찾아왔다.[27] 우리 코이카에서 WFP와 협력을 하게 될 경우, 영양실조 개선 사업을 시행하게 될 후보 지역을 직접 시찰하기 위한 목적이었다. 마다가스카르에서 가장 저개발된 남부지역을 육로로 이동하면서 사업후보지들을 방문하는 일정이었다. 마다가스카르 WFP 사무소 대표가 필자에게 남부지역 시찰에 동행하여 주기를 조심스럽게 요청해 왔다. "한국 대사가 직접 이 힘든 지방에 와서 현장을 보고 주민들을 만나 준다면 정말로 큰 힘이 되어줄 것으로 봅니다. 다만, 인프라 등 여러 면에서 열악하기 때문에 일정 자체는 많이 힘들 수 있습니다."

　"힘들어 봤자 뭐 얼마나 힘들겠나. 내가 콩고, 이라크도 근무한 사람인데"라고 생각하고, 일정을 같이 하기로 하였다. WFP에서 도로사정이 워낙 안 좋아서 방문 희망지를 모두 돌려면 열흘은 잡아야 한다고 했다. 그러나 열흘 동안 사무실을 비울 수는 없고, 서울에서 온 출장단도 빨리 복귀를 해야 하니까 5일 만에 모든 사업후보지를 다 도는

---

27 미국 존스홉킨스 대학교 영양학과 강윤희 교수, 장동원 굿네이버스 잠비아 지부장, 이향래 세이브더칠드런 과장, 이향우 코이카 과장, 김도형 코이카 과장, 정선하 전문가, 대사관에서는 필자와 박진 실무관이 팀에 합류했다.

일정으로 바꾸어 달라고 했다. 당연히 포장된 도로는 없었고, 그냥 차량이 달리면서 자연스럽게 형성된 트레일을 따라 달렸다. 진흙탕, 자갈밭, 돌바위, 모래 등 다양한 재질로 된 자연 트레일들이었다. 중간 중간에 위태위태한 다리도 아슬아슬하게 건너야 했고, 하여간 딱 무슨 인디아나 존스 영화를 찍는 기분이었다.

새벽 동트기 전에 숙소에서 출발한 후 중간 기착지로 뚱구부리(Tongobory; 말라가시어로 '끊어진 다리'라는 뜻)라는 마을에 도착했다. 뚱

가장 난코스인 돌바위길. 이런 길을 4시간 달리고 나면 머리가 하도 흔들려서 영혼이 빠져나간 느낌이다.

차로 달리다가 발견한 거북이를 구해주고 있는 대사관의 박진 영사

구부리에는 나환자촌이 있다. 그리고 이곳에 수녀원이 하나 있는데, 수녀들이 나환자들을 돌봐주고 있었다. 차에서 내리니까 의외로 깔끔하게 교복을 입은 아이들이 나타났는데, 그 아이들 사이로 웬 동양 수녀님이 오시는 것이었다.

"혹시, 임상우 대사님?"
"네. 맞습니다만… 아, 혹시 이 아네스 수녀님?"

이 아네스 수녀님은 몇 달 전 이백만 교황청 대사님께서 소개해주셔서 전화통화를 몇 번 했는데, 수녀님이 바로 이곳에 계신 줄은 꿈에도 몰랐다. 수녀원에 연락을 취했던 WFP 관계자도 한국인 수녀님이 계시다는 것은 전혀 몰랐다고 했다. 수녀님은 마다가스카르에 오신지 십년이 되었다고 하셨다. 나환자들을 돌보다가 나환자들의 아이들을 위한 학교를 세우게 되었는데, 이 학교에 인근 마을 아이들까지 오게 되었다. 그리고 아이들에게 급식을 하기 위하여 학교 옆에 구내식당을

나환자촌에서 우연히 만난 이아네스 수녀님과 함께. 나환자촌을 위해 필요한 지원을 설명해주시고 있다.

관개수로 사업을 통하여 야채를 성공적으로 가꾸게 된 이땀뽈루 마을 주민들

짓고 운영하게 되었다고 하셨다. 세월이 흘러 연세가 칠십이 되셨지만, 아직도 할 일이 많다고 했다. 초등학교 다니는 애들이 크면 중학교가 필요하게 되고, 그 다음에는 고등학교가 필요하게 된다고 하면서 나에게 나환자촌 근방의 학교 부지를 보여주셨다.

수녀님에게 다음을 기약하고 다시 길을 떠났다. 하염없이 길 아닌 길 위로 계속 달리다가 오후 늦게 첫 번째 방문지인 이땀뽈루(Itampolo)라는 곳에 도착했다. 우리처럼 사륜구동 특수차량으로 오는 사람들 이외에는 외부세계와는 사실상 단절된 상태에서 살아가는 인구 3만 2천 명의 꽤 규모가 있는 해변가 마을이었다. 그런데 이 마을은 수년간 지속된 가뭄으로 인해 대부분의 마을 주민들은 하루 한 끼조차 제대로 먹지 못하고 있었다. 농작물도 매우 단순했다. 싱싱한 채소는 꿈도 꿀 수 없었고, 상대적으로 물이 많이 필요하지 않은 옥수수나 카사바를 재배하였으나, 지속되는 가뭄으로 이마저도 쉽지 않았다. 결국은 선인장 열매를 빻아서 먹는 것이 유일한 끼니인 날들이 부지기수였다.

바로 앞에 바다가 있지만, 마을 주민들은 대부분 해산물을 먹지 않고 농사에 의존하면서 살아갔다. 이는 그 마을 주민이 속한 부족이 대대로 농사를 짓고 살았고, 해산물을 먹는 것을 금기시하는 풍습이 있었기 때문이다. WFP에서 마을 주민들에게 해산물 식사를 유도하기 위한 프로그램을 실시하였으나, 조상 대대로 내려온 풍습을 하루아침에 바꾸는 것은 쉽지 않았다.

이러한 배경에서 몇 년 전부터 WFP는 마을주민들의 영양상태 개선뿐만 아니라, 소득원 증대를 위하여 마을 주민이 공동으로 경작하는 마을 농경지를 조성하는 프로젝트를 실시해 왔다. 이를 위해 가장 중요한 물은 땅속 깊이 천공(borehole)을 파서 지하수를 끌어 올려 물탱크에 저장하고, 관개수로를 설치해서 농경지에 물을 공급하였다. 결과는 대성공이었다. 공동으로 재배한 싱싱한 야채 덕분에 주민들은 영양상태가 훨씬 더 좋아졌고, 이를 인근의 다른 마을에 내다 팔 수 있어서 새로운 소득원이 생겼다. 이제 마을 주민들은 하루에 세 끼를 먹을 수 있게 되었다.

이렇게 5일간 이땀뿔루 이외에 WFP가 식량 개선 사업을 시행중인 다른 마을 네 군데(푸테드레보(Fotedrevo), 암피니히(Ampinihy), 베에루카(Beheloka) 베티오키(Betioky))를 방문하였다. 이 중 특히 베티오키에서는 영양실조 상태에 있거나 영양실조 위험에 있는 아동들을 찾아내어 긴급 영양실조 치료식을 배급해주는 날에 방문하였다. 마다가스카르 전체 5세 이하 아동 중 47%가 만성적 영양실조에 시달리고 있는데, 이 중 상당수는 남부지역에 있는 아동들이다. 그리고 이중 12만 명은 급성 영양실조 상태이다.

영양실조 치료식 프로그램에서는 WFP 요원들이 줄자로 아이들의 팔(상완위) 둘레를 재면서 영양상태가 위험한 아동들을 스크리닝 하였다. 빨강색(둘레가 11cm 이하)이면 심각한 영양실조, 노랑색(11.0cm와 12.0cm 사이)이면 중증 영양실조, 초록색(12.0cm 이상)이면 정상이다. 초

영양 패키지를 공급하기 전에 아이들 발육 상태를 확인하고 있다.

록색이 나오면 아이 엄마가 환하게 웃고, 필자도 덩달아서 기분이 좋아졌다. 그러나 다른 색이 나오면 너무나 마음이 아팠다. 영양 상태에 맞춰서 영양실조 치료식을 배급하고, 어머니에게는 복용 관련 주의사항을 안내해줬다. 이 마을 아동들은 그나마 WFP에서 지속적으로 관여를 해왔기 때문에 초록색이 많았다. 그런데 문제는 WFP의 지원이 끊기는 순간 다시 영양상태가 악화되어 빨강색 상태로 돌아가게 된다.

코이카 심층조사단이 남부지역 방문을 하고 나서 거의 1년이 지난 2020년 6월말 마다가스카르 외교부에서 외교부장관, 마다가스카르 WFP 사무소 대표와 같이 남부지역 영양실조 개선 사업 이행 약정서를 체결하였다. 코이카는 앞으로 5년간 WFP와 함께 남부지역에서 영양실조 개선 사업을 실시하여서 약 5만 명의 아동과 임산부가 영양실조에서 벗어날 수 있도록 할 것이다.

길 위의 낭만 닥터와 함께

　의지의 한국인들. 농반 진반으로 세계 어디에 가도 한국 사람을 만날 수 있다고 많이 이야기하는데, 이 머나먼 마다가스카르에도 240여 명의 한인들이 거주한다. 이곳 한인사회의 특이한 점은 이중 절반이 선교사 및 그 가족들이라는 것인데, 교육, 의료, 빈민구제, 농촌개발 등 다양한 분야에서 예수님의 사랑을 실천하고 있다. 어떻게 보면 대사관이 없는 마다가스카르에서 사실상 코이카 역할을 해 왔었던 것이다. 필자가 초대 상주 대사로 마다가스카르에 부임하고 나서 선교사들이 가장 낮은 곳으로 찾아가 어려운 현지인들을 위해 헌신하는 모습을 보면서 실로 많은 것을 배우고 느꼈다.

　국내의 유수 의대를 졸업한 외과의사 이재훈 선교사는 대한민국 의사로서 누릴 수 있는 모든 것을 내려놓고 15년 전 마다가스카르에 와서 계속 오지 진료 활동을 하고 있다. 이재훈 선교사에 대해서는 마다가스카르에 부임하기 전에 우연히 유튜브에서 본 다큐멘터리(2017년 SBS 일요특선 다큐)를 통해서 처음 알게 되었다. 차량에 각종 의료장비와 식량을 가득 싣고 물 건너, 산 건너 며칠을 달려 마다가스카르의 오지 마을에 가서 허허벌판에 텐트를 쳐서 임시 수술실을 만들어 일주일간 그 일대 환자들을 치료하고 돌아오는 내용이었다. 다큐멘터리를 보는 동안 이렇게 열악한 곳이 지구상에 있다는 것이 믿겨지지 않았고,

이러한 곳에서 한인 의사가 의료봉사를 하고 있다는 것이 더더욱 믿겨지지 않았다.

마다가스카르는 인구가 2천 7백만 명임에도 불구하고, 10만 명당 의사는 18명에 불과하다. 의료 인력과 시설은 도시에 집중되어 있으며, 인구의 60% 이상이 거주하는 지방에는 보건소조차 없는 곳이 많다. 따라서 아프면 의사보다는 마을의 주술사를 찾아가는 것이 일상화되어 있다.

세계 여러 나라의 뜻이 있는 의사들은 이러한 마다가스카르의 열악한 의료환경을 차마 못 본 척할 수 없어서 의료 봉사를 하기 위해 마다가스카르를 방문한다. 그러나 대부분은 본업 때문에 일정기간 봉사를 한 후 본국으로 돌아갈 수밖에 없다. 반면 이재훈 선교사는 본업이 마다가스카르 오지 의료 봉사이다. 2019년에는 마다가스카르 오지 이동진료 100회를 달성하였는데, 지난 15년간 약 16만 km를 다니면서 5만 명 이상의 환자를 돌보았고, 2천 4백여 건의 수술을 하였다. 우리 정부는 이재훈 선교사의 인류에 대한 공헌을 인정하여서 지난 2019년 국민훈장 목련장을 수여하였다.

수술실의 이재훈 의사

필자가 마다가스카르에 부임하고 나서 대사로서 처음으로 가진 대외행사는 이재훈 선교사가 고려대학교 구로병원의 김한겸 교수와 함께 주최한 한-마다가스카르 세포병리학회 세미나에 참석하여서 축사를 하는 것이었다. 병리학은 질병 진단의 기초가 되는 분야인데, 마다가스카르 전체에 병리학 전문가가 5명도 안 되었다고 한다. 이에 이재훈 선교사는 한국의 지인들에게 도움을 요청해서 2016년부터 마다가스카르 안타나나리보 대학교 부설 병원에서 매년 병리학 세미나와 워크숍을 개최하기 시작했다. 이 중 우수인력은 한국으로 연수를 보내기도 했다. 이렇게 해서 필자가 마다가스카르를 떠나게 된 2020년까지 매년 가스카르에서 병리학 세미나를 개최하여서 약 400명이 집중적인 병리학 훈련을 받았고, 전국적으로 전문가도 30여 명이 양성되었다.

　　새롭게 훈련된 병리학 전문가들은 이재훈 선교사가 마다가스카르 의료시스템의 중장기적 발전을 위하여 구상하고 있는 '오지통합의료시스템'에 중추적인 역할을 하게 될 것으로 기대된다. 이 구상은 한마디로 이재훈 의사를 복제하여서 이동진료를 할 수 있는 마다가스카르 의사를 대거 양성하는 것을 목표로 한다. 일종의 이재훈 선교사의 10만 양병설이다.

　　이재훈 선교사가 15년간 오지진료를 하면서 축적한 데이터를 분석한 결과, 오지에서 가장 흔히 발병되는 20가지 외과 질환 및 100가지 기타 질환을 식별하였는데, 이는 마다가스카르 격오지에서 발견되는 질병의 94%에 해당한다. 따라서 이 질환들에 특화한 오지진료 전문 의료

이재훈 의사와 함께 라조엘리나 대통령을 면담한 후

인을 대거 양성하여서 각 지역별 보건소와 협조 아래 격오지들을 정기적으로 순회하면서 의료서비스를 제공하면 마다가스카르 전국민이 의료서비스를 제공받을 수 있게 되는 것이다. 이재훈 선교사가 전망하기로는 이 구상이 현실화되면 마다가스카르가 사하라 사막 이남 아프리카 국가 중 가장 발달된 의료체계를 갖추게 된다.

　2019년 1월 취임한 라조엘리나 대통령은 마다가스카르의 압축적인 발전을 대선 공약으로 내세워서 당선되었다. 취임식 직후 우리 정부 대표단을 만난 자리에서 라조엘리나 대통령은 마다가스카르의 발전을 위해 여러 분야에서 한국과 협력을 강화하기를 바란다고 하면서, 특히 의료분야의 경우 이동진료를 이용하는 방안을 생각하고 있다고 하였다. 필자는 대통령에게 "마침 이곳에서 15년간 이동진료 활동을 해 온 한국인 의사가 있습니다. 이 의사가 그동안 이동진료를 통하여 축적한 데이터를 토대로 이동진료를 이용해서 전국적인 의료서비스를 구축하는 계획을 검토하고 있습니다"라고 소개하였다. 그러자 라조엘리나 대통령은 아주 기뻐하면서 이재훈 선교사와 긴밀히 협력해 나가길 바란다고 하였다. 그 후 대통령을 면담할 기회가 또 있었는데, 이때는 이재훈 선교와 함께 가서 이 선교사가 직접 대통령에게 오지통합의료시스템 프레젠테이션을 하였다. 라조엘리나 대통령은 대만족을 하였고, 이를 꼭 실현시키시길 바란다고 하였다.

　대통령이 직접 관심을 표명하고 힘을 실어준 구상인 만큼, 마다가스카르 관계부처와 협의를 통한 구체화 작업이 수월하게 진행될 것으로 기대하였으나, 현실은 그렇지 않았다. 저개발국 특성상 아무래도 행정이 더디고, 의사결정이 빨리 이루어지지 않았다. 대통령 비서실장, 보건부 장관 등 주요 인사들에게 이 구상을 충분히 설명하여서 공감을 이루어 구체 사항들을 하나씩 협의해 나갈 단계가 되면 개각이 단행되

소형 비행기로 베살람피에 도착했는데, 활주로는 없었고 허허벌판에 착륙했다.

었다. 그러면 새로운 사람들에게 다시 처음부터 오지진료통합시스템에 대해 설명을 하고 공감대를 이루는 작업을 해야 했다.

2019년 8월 이재훈 선교사가 북부지역의 베살람피(Besalampy)라는 곳에 이동진료를 갔는데, 이때 필자도 동행하였다. 베살람피는 그나마 지방 보건소가 있는 지방 도시였기 때문에 허허벌판에 수술을 위한 텐트를 설치할 필요는 없었고, 그 보건소 내 방 하나를 임시 수술실로 사용하였다. 그런데 차마 수술실이라고 부르기에는 너무나 열악했다. 에어콘 같은 것은 당연히 없는 비좁은 방에 밴으로 실어 나른 의료 집기들과 기기들을 배치하니까 방은 꽉 차버렸다. 방안에 제대로 된 가구는 하나도 없었고, 깨진 창문으로는 파리가 들어오고, 방문은 제대로 닫치지도 않았다. 전기는 원래 도시 전체에 저녁 시간에만 잠깐 들어오는데, 이재훈 선교사의 의료 활동을 위하여 특별히 병원에만 하루 종일 전기가 들어올 수 있도록 했다.

베살림피는 인구가 1만 5천 명이나 되는 나름대로 규모가 있는 도

시임에도 불구하고, 시 전체에 딱 다섯 명의 일반의가 감기, 두통, 복통 등 일상적인 질병만 진료하였다. 외과적 치료가 필요한 질병일 경우, 비포장 육로로 최소한 이틀이 소요되는 주도인 마하중가(Mahajunga)시로 후송되어야 했는데, 농업에 종사하는 대부분의 주민은 후송 및 수술 비용 등을 감당할 수 없기 때문에 애당초 수술은 선택지로 고려되지 않으며, 그냥 치료를 포기했다. 다행히도 이재훈 선교사가 몇 년 전부터 베살람피에 매년 한 번씩 이동진료를 오기 시작했는데, 베살람피뿐만 아니라, 인근 다른 마을에서도 일 년에 한 번 오는 이재훈 선교사에게 수술을 받을 수 있는 희망이 생긴 것이다.

　　일년을 꼬박 기다린 환자들은 조그마한 베살림피 보건소 앞에 인산인해를 이루었다. 발 디딜 틈이 없었다. 이재훈 선교사팀은 환자들의 중증도에 따라 순번표를 주었다. 급한 사람부터 수술을 먼저 하는 시스템이지만, 도저히 손을 쓸 수 없을 정도로 병이 진행된 사람들은 안타깝게도 순번표를 받지 못하였다. 그리고 열악한 수술 환경으로 인하여 대량 출혈이 발생할 수 있는 수술은 할 수가 없었다. 그래서 이재훈 선교사는 수술할 때 피가 가장 적게 나오는 방법을 늘 고심한다고 했다. 수술이 필요치 않은 외래 환자들은 같이 동행 온 마다가스카르 의사들이 진료를 봐줬다.

필자도 대기하고 있는 환자들 중 혹시나 상태가 심각한데도 불구하고, 인파에 묻혀 있어서 우리가 놓친 사람이 없는지 확인하였다. 환자와 환자 가족들은 필자가 의사인줄 알고 서로 병 증세를 이야기하면서 하소연 하였다. 너무나 마음이 아팠다. 그런데 이 중 육안으로 봐서도 상태가 매우 안 좋은 사람들 몇 명을 이재훈 선교사에게 알려줬다. 이 중 한 명은 안타깝게도 병이 너무 진행이 많이 되어서 수술이 불가능한 여성이 한 분 있었는데, 지금도 이 사람이 기억이 난다.

이렇게 일주일간 베살람피에서 이재훈 선교사팀은 약 천 여 명의 환자를 진료하였으며, 이 중 악성 종양 제거 등 시급한 외과적 치료를 요하는 환자 40여 명에 대해서는 수술을 실시하였다. 수술 환자들은 대부분 적시에 치료를 받지 못하고 장기간 방치되어서 질병이 악화된 상태였는데, 이번에 이재훈 선교사가 방문했기 때문에 사실상 목숨을 건진 것이다.

베살람피 보건소 정도면 지방 보건소 중 상위 30% 안에 들 정도의 규모와 시설이라고 한다. 그런데, 이러한 보건소조차 없는 마을들이 지방에는 수두룩하다. 베살람피 이동진료 현장을 다녀오고 나서 다시 한 번 인간의 조건에 대해 많은 생각을 하게 되었다. 그리고 마다가스카르의 의료체계를 발전시키기 위해서는 이재훈 선교사의 "오지통합의료시스템"이 해답이라는 확신을 갖게 되었다.

희망의 청소년 쉼터

놀라운 것은 상상을 초월하게 힘든 환경에서 사는 마다가스카르 사람들인데도 대체적으로 인상이 밝고, 어려운 가운데에서도 외부인에 대해 기본적으로 잘 해주려고 한다는 것이다. 생활 여건이 가장 힘든 남부지방에 출장 가서도 삶의 무게에 허덕이는 듯한 표정의 사람들은 보지 못했다. 영양실조 치료식을 배급하는 현장에서 만난 아기 어머니들, 초등학교에서 급식 중인 어린 학생들, 이땀뿔루 어촌 마을 해변가에서 만난 어부들 모두 표정만큼은 한 없이 해맑아 보였다. 아마도 바깥세상의 다른 사람들의 삶에 대해 들어본 적이 없어서 애당초 본인들이 짊어져야 하는 삶의 무게가 부당하게 무겁다는 생각조차 하지 못하

쉼터 아이들과 안타 원장 선생님(가운데 흰색 드레스). 어려운 환경이지만 표정은 밝다.

는 것일 수도 있다. 그리고 이렇게 힘든 환경에서 어려운 이웃을 위해 솔선수범하면서 리더십을 발휘하는 훌륭한 현지인들도 많이 만났다.

그러한 사람 중 하나는 안타(Hanta)라는 '파라보이차 청소년 쉼터'(Akany Avoko Faravohitra; 파라보이차는 수도에 있는 지명 이름) 원장이다. 이 쉼터에는 10개월 된 아기부터 19살까지 총 86명이 생활한다. 대부분 다 여자들이고, 10개월 된 아기는 쉼터 원생 중 한 명의 아기이다. 쉼터에는 다양한 아이들이 생활한다. 가정폭력에 시달리다 법원의 명령에 의해 보호를 받고 있는 아이, 부모를 여의거나 부모로부터 버림받은 고아, 성적으로 착취당한 아이, 범죄조직에 연루되었던 아이 등…

이 쉼터는 마다가스카르 최고헌법재판소장 부인을 통해서 알게 되었다. 최고헌법재판소 부부는 외교단 행사에서 만나 자연스럽게 알게 되었고, 관저에 초청해서 한식을 대접해주기도 했다. 그러던 어느 날, 재판소장 부인이 자신이 후원하고 있는 쉼터가 있는데, 혹시 시간이 되면 한번 방문할 수 있는지 물어왔다.

원생 중에는 부모 없이 자라면서 친척의 폭력에 시달리다가 이 쉼터에 오게 된 16살 디아리(Diary)가 있다. 그런데, 디아리는 우리로 치면 수능에 해당하는 바까로레아(Baccalaureat)를 15세에 우수한 성적으로 치르고 명문 안타나나리보 국립대학교 경영학과에 합격했다. 어려운 쉼터 재정 상태에 불구하고도 비단 디아리뿐만 아니라 이곳 원생들은 전원 다 학교 또는 직업훈련원에 다닌다. 이는 안타 원장이 오로지 교육만이 원생들이 나중에 사회에 나가서 자립할 수 있도록 해줄 수 있다고 믿기 때문이다.

쉼터는 형식적으로는 국가의 위탁을 받아서 마다가스카르 개신교연합회(FFPM; Fédération des Eglises Protestantes de Madagascar)에서 운영을 하지만, 국가 또는 개신교연합으로부터 아무런 재정 지원을 받지 못하고 있다. 쉼터의 운영은 오로지 안타 원장의 책임이다.

안타 원장은 본인도 고아 출신이다. 여섯 살에 부모를 여의고 친척집을 전전하다가 여덟 살에 쉼터에 맡겨졌다. 그렇지만, 모든 어려움을 이겨내고 이를 악물고 공부해서 학사, 석사까지 땄다. 안타는 자신을 보듬어준 쉼터에서 약 10년간 일을 하다가 지금 있는 파라보이차 쉼터에서 원장을 모집한다는 공고를 보고 지원하여서 2015년에 원장으로 선발되었다.

아무런 정기적 재정 지원 없이 쉼터를 운영한다는 것은 도저히 상상이 가지 않는 일이지만, 안타 원장은 전방위적으로 뛰어서 지금까지 쉼터 아이들을 입히고, 먹이고, 교육을 시켜왔다. 안타 원장은 과거에 1년간 영국의 사회단체에서 봉사활동을 한 적이 있는데, 이때 인연을 맺은 영국계 NGO들이 도움을 주고 있다. 그러나 이것만으로는 부족하여서 페이스북 등 SNS를 통해서, 또 현지 언론을 통해서 도움을 호소해왔다. 최고헌법재판소장 부인도 우연히 안타 원장의 인터뷰를 보게 되어서 쉼터를 후원해주게 되었다고 했다. 안타 원장은 본인이 고아 출신으로서 쉼터에서 자랐기 때문에 그 누구보다 쉼터 아이들을 잘 이해할 수 있다고 하면서, 본인에게 기회가 주어진 것처럼 이들에게도 기회가 주어지도록 최선을 다한다고 한다. 그런데, 한창 자랄 나이에 있는 아이들 80여 명이 먹는 양이 만만치 않아서 무엇보다 매달 아이들이 먹을 식량을 구하는 것이 시급한 과제라고 하였다.

그래서 마다가스카르를 떠날 때까지 아이들이 먹을 쌀을 필자가 일부 보태줬는데, 마다가스카르를 떠난 후에도 안타 원장과 쉼터 아이들이 눈에 밟혔다.

깨끗한 물을 마실 권리

집에서 수도를 틀면 물이 콸콸 나오고, 이를 정수기에 연결해서 이미 세계 최고 수준인 수돗물을 더욱더 깨끗하게 해서 마시는 한국에서의 일상은 이곳 마다가스카르에서는 환상 속의 이야기이다. 수도 안타나나리보에서도 수돗물이 설치되어 있는 가정은 소수에 불과하고, 동네의 공용 수도에 가서 물을 받아와서 쓴다. 그나마 공용수도가 설치되어 있으면 다행이다. 대부분의 경우는 공용수도가 있는 동네까지 한참 가서 물을 구해오던지 아니면 그냥 하천 물을 길어 와서 쓴다. 수돗물이 설치되어 있다고 해서 수돗물이 항상 나오는 것은 절대로 아니다. 대사관저가 다수 있는 동네에서도 단수는 생활의 일부이다. 대한민국

대나무 죽으로 만들어진 수제 수도꼭지를 이용하여서 손을 씻는 아이

관저도 예외가 아니어서 물이 부족한 시기에는 오전 예닐곱시부터 오후 서너시까지는 단수가 되기도 한다.

반기문 유엔사무총장 시절인 2010년 7월 유엔총회에서는 물과 위생에 대한 접근을 기본적인 인권 중 하나로 인정하고, 깨끗한 물을 마시고, 위생적인 환경에서 사는 것이 인권을 실현하기 위해 필요 불가결하다는 요지의 결의(64/292)를 채택했다. 그만큼 물과 위생은 개도국에서 심각한 문제라는 것을 유엔 차원에서 확인한 것이다. 불행히도 마다가스카르에서는 인구의 30% 정도만 마실 수 있는 물에 접근할 수 있다. 그나마 이는 전국 평균이고, 지방에 내려가면 상황은 더욱더 심각하다. 수돗물은 당연히 없고, 우물이나 하천에서 물을 길어 와서 사용한다. 그런데, 물부족보다 더 큰 문제가 있는데, 전반적인 마을의 위생상태가 극히 불결한 상태인 것이다. 그 이유는 노상배변 때문이다. 노상배변으로 지하수가 오염되고, 파리가 배변을 신체로 옮겨서 마을 주민들은 각종 질병에 시달리게 된다. 특히 5세 미만 아동은 설사로 영양결핍 상태에 시달리고 상태가 심각하면 급기야 사망까지 이르게 된다.

마다가스카르 전체 인구의 약 40%에 해당하는 1천 1백만 명이 노상배변을 하는 것으로 추산된다. 그런데, 이는 비단 마다가스카르만의 문제가 아니라 많은 개도국에서 공통적으로 직면하는 문제로서, 전 세계적으로 약 6억 6천 명이 노상배변을 하는 것으로 추산된다. 노상배변을 하는 데는 여러 가지 이유가 있다. 워낙 가난해서 화장실 자체가 없거나, 공동 화장실 밖에 없는데, 관리가 제대로 안되어서 사람들이 사용을 안 할 수도 있다. 문화적으로 노상배변을 하는 데 더 익숙해서 화장실 사용을 꺼리는 경우도 있다.

2014년부터 유니세프와 함께 노상배변을 퇴출시키기 위해 대대적인 위생 개선 운동을 전개한 인도는 2019년까지 약 9천 2백 만 개의 화장실을 건설하여서 지방에 있는 가정의 99%가 화장실을 보유하게 되었다. 이에 인도정부는 2019년 10월 공식적으로 인도를 "노상배변 없는 나라(Open Defecation Free; ODF)"라고 선언하였다. 그런데 개개인의 노상배변의 습관을 하루아침에 바꾸는 것은 현실적으로 불가능했고, 노상배변은 사실상 지금도 잔존하는 것으로 평가되고 있다.

마다가스카르도 2025년까지 ODF 지위를 달성하는 것을 목표로 하는 "Madagasikara Madio 2025(말라가시어로 깨끗한 마다가스카르 2025)" 계획을 수립하고 이를 달성하기 위하여 유니세프의 도움을 받고 있다. 유니세프는 WASH(Water Sanitation and Hygiene; 물 위생 보건 증진)라고 하는 사업을 시행하고 있는데, 이는 깨끗한 물에 대한 접근성을 확충하기 위한 종합 프로그램이다. 물이 부족한 마을에 우물과 물 저장 탱크를 설치하고, 각 가정별로 화장실을 지어주고, 화장실 앞에는 손을 씻기 위한 위생시설도 설치한다. 특히, 마을 주민들의 습관과 의

식수 개선 사업을 위하여 남동부의 피투바비 비투비나니 지역에 도착했다.

식을 개혁하기 위하여 위생 보건에 대한 집중적인 교육과 훈련을 한다.

필자는 마다가스카르 사람의 물에 대한 접근을 개선하기 위하여 코이카가 유니세프의 WASH 프로그램을 지원하는 국제기구 협력사업을 2018년 본부에 건의하였다. 사업 대상지는 가장 상황이 안 좋은 남동부지역의 바투바비 피투비나니(Vatovavy Fitovinany)와 아치모 아치나나나(Atsimo Atsinanana)주이다. 이 두 개 주는 주민의 거의 70%가 아직도 노상배변을 하는 매우 낙후된 지역이다. 몇 년 전부터 유니세프가 이 지역에서 WASH 사업을 시행하여서 아주 좋은 성과를 내고 있지만 이를 지속하기 위해서는 외부의 지원이 절실한 상황이었다. 코이카에서는 이 제안을 일단 긍정적으로 받아들여줘서 식수위생관리 전문가인 맘보싸와싸와의 강도욱 대표가 포함된 심층조사단을 2019년 3월 마다가스카르에 파견하였다. 이때 남동부지역으로 필자도 심층조사단, 유니세프팀과 함께 출장을 갔다.

유니세프의 도움으로 ODF 지위를 획득한 모범 마을과 초등학교, 보건소, 물 저장소 등을 심층적으로 시찰하였다. ODF 지위를 획득한 마을은 농사로 근근이 생계를 이어가는 전형적인 시골 마을이었다. 그러나 유니세프의 도움으로 우물과 물 저장소가 생기고, 각 가정별로 화장실도 생겼다. 비록 나무로 만든 허름한 화장실이지만, 깔끔하게 잘 관리되고 있었다. 무엇보다도 마을 주민들이 위생 교육을 철저히 받아서 온 마을이 하나가 되어서 노상배변을 완전히 근절시켰다. 덕분에 아이들 건강이 눈에 띄게 좋아졌다. 한편, 방문한 초등학교에서는 위생 교육을 철저히 시키고 있었다. 특히, 아이들은 학교에서 화장실 사용 후, 식사 전후 비누로 손을 깨끗이 씻는 법을 배워서 집에 돌아가 집안 식구 전체에게 전파하였다.

산전수전을 다 겪은 개발협력 전문가 강도욱 대표도 유니세프의

마을 주민 전체가 다 나와서 환영을 해줬다.

식수개선 사업을 시범적으로 시행중인 초등학교를 방문하여서 인사를 나누고 있다.

WASH 사업이 매우 효과적으로 운영되고 있다고 하고, 특히 마을 주민들이 강한 의지를 갖고 WASH 프로그램을 따르고 있는 데 감명을 받았다고 하였다.

2019년 9월 드디어 본부의 최종적인 사업 승인이 나서 마다가스카르 수자원부 장관, 유니세프 대표와 함께 식수개선 사업 약정 체결식을 가졌다. 앞으로 3년간 코이카가 약 2백 70만 달러를 유니세프를 통해 지원하여서 바투바비 피투비나니(Vatovavy Fitovinany)와 아치모 아치나나나(Atsimo Atsinanana)주의 약 40만 명이 식수와 위생 개선의 혜택을 받게 된다.

PART

07

마다가스카르의
한류

마다가스카르에 부는 뜨거운 K-pop 열풍

나의 마다가스카르 직전 근무지가 브라질이었는데, 정열적인 삼바의 나라 브라질에서 제대로 뜨거운 한류의 열풍을 맛보았다. 그런데, 세계 최빈국 중 하나인 마다가스카르에서 3년간 경험한 한류 열풍은 브라질 못지않게 뜨거웠다.

한류가 마다가스카르에 상륙하기 전까지는 아시아 문화로는 인도계 말라가시인들의 인도문화, 망가를 중심으로 하는 일본문화, 3세대가 있을 정도로 이민 역사가 오래된 중국 문화 등이 가장 많이 알려졌었다. 특히 일본 문화의 경우, 매년 망가 축제를 크게 개최하는 케이블 TV도 있었고, 일본대사는 이 망가 축제에 축사를 해주기도 했다.

그러다가, 2010년 정도를 기점으로 K-pop이 전 세계적으로 유명해지기 시작하자, 마다가스카르에서도 K-pop 팬덤이 형성되기 시작했다.

2018년에 내가 부임한 시점에 마다가스카르 시내에 1,000명의 객석이 있는 실내 공연장 "플라자 극장(Plaza Theatre)"이 처음으로 문을 열었는데, 선진국의 공연장에 비해서도 손색이 없을 정도로 잘 지은 곳이다. 여기서 2018년 5월 케이팝 월드 페스티벌 마다가스카르 예선전을 치르기로 하였다. 예선전은 보통 전 세계 70~80개국에서 열리고, 10여 개 팀만이 창원에서 열리는 본선에 진출한다.

케이팝 대회에서 BTS 티셔츠를 입고 축사하고 있는 필자

솔직히 마다가스카르에도 한류 열풍이 상당하다는 이야기만 들었을 뿐이었고, 실제로 이를 목격한 적은 없었기 때문에 1,000개의 객석을 다 채울 수 있을까 하는 의구심이 조금 들었다. 더욱이 마다가스카르의 최대 케이블 TV 방송국 중 하나인 드리밍 TV에서 예선전을 중계하기로 되어 있었기 때문에 신경이 많이 쓰였다.

젊은이들의 축제인 만큼, 칙칙한 양복 차림은 왠지 맞지 않을 것 같아서 컨셉에 맞게 브라질 근무했을 때 구입했던 BTS의 J-Hope 티셔츠와 청바지 차림으로 축사를 하기 위해 공연장에 갔다. 그런데, 공연장에 들어서는 순간, 발 디딜 틈 없이 꽉 찬 객석에서 K-pop 팬들이 뿜어내는 떼창 소리에 완전히 압도당했다. 무대에 설치된 대형 스크린에 자신들이 좋아하는 K-pop 뮤직비디오가 나올 때마다 열광하면서 모든 가사를 따라 부르는데 - 한국어로 된 랩 부분까지 - 한국으로 순간이동한 기분이었다.

행사 MC들이 무대 위로 올라가서 K-pop 대회의 시작을 알리니까 공연장에 와 있는 팬들은 환호성을 지르면서 호응했다. 이윽고, MC가 갑자기 "한국대사가 와 있습니다. 여러분 뜨거운 박수로 환영합시다"라고 하였다. 그래서, 공연장 중간에 있는 내 자리부터 무대까지 걸어갔는데, 내가 BTS 티셔츠를 입고 있어서 진짜 BTS가 온 것으로 착각을 한 것처럼 1,000명의 관중이 일제히 소리를 지르면서 환영해줬다. 무대 위에 올라가 말라가시어와 불어를 섞어서 "여러분 와주셔서 고맙습니다. 오늘 신나는 시간 보내세요"라는 요지로 간단히 축사를 하였는데, 중간 중간 환호성 소리 때문에 말을 제대로 이어 나가지 못하였다. "아, 이게 바로 스테이지 위에서 서는 맛이구나!"라는 생각이 들었다.

이어서 댄스와 노래 두 가지 분야에서 예선전이 펼쳐졌다. 비디오 심사를 통과한 팀들만 예선전에 참가하였는데, 한국의 K-pop 그룹 못지않은 칼군무를 보이는 팀들도 있었고, 눈을 감고 들으면 한국인이 부르는 것처럼 들리는 팀도 있었다. 그런데, 금번에 K-pop 대회 참가 신청을 한 팀이 너무 많아서 2차 예선전을 한 달 뒤에 한 번 더 개최하기로 했다.

주최 측에서는 한 달 뒤 예선전에서 다시 한 번 축사를 부탁했다. 흔쾌히 수락했는데, 왠지 똑같이 BTS 티셔츠를 입고 나와서 한마디 하면 데자뷔 밖에 안 될 것 같아서 뭔가 새로운 것을 시도해 봐야겠다는 생각이 들었다. 뭘 하면 좋을까.

지난번에 BTS 티셔츠 덕분에 분에 넘치는 환영을 받은 것을 생각해서 BTS 춤을 선보이는 것은 어떨까라는 생각이 갑자기 들었다. K-pop을 홍보하기 위해 내가 뭔들 못하리? BTS 노래 중에 내가 가장 좋아하는 '불타오르네' 안무에 도전하기로 했다. 일단 예선전에 참가한 팀들의 안무를 도와준 현지 케이팝 강사가 있다는 것을 알게 되어서 이 강사에게 안무 수업을 받기로 했다. 그리고 같이 춤을 출 팀을 꾸려

케이팝 대회에서 BTS의 '불타오르네' 안무를 추고 있는 필자. 나름 최선을 다했지만 솔직히 폭망이었다.

야 했는데, 케이팝 동호회를 통하여 같이 춤을 출 마다가스카르 젊은이 두 명이 섭외되었다. 그리고 당시 대사관에서 케이팝 대회 담당이었던 최유정 전문관도 같이 추겠다고 자원해주었다.

이렇게 4인조로 구성된 팀으로 일주일간 강사의 지도하에 '불타오르네' 안무를 연습했다. 아, 그런데, 역시 나는 마음만 BTS였고, 몸은 그냥 유연성 제로인 중년 아저씨일 뿐이었다. 결국, '불타오르네' 안무 전체를 하는 것은 일찌감치 포기하고, 도입부만 하기로 했다. 그런데, 도입부만 하는 것도 어찌나 힘들던지…

행사 당일, MC들과 사전에 약속한 것처럼 무대 위에 올라가서 "여러분 케이팝 예선전에 오신 것을 환영합니다. 오늘은 축사 대신에 깜짝 무대를 준비해 봤습니다"라고 짧은 멘트를 하고 나니까, 갑자기 공연장 전체 불이 꺼졌다. 같이 춤을 추기로 한 3명이 무대 위로 올라오고 나서, 다시 불이 켜지면서 '불타오르네' 노래가 시작되었다. "딴, 딴, 불타오르네. Fire!! Fire!!"

순간적으로 공연장은 완전히 BTS 공연장으로 변했다. 객석을 가득 매운 1,000명이 관객들은 비명을 질러대면서 열광적으로 호응해줬다. 지난 일주일간 익힌 도입부 안무를 안 까먹고 하려는데, 정말 정신이 하나도 없었다. 어찌어찌해서 안무를 마치고 관객들의 환호성과 박수를 받으면서 무대에서 내려왔다. 훌륭한 무대에 대한 박수라기보다는 Kpop을 몸으로 보여주기 위해 애쓴 대사에 대한 격려의 박수였다. 이날 이후 나는 진정한 BTS 광팬으로 거듭 났다.

부임 첫 해인 2018년에 열린 마다가스카르 K-pop 예선전의 우승자는 아쉽게도 창원 본선에는 진출하지 못하였다. 그러나, 그 이듬해 열린 마다가스카르 K-pop 예선전에서 우승한 댄스팀 "오메가 에보"가 창원에서 열리는 K-pop 월드페스티벌 본선 티켓을 거머쥐었다. 전 세계 80개국에서 개최된 지역예선에서 490:1의 경쟁률을 뚫고 13개 팀이 최종적으로 선발되었는데, 마다가스카르팀이 당당하게 포함된 것이었다.

오메가 에보는 7인조 학생으로 구성된 커버 댄스팀인데, 이 중 2명은 K-pop 월드페스티벌에 참가하기 위하여 우리의 수능에 해당되는 대학 예비고사 시험(바깔로레아)까지 포기했다. 하필이면 이 시험 기간과 창원에서 개최되는 K-pop 본선 기간이 겹쳤는데, K-pop을 선택한 것이었다.

본선 참가를 위한 출국을 앞두고 막바지 춤 연습을 한창하고 있을 때, 오메가 에보가 다니던 춤 연습실이 내부 공사로 문을 닫게 되었다는 소식을 들었다. 그래서 마지막 연습을 제대로 할 수 있도록 관저가 있는 단지 내 헬스장의 에어로빅룸을 사용할 수 있도록 해주고, 관저에서 푸짐한 한식으로 격려 식사를 같이 했다.

오메가 에보는 창원 본선에서 BTS의 "Idol" 커버 댄스를 선보였는데, 칼군무거의 완벽한 무대였다. 마다가스카르의 겁 없는 7명의 젊은 이들은 창원 본선에서 우수상과 함께 우정상까지 타는 기염을 토했다.

한류 특집 생방송에 출연하다

　해를 거듭하면서 K-pop에 대한 인기도 날로 커졌다. 리셉션장에서 처음 만나는 마다가스카르 사람들에게 한국 대사라고 소개하면, 자녀가 있는 사람은 십중팔구 자녀가 K-pop 팬이라고 반갑게 이야기했다. 학생들 대상 강연을 하는 자리에는 K-pop 팬이기 때문에 나타나는 학생들이 많았다. 심지어 K-pop과 아무런 상관이 없는 행사에서도 관객들의 관심을 끌기 위해서 K-pop 공연 순서를 포함하는 경우도 심심찮게 있었다.

　K-pop에 대한 관심은 K-드라마와 K-영화로 확대되었고, 마다가스카르 젊은이들 사이에는 한류는 기성세대가 익숙한 프랑스 등 유럽 문화에 대한 하나의 대안 문화로 자리잡아갔다.

　이러한 새로운 트랜드를 반영하여서 2019년 2월 마다가스카르 공용방송 TVM(Television Madagasy)의 간판 토크쇼 프로그램 중 하나인 "Midi Manifik!"에서 한류 특집을 방영할 예정인데, 나에게 출연 제의가 들어왔다. 한 시간짜리 생방송 프로그램이고, 현지어인 말라가시어로 진행되지만, 나는 불어를 써도 된다고 했다.

　한국 홍보를 위한 좋은 기회인 것만큼은 확실한데, 말라시어 생방송 프로그램이어서 조금 망설여졌다. "음…아무리 나는 불어를 써도 된다고 하지만, 프로그램 전체가 생방송으로 말라가시어로 진행되는데,

한류 특집 생방송에 출연해서 BTS에 대해 설명하고 있는 필자

주변에 무슨 말하는지 못 알아들으면서 멍하게 앉아 있게 되면 어떻게 하지." 그러다, "에라 뭔 일이 있겠나. 그냥 나 하고 싶은 말 떠들고 오면 되는 거지"라고 마음을 가다듬고, 방송 출연 요청을 받아들였다.

방송 당일, 촬영 스튜디오에 도착하니까 함께 출연하기로 되어 있는 K-pop 대회 우승자, BTS 아미 마다가스카르 회장 등 마다가스카르 K-pop계의 대표 인사들이 총집결했다.

Midi Manifik PD는 나를 반갑게 맞이하면서, 폭발적인 한류의 인기를 반영하여서 오늘 한류 특집을 기획하게 되었다고 하고, 방송 역사상 외국 대사는 처음으로 초대한 것이라고 하였다. 그리고, 방송 준비를 하면서 나의 유튜브 채널을 발견하여서 이 채널의 컨텐츠를 방송에서 소개하려고 한다고 했다. 방송에서 자발적으로 유튜브 채널을 홍보해준다니, 매우 감사하다고 답변했다.

스튜디오에 들어가서 MC와 인사를 하고, 대담 좌석에 앉으니까 얼마 후 바로 방송이 시작되었다. 사전에 아무런 스크립트도 안 받았고, 나한테 무슨 질문을 하게 될지도 전혀 전달받지 못했다.

"와, 정말 방송을 아무런 각본 없이 생으로 하는구나."

다행히도 나에게 하는 질문들은 대충 예상 가능한 것들이었다. 그런데, 한 시간 동안 K-pop뿐만 아니라, K드라마, 심지어 삼성에서 새로 출시한 최신 갤럭시 핸드폰까지 한국을 심층적으로 소개해줬다. 중간에 내 유튜브 채널도 소개하고, 내가 BTS 티셔츠를 입고 K-pop 예선전 축사를 하는 영상도 틀어줬다.

난생 첫 생방송 출연을 하고 나니까 완전히 진이 다 빠졌지만, 한류 전도사가 된 것 같아서 마음만큼은 뿌듯했다.

안타나나리보 대학교에 심어놓은 한국의 씨앗

마다가스카르 수도에 있는 안타나나리보(일명 "타나") 국립 종합대학교는 학생수가 약 3만 명인 마다가스카르 내 최고의 대학교이다. 1960년대까지만 해도 인근의 모리셔스, 코모로 등에서 유학을 왔을 정도로 인도양 아프리카 지역을 대표하는 명문 대학교였다. 그 후 마다가스카르가 계속 퇴보하면서 옛 명성이 퇴색되었으나, 그래도 마다가스카르 내에서는 여전히 최고의 대학교이다.

2018년 1월 마다가스카르에 첫 상주 한국 대사로 부임하고 나서 가장 먼저 한 일 중 하나가 타나대학교 총장을 만나서 타나대학교와 협력방안을 모색하는 것이었다. 마다가스카르의 미래를 짊어질 학생들이 한국과 더욱 가까워질 수 있도록 하는 것이 양국관계의 장기적 발전에 분명히 의미가 있을 것으로 보았다.

타나 대학교 총장은 이미 한국을 방문한 경험이 있고, 특히 이곳에서 15년간 오지진료 의료봉사를 하고 있는 이재훈 선교사가 타나대학교 의과대학을 다양한 방법으로 지원해 와서 한국과의 협력을 더욱 강화해 나가는 데 매우 관심이 많았다.

"안타나나리보대학교에는 이미 중국이 공자학당을 설립하여서 학생들에게 중국어 수업이 제공되고 있고, 일본은 인문대에 일본어학과가 개설되어 있습니다. 안타나나리보대학교 학생들은 한국에 대해서도 많은 관심을 갖고 있는데, 아쉽게도 아직까지 한국어 강좌나 한국 문화를 체험할 수 있는 기회가 없습니다" 총장이 말했다.

나는 내가 마다가스카르에 있는 동안 타나대학교와의 협력 증진을 최우선적인 과제로 추진해 나가겠다고 했다. 그런데, 솔직히 이게 말이 쉬운 것이지, 예산도 별로 없고, 인력도 별로 없는 마다가스카르 대사관처럼 신생 공관에서 손에 잡히는 실질적인 협력 사업을 하는 것은 정말 지난한 일이다.

우리도 해외에서 한국어를 보급하기 위해 문체부에서 설립한 세종학당재단이 있다. 그런데, 주브라질대사관에서 근무하면서 브라질리아대학교 내 세종학당 설립을 추진하다가 결국은 결실을 맺지 못한 경험이 있어서 (지금은 개설되었다) 신규로 세종학당을 설립하는 것이 만만치 않은 작업임을 익히 알고 있었다. 특히, 세종학당 설립을 위해서는 한국어 강좌 개설 실적, 한국어 강좌를 위한 전용 공간, 한국어 교습 요원 등 여러 가지 충족해야 하는 요건이 있는데, 일단 이 요건들부터 하나씩 충족시켜야 했다.

그런데, 마침, 마다가스카르에 부임하기 직전에 한국국제교류재단에서 외국에 한국문화 체험 멀티미디어 공간인 "코리아 코너"를 만들어주는 사업이 있다는 사실을 알게 되었다. 보통 외국의 대학교 내 적당한 공간을 마치 한국에 온 것처럼 꾸미고, 이곳에서 학생들이 Kpop을 듣거나, 한국 드라마를 보고, 한국 관련 책이나 잡지를 볼 수 있도록 하는 컨셉이다. 수요가 충분히 있고, 한국어를 가르칠 교원이 있으면, 이 학생들을 대상으로 한국어 강좌도 개설할 수도 있다.

일단은 타나대학교총장과 함께 코리아 코너 설립을 추진하기로 의기투합을 하고, 한국국제교류재단에 신청을 하였다. 예산은 한정되어 있으나, 전 세계 공관에서 코리아 코너 설립 신청을 받기 때문에 상당한 경쟁이 있다. 교류재단 측 코리아 코너 담당 직원부터 부장까지 수시로 연락하면서 간곡히 요청했다. 그리고, 다행히도 마다가스카르가 사업 대상 공관으로 선정되었다.

이 소식을 전해들은 타나대학교 총장은 뛸 듯이 기뻐했고, 코리아 코너를 설치할 공간으로 중앙 도서관에 있는 빈 사무실을 제시하여 줬다. 그래서 직접 답사를 하였는데, 벽이 벽돌로 되어 있어서 아늑한 느낌을 주면서도, 공간도 충분해서 코리아 코너로 아주 적합했다.

그런데, 얼마 후 대학교 측으로부터 연락이 왔는데, 유감스럽게도 그 공간을 더 이상 코리아 코너용으로 줄 수 없어서 다른 공간을 알아봐야 한다는 것이었다. 대학교 측이 미처 확인을 못하였는데, 알고 보니까 그 공간이 다른 나라 대사관과의 협력 사업을 위하여 이미 약속이 되어 있다는 것이었다. '흠 … 뭐 어쩔 수 없지'라고 생각하고, 이에 버금가는 좋은 공간을 제공하여 줄 것을 요청하였다.

며칠 후 다시 대학교 측으로부터 연락이 왔다. 백방으로 알아봤지만, 안타깝게도 더 이상 빈 사무공간이 없다는 것이다. 대신에 칸막이를 설치하여서 공간을 확보해보겠다고 하였는데, 한번 보러 왔으면 좋겠다는 것이다. "이건 도저히 받아들일 수 없는 거 아냐." 상당히 기분이 안 좋아진 상태에 일단 답사하러 갔다.

그런데, 웬걸, 대학교 측에서 제안한 공간은 중앙도서관을 문 열고 들어가자마자 나오는 대 열람실 입구 쪽 공간이었다. 이곳에 코리아 코너를 만들면 거의 안타나나리보 대학교 중앙도서관 내 상징이 될 수 있는 환상적인 자리였다.

마침 대사관 행정원 중 미술을 전공한 훌륭한 직원이 있어서 그 직원이 중앙도서관 열람실과 조화를 이루는 코리아 코너를 디자인하였고, 이에 맞춰서 마다가스카르 내 건축사무소들을 대상으로 공개입찰을 진행하여서 우리 예산에 맞는 작지만 내공이 꽉 찬 건축사무소를 발굴하였다.

　2018년 4월에 시작한 코리아 코너 공사는 만 1년이 걸려서 2019년 4월에 완공되었다. 마다가스카르에 대사관이 주관하여서 최초로 세운 한국 문화 공간인 코리아 코너에 대한 마다가스카르의 관심은 기대 이상으로 매우 컸고, 이날 완공식은 마다가스카르 언론에 크게 보도되었다.

안타나나리보 국립대학교 중앙도서관내 설치한 코리아 코너 개관식, 안타나나리보 대학교 총장과 함께 코리아 코너 약정서에 서명하고 있다.

세종학당을 설립하다

마다가스카르 교민 중 대학교에서 한국 문화 소개를 하는 경험이 풍부한 분(김동연 선교사)을 코리아 코너 관장으로 위촉하였다. 마침 이 분의 부인(이선택 선교사)이 한국어 교원 자격증까지 있어서 학생 대상 한국어 강좌를 개설하였다. 이렇게 해서 코리아 코너가 조금씩 자리를 잡아갔다.

2019년 가을에는 마다가스카르에서 처음으로 한국의 대학생 봉사단을 파견 받았다. 한국대학사회봉사협의회 소속 대학생들인데, 씩씩하게 이 머나먼 마다가스카르에 자원해서 와준 것이다. 이들 중 한 팀은 코리아 코너에서 6개월간 안타나나리보 대학교 학생들에게 한국어 강좌 및 한국 문화 소개 봉사를 해주었다.

그리고 대사관 차원에서도 가능한 안타나나리보 대학교와 함께 다양한 한국 관련 행사를 기획하였다. 2019년 코리아 코너가 개관한 시점에 안타나나리보 대학교 총장도 새로 취임하였는데, 상대적으로 젊은 40대의 경제학 박사로서, 특히 한국의 경제발전에 깊은 관심을 갖고 있었다.

신임 총장은 마다가스카르 경제학 학회와 공동으로 경제발전에 관한 심포지움을 계획하고, 한국을 대표적인 사례로 하나의 세션에서 다루고자 한다고 연락해 왔다. 이를 위해 한국에서 경제학 교수를 초청하기에는 어려움이 있어서 내가 직접 발표해도 좋을지 물어보니까, 총장은 아주 좋다고 하였다. 그래서, 안타나나리보 대강당에서 한국 경제발전에 대해 발표하고, 학술토론도 하였다.

한국 영화제도 안타나나리보대학교에서 개최하였다. 경제발전이라는 테마의 연장선상에서 "국제시장"을 선보였는데, 대강당을 가득 매운 학생과 교수들은 영화를 보고 나서 한국은 정말로 놀라운 국가라고 입을 모아서 이야기하였다.

2019년은 3.1운동 및 임시정부 수립 100주년이기도 했다. 본부에서 이를 기념하기 위한 학술대회 개최를 원할 경우, 예산지원을 해줄 수 있다고 연락이 왔다. 번뜩이는 아이디어맨인 대사관의 최성재 실무관이 "임시정부 수립 100주년 기념 학술대회: 한국과 마다가스카르의 정치 경제 발전에 대한 비교 고찰"이라는 주제로 학술대회 개최를 신청하였는데, 본부에서 받아들여졌다. 안타나나리보대학 총장은 이 소식에 매우 고무되어서 마다가스카르 측 발표자로 본인이 직접 나서겠다고 하였다.

그렇게 해서 서울대 외교학과의 이옥연 교수, 성균관대학교의 조원빈 교수, 국립외교원의 김동석 교수가 2019년 5월에 마다가스카르를 방문해서 최초로 한-마다가스카르 학술대회가 안타나나리보대학교에서 개최되었다. 다시 한 번 안타나나리보 대학교 대강당을 꽉 채운 학생들은 너무나도 진지하게 학술회의에 참여하였고, 많은 질문을 했다. 1968년까지는 한국보다 더 부유했던 마다가스카르가 과연 한국처럼 민주화와 경제발전을 동시에 이룰 수 있을지, 도대체 마다가스카르의 발전을 저해하는 근본적인 문제점이 무엇인지, 이를 어떻게 고쳐나갈 수 있을 것인지, 한국의 경험에서 무엇을 참고할 수 있는지…

이렇게 2019년 내내 안타나나리보대학교와 거의 두 달에 한 번

제1회 한-마다가스카르 학술회의 참석을 위해 안타나나리보 대강당을 가득 매운 학생들

꼴로 한국 관련 행사를 하는 한편, 코리아 코너를 중심으로 한국어 강좌를 개설하여서 초급, 중급반을 운영하였다. 안타나나리보 대학교와 긴밀한 관계를 구축하여서 세종학당 설립을 위한 여러 기본 요건을 충족시킨 후, 2019년 말 세종학당 재단 측에 안타나나리보 대학교 내 세종학당 신규 설치를 신청하였다.

코로나19로 인하여 세종학당측이 직접 마다가스카르를 방문하여서 현장 실사를 하는 대신에 원격으로 실사한 결과, 안타나나리보대학교가 예비 후보자 명단에 포함되었다.

마지막 단계는 세종학당 측과 안타나나리보대학교간 세종학당 운영을 위한 이행계약서를 체결하는 것이었다. 그런데, 세종학당 측에서 제시한 표준 계약서의 일부 조항에 대해 안타나나리보 대학 측이 난색을 표하면서 계약서 체결이 표류하기 시작했다. 어렵게 여기까지 왔는데, 결국은 무산되는 것인가.

대사관에서 최대한 양측 입장을 반영하는 창의적 절충안을 만들어서 양측을 중재하였다. 특히, 세종학당 측에서는 안타나나리보대학교 입장을 최대한 수용하기 위하여 많은 애를 써줬는데, "계약서 관련 분쟁 발생시 법원에서 다투게 될 경우 한국 법원에서 소송을 제기할 수 있다"는 조항만큼은 양보할 수 없다고 하였다. 정부의 예산이 들어가는 사업에 이러한 장치를 마련하지 않을 수 없다는 것인데, 세종학당 측에서는 충분히 요구할 수 있는 조항이다. 그런데, 안타나나리보 대학교 입장에서는 마다가스카르 국립대학교 내 설립되는 세종학당인데, 분쟁이 발생하면 당연히 마다가스카르 법원에서 관할해야지, 치외법권적 특혜를 줄 수 없다는 것이었는데, 이 또한 마다가스카르 관점에서 보면 충분히 제기할 수 있는 문제였다.

코로나19 상황으로 대사관에서 더 이상 외부인사 면담을 안 했지만, 마지막 담판을 위해서 안타나나리보 대학교 총장에게 대사관으로 와 주기를 요청했다. 코로나19 사태가 발생하고 나서 처음 보는 것이기에 아주 반갑게 인사를 한 후, 세종학당을 설립하기 위하여 지난 1년간 함께 노력해온 것을 회상하고, 이제 거의 마지막 단계에 있는 것을 자축하였다. 그리고 나서, 세종학당 측에서 안타나나리보대학교의 입장을 고려하여서 예외적으로 여러 조항들의 수정을 수용했음을 자세히 설명하고, 단도직입적으로 법적 분쟁시 관할 법원 문제만큼은 도저히 양보할 수 없는 핵심적인 조항임을 이해하여 줄 것을 요청하였다. "한국 법원에서 소송을 제기할 가능성"만 열어 둘 뿐이고, 반드시 그렇게 할 것이라는 의미가 아니며, 만일 분쟁이 생기면 법원에 가기보다는 중재로 해결을 모색하게 된다고 설득하였다. 그리고 그 과정에서 대사관에서도 잘 해결될 수 있도록 지원하겠다고 하였다. 안타나나리보 대학교 총장은 내 설명을 듣고 나서 잘 알겠다고 하면서, 이행각서에 서명을 하였다.

그 다음날 세종학당에서 2020년도 신규로 설립될 세종학당을 발표했는데, 안타나나리보대학교가 포함되었다. 아프리카의 다섯 번째 세종학당이 마다가스카르에 들어서기로 확정된 것이다.

마다가스카르 초등학생을 위한 말라가시어 교재

　대사관이 해외에서 하는 다양한 한국 알리기 사업 중 "교과서 사업"이라는 것이 있다. 국내에 잘 알려진 민간인 사이버외교사절단인 반크와 비슷한 역할을 하는 것인데, 외국 정부에서 사용하는 교과서에서 한국과 관련된 부분에 오류가 있을 경우, 이의 오류 시정을 요구하거나, 한국 관련 기술이 빈약하면 더 풍부하게 잘 기술될 수 있도록 요청하는 사업이다. 마다가스카르에 부임하기 전 브라질에 근무하였을 때 교과서 사업을 통해서 브라질 교과서에 나온 오류들을 시정한 적이 있었다.

　이러한 브라질에서의 경험을 토대로, 막연하게 마다가스카르에서도 비슷하게 교과서 사업을 할 수 있지 않을까 생각했다. 그런데, 막상 마다가스카르에 부임하고 나서 이곳 학교 실상을 조사해보니까, 대부분의 학교에 교과서 자체가 없다는 것을 알게 되었다. 마다가스카르 학생들은 학교를 다니면서 자기만의 교과서나 책을 가져 본 적이 없다. 교사들만 일종의 보조교재를 갖고 있고, 이를 칠판에 판서하면 학생들은 공책에 베끼는 식으로 공부를 한다.

　오류 시정할 교과서가 없는 곳에서 어떻게 교과서 사업을 할 수 있을까 고민을 했는데, 아예 한국 소개 교과서를 직접 만들어서 학교에 배포하는 것으로 사업 방향을 새롭게 잡았다.

　그러던 중, 마다가스카르에서 가장 생활환경이 힘든 남부지역으로 출장을 가게 되었다. 이때 이 지역의 초등학교, 중학교 등 학교를 세 군데 정도 방문하여서 마다가스카르 학교의 참혹한 현실을 제대로 보게 되었다.

마을마다 학교가 없기 때문에 초등학교 1학년 아이들조차도 평균 한두 시간 걸어서 학교를 다니는 것은 기본이다. 학교에서 급식이 안 되니까, (집에 먹을 것이 있으면) 점심 때 다시 걸어서 집에 가서 밥 먹고 학교에 돌아온다. 결국 학교에 가기 위하여 하루에 많으면 여덟 시간을 걷는 경우가 태반이다. 그런데, 그나마 이렇게 학교를 다닐 수만 있으면 다행이다. 가정 형편상 초등학교 3~4학년까지만 다니고 그만두는 경우가 흔하다. 특히, 여아들은 아예 학교 문턱에도 가보지 못하는 경우가 많다.

외국 국제구호단체의 도움을 받는 학교들은 그나마 건물과 학생들을 위한 걸상이 있지만, 그렇지 않은 경우에는 그냥 흙바닥에 앉아서 공부를 한다. 교실 안에 전기는 당연히 없다.

남부지역에 출장을 갔을 때 방문했던 초등학교의 교장선생님이 나한테 학생들을 위해 한 마디 해달라고 부탁했는데, 갑자기 무슨 이야기를 해야 할지 난감했다. 아이들에게 꿈을 물어보았다. 그러니까 여느 초등학교와 마찬가지로 다양한 꿈 이야기를 들을 수 있었다. 의사, 교사, 경찰, 간호사, 대통령까지.

"꿈은 어렸을 때만 꾸는 것이 아니라, 어른이 되어서도 꾸는 것입니다. 꿈을 꾸다 보면 그 꿈이 현실이 되고, 그럼 다시 꿈을 꾸고, 그 꿈이 다시 현실이 되고, 그렇게 해서 멋진 인생을 만들어가는 것이지요. 오늘 미래의 교사, 의사, 경찰, 간호사, 대통령을 만나서 무척 기쁘고 영광입니다"라고 초롱초롱 호기심 가득한 눈방울로 나를 바라보던 아이들에게 말해줬다.

지방에 내려가면 흙바닥에 앉아서 수업을 듣는 경우가 비일비재하다. 선생님은 갓난아이를
등에 업고 수업 중이다.

    출장에서 돌아와 마다가스카르 미래의 주역들에게 꿈을 심어주기
위해서라도 한국을 소개하는 책자를 만들어서 무료로 보급하는 것이
나름대로 의미가 있을 것이라는 생각이 들게 되었다. 마침, 한국학중앙
연구원에서 불어로 한국의 경제발전, 문화 등을 소개하는 책자를 제작
하고 있는 것을 알게 되었는데, 연구원 측이 흔쾌히 협조를 해줘서 이
책자 컨텐츠를 사용하여서 마다가스카르 학교에 배포하기 위한 한국
소개 보조교재를 만들었다. 빠듯한 예산으로 한국에서 책자를 인쇄해
서 마다가스카르까지 공수할 수는 없어서 마다가스카르에서 인쇄해야
했는데, 의외로 상당히 괜찮은 수준으로 인쇄할 수 있는 현지 업체를
발견했다. 이렇게 해서 탄생한 "La Coree dans le Monde(세계 속의 한
국)"라는 소책자를 내가 방문하는 현지 학교들과 우리 한인 선교사들이
세운 학교 등에 배포하였다.

    그런데, 마다가스카르에서 더 많은 시간을 보내게 되면서 이곳의
교육 현실과 문제점을 보다 더 명확하게 직시하게 되었다. 마다가스카
르 교육의 가장 근본적인 문제는 언어에 있었다. 마다가스카르는 공용

어가 말라가시어와 불어인데, 마다가스카르 사람들의 모국어는 말라가시어고 불어는 외국어일 뿐이다. 그래서 불어는 초등학교에 입학하면 비로소 처음으로 배우게 되는데, 문제는 학교의 공식 교습 언어가 불어이다. 학생들 입장에서는 학교에 입학하자마자 난생 처음 들어보는 외국어로 공부를 해야 하는 것이다. 그런데, 많은 학교에서 교사들조차 불어를 제대로 구사하는 사람은 거의 없다. 그럼에도 불구하고, 교사용 보조교재는 다 불어로 되어 있다. 결국 학생이나 교사나 전혀 모르는 외국어로 된 교재로 수업을 하는 상황인 것이다. 어려운 환경에서 꾸역꾸역 학교를 다녀도 사실상 제대로 배우는 것이 별로 없다.

과거에 공교육을 말라가시어로 하려는 시도가 없었던 것은 아니다. 76~93년 라치라카 정권 하 사회주의 마다가스카르 시대에는 소위 "교육의 말라가시화"를 전격적으로 도입하였다. 프랑스 식민지 잔재 청산을 앞세우고 출범한 라치라카 정권은 1960년 독립 이후에도 계속 마다가스카르에 남아서 교육계의 주류로 군림했던 불어 교사들을 다 내쫓아 버리고, 거의 하루아침에 모든 교육을 말라가시어로 가르치도록 하였다. 그런데, 문제는 이렇게 준비 없이 전격적으로 말라가시어로 교육을 전환하니까, 사실상 교육의 공백이 왔다. 특히, 대학교의 경우 말라가시어로 된 전공 서적은 아예 존재하지 않았다. 그래서 이때의 말라가시화 교육정책을 마다가스카르 교육의 암흑기라고도 한다. 결국 말라가시화 정책의 실패 이후로 다시 예전 프랑스 교육 체계를 재도입하여서 오늘날까지 이어지게 된 것이다.

대사관에서 교과서 사업의 일환으로 제작한 불어로 된 한국 소개 책자가 학생들이 갖게 되는 첫 책이어서 상당한 의미가 있는 것은 분명한 사실이지만, 이를 제대로 이해하는 학생들이 과연 몇 명이나 있을지는 의문이었다. 아울러, 컨텐츠 자체가 한국학중앙연구원에서 불특정

다수를 상대로 제작한 것이기 때문에 아무래도 마다가스카르 맞춤형 내용이 들어 있지 않은 아쉬움이 있었다.

그래서 한국 소개 책자 개정판을 만들 때 완전히 새롭게 단장하는 계획을 세웠다. 우선, 학생들이 손쉽게 읽을 수 있고, 선생님들도 손쉽게 가르칠 수 있게 100% 말라가시어로 제작하기로 했다. 아울러, 이왕이면 좀 더 어린 나이의 학생들에게 한국을 소개하고, 또 현실적으로 마다가스카르에서 초등학교 학생이 가장 많다는 점을 고려하여서 독자층을 초등학생으로 하여서 제작하기로 했다. 이에 따라 내용도 일방적으로 한국의 역사, 문화, 경제 발전 등을 나열해서 소개하기 보다는 아이들이 좀 더 흥미를 갖고 한국을 배울 수 있는 방법을 찾기로 했다.

초등학생이라면 무엇을 좋아할까, 한참을 고민했는데, 어느 날 우연히 신문에서 마다가스카르 학생들에게 말라가시어 교육을 더 강화해야 한다는 기사를 읽었다. 말라가시어 학회 소속 에스터 란드리아마문지(Esther Randriamamonjy) 작가의 인터뷰 기사였다. 말라가시어의 중요성을 강조하는 작가인 만큼, 왠지 만나면 좋은 아이디어가 떠오를 것 같아서 한 번 만났다.

마다가스카르 초등학교 교과서에
말라가시어로 실린 별주부전

그런데, 막상 만나 보니까 이분은 마다가스카르의 유명한 아동 문학 작가이고, 마다가스카르 전래동화집을 낸 적도 있었다. "아 바로 이거다! 교과서에 한국, 마다가스카르 양국의 전래동화를 소개하고, 양국의 문화도 소개하는 것이다." 란드리아마문지 작가에게 마다가스카르 전래동화 집필을 부탁하였고, 작가는 흔쾌히 응했다.

대사관의 이혜진 참사관은 마다가스카르

교육부와 연락해서 교과서 제작에 대한 실무협의를 진행하였다. 교육부는 마다가스카르 주재 외국 대사관 중 한국 대사관이 최초로 이러한 사업을 제안한 데 대해 진심으로 고마워하면서, 이 교과서 제작 사업을 위해 차관을 팀장으로 하는 태스크포스를 구성하였다. 태스크포스에는 교육부의 교과서와 관련된 모든 부서원들이 차출되었고, 한국의 전래동화를 말라가시어로 번역하는 작업, 삽화를 넣는 작업, 양국 문화를 소개하는 부분에 대한 집필 등을 우리 대사관과 함께 진행하였다. 막판에는 아예 일주일간 단체로 합숙을 하면서 교과서 제작을 완성하였다. 마다가스카르 교육부 관계자들은 하나같이 마다가스카르 어린이들이 이 교과서를 통해서 한국과 마다가스카르 문화를 배우게 되고, 앞으로 마다가스카르도 한국처럼 될 수 있다는 희망을 심어줄 수 있기를 바란다고 하였다.

이렇게 해서 2019년 12월 24일 드디어 마다가스카르 교육부와 공동으로 제작한 "한국-마다가스카르 전래동화와 문화" 교과서가 탄생하였다. 마다가스카르 교육부에서 교육부장관과 함께 교육부 전 직원이

마다가스카르 어린이에게 교과서를 기증하고 있는 필자

참가한 가운데 새로운 교과서 기증식을 거행하였다. 우선 2019년도에 받은 예산으로 약 3,000부 정도를 인쇄하여서 시범적으로 수도와 지방 몇 군데 초등학교에 교과서를 보냈다. 아울러, 우리 선교사님, 수녀님이 세운 학교에도 보내드렸다. 2020년부터는 마다가스카르 어린이들도 한국의 흥부놀부전, 별주부전과 같은 전래동화를 읽고 자라나게 되었다.

　본부에서 교과서 사업 예산을 증액해줘서 2021년에는 더 많이 인쇄를 할 수 있게 되었는데, 언젠가는 모든 마다가스카르 초등학생에게 "한국과 마다가스카르 전래동화와 문화" 교과서를 줄 수 있게 되기를 기대한다.

독립기념 행사의 태권도 함성

　태권도는 과거 70, 80년대 마다가스카르가 북한과 수교관계를 유지하였을 때 마다가스카르에 처음 들어왔다. 그러나, 2000년대에 들어와서 북한 대사관이 철수하는 대신, 우리나라와의 교류가 더 많아지게 되자 우리나라에서 온 사범들을 통하여 태권도 인구가 꾸준히 늘어났다. 지금은 마다가스카르 전체에 태권도 인구가 2,500여 명이 되고, 수도뿐만 아니라 지방 주요 도시에도 20여 개의 태권도 클럽이 활성화되어 있다.

　사실 태권도는 외교를 하는 데 매우 중요한 자산이다. 스포츠 문화 교류 차원뿐만 아니라, 태권도를 통하여 그 나라 정계 주요 인사들과 긴밀한 관계를 구축하게 되는 경우도 많다. 예를 들어, 가봉의 경우, 한국인 태권도 사범이 36년째 가봉 대통령의 경호실장으로 근무하고 있다.

　국기원에서 태권도 사범을 파견하는 제도가 있는데, 마다가스카르의 경우, 국기원의 파견 대상국이 아니어서 국기원 파견 태권도 사범은 없었다. 그러나 다행히 마다가스카르에 나와 있는 한국 NGO 기아대책본부의 이정무 마다가스카르 지부장이 태권도 사범 출신이고, 마다가스카르 태권도 국가대표팀 감독도 맡고 있었다.

　이 사범으로부터 2011년 경주에서 열린 세계태권도선수권대회에 마다가스카르 국가대표팀 선수 두 명을 이끌고 한국에 간 이야기를 들은 적이 있다. 난생 처음 비행기를 타본 마다가스카르 선수는 기내식과 온갖 간식과 음료수 등을 실컷 먹었는데, 한국에 와서 체중을 재보니까 기내에서만 2kg이 찐 것이었다. 시합도 못하고 체중 조절 실패로 탈락할 위기에 처한 것이다. 그래서 특단의 조치를 취하였다. 땀복을 입고 운동장을 두 시간 동안 쉬지 않고 뛰어서 겨우겨우 체중을 정상으로 돌려놓았다. 그러나 정작 실전에서는 체중 조절에 너무 힘을 빼 나머지 1회전에서 제대로 힘도 못 써보고 탈락을 하였다는 웃픈 이야기였다.

2019년 1월 마다가스카르 대선 결과 안드리 라조엘리나 대통령이 새로 취임하였다. 44세로서 아프리카에서 가장 젊은 대통령이었다. 우리 정부에서 파견한 취임 축하사절단과 함께 만난 자리에서 라조엘리나 대통령은 한국에 대해 무척 친근한 감정을 보였고, 특히 자신의 아들이 마다가스카르 주니어 태권도 대회에서 우승한 적이 있다면서 태권도에 대해 많은 관심을 보였다.

그 후, 3월 어느 날, 마다가스카르 국방부 장관이 좀 긴요하게 이야기할 사항이 있다고 연락이 왔다. 무슨 일일까, 하고 찾아갔는데, 대통령이 특별히 부탁했다고 하면서, 6월 26일 열리는 독립기념 행사에서 마다가스카르 군에 의한 태권도 시범을 보일 수 있도록 한국 사범이 특별히 훈련을 시켜줄 수 있으면 좋겠다고 했다. 매년 독립기념 행사는 수도에 있는 가장 큰 야외 경기장인 마하마시나 경기장에서 열리는데, 이날의 하이라이트는 국군 퍼레이드이다. 그런데, 금번에는 국군 퍼레이드가 끝나면 특별 태권도 시범을 보이는 것이 대통령의 구상이라고 하였다.

이에 대해 나는 우선 대통령께서 태권도에 깊은 관심을 보인 데 대해 사의를 표하였다. 다만, 행사날까지 넉 달도 채 안 남은 상태에서 갑자기 태권도 시범단을 훈련시킬 수 있을지는 좀 더 알아봐야 할 것이라고 하고, 무엇보다도, 마다가스카르 군인을 훈련시키기 위해서 한국에서 사범을 급하게 파견할 수 있는지부터 확인해야 할 것이라고 하였다.

면담 후 아무리 생각해도 갑자기 한국에서 마다가스카르로 넉 달간 출장 올 사범을 구하는 것은 현실성이 없었다. 설사 그러한 사범을 찾아도 넉 달간 체류비를 제공할 예산이 없었다. 결국 유일한 대안은 기아대책본부의 이정무 사범에게 물어보는 것이었다.

이 사범에게 자초지종을 설명하니까, 마다가스카르를 위해 봉사할 수 있는 좋은 기회로 생각한다고 하면서, 당초 6월에 서울로 휴가를 가기로 되어 있던 일정까지 바꿔 가며 흔쾌히 마다가스카르 군인의 훈련을 맡겠다고 하였다.

마다가스카르 국방부는 상무 부대 위주로 운동 경험이 있는 군인들을 150명 정도 선발하기로 했다. 훈련 소집 첫날에는 나도 이 사범과 같이 가서 태권도 시범단 출범식을 갖기로 하였다.

출범식 행사를 갖기로 한 날. 이사범과 함께 시간에 맞춰서 군부대 운동장에 도착했는데, 아무리 눈 씻고 찾아봐도 군인이 한 명도 보이지 않았다. "이상하다. 우리가 군부대를 잘못 찾아왔나…" 혹시나 해서 국방부에 연락해보니까 맞게 잘 찾아 왔다고 했다. "이상하다. 우리가 시간을 잘 못 알고 있나." 조금 더 기다렸는데, 군인은 한 명도 안 왔다. 그런데, 이상하게도 그날 따라 동네 조기 축구회 시합이 있었는지, 부대 운동장 주변에 웬 건장한 아저씨들이 어슬렁거리면서 많이 왔다 갔다 했다. "참 신기하네. 어떻게 동네 조기 축구회 팀들이 군부대 안에서 경기를 갖지"라고 생각하고 있는 참에 마다가스카르 상무 부대 사령관이 도착했다.

"안녕하세요? 훈련 받을 군인들이 아직 안 왔네요."

"안 왔다니요. 저기 다 도착해서 기다리고 있습니다." 사령관이 가리키는 곳을 보니까 조기 축구회 아저씨들이었다. 아뿔싸, 저 사람들이 군인이었구나. 알고 보니까 마다가스카르 군인은 일부는 군부대에서 생활하는 경우도 있지만, 대부분 집에서 출퇴근을 한다는 것이다.

단상 위에 올라가서 군인들에게 간단하게 격려사를 하고 바로 훈련에 들어갔다. 그런데, 일단 오와 열을 못 맞추는 것이었다. 이 사범이 인원을 점검하기 위하여 앉아서 번호부르기를 시도하였는데, 난생 처음 해보는 듯 우왕좌왕하는 것이었다.

"사범님… 넉 달도 안 남았는데, 가능할 것 같으신가요?"

"음… 최선을 다해봐야지요."

일주일에 3회, 한번 할 때마다 세 시간씩 훈련을 시켰다. 나도 한 달에 두어 번씩은 훈련 참관을 하였다.

해병대 출신인 이정무 사범은 원래 선교사이다. 평상시에는 선교사답게 한없이 부드러운 인상인데, 군인들 훈련시킬 때는 빨강 모자를 쓴 살벌한 해병대 교관으로 변신하였다. 제식 훈련부터 시작해서 태권도의 기본 동작, 발차기 및 격파 등을 하나씩 가르쳤다. 참관하러 가서 보면, 키가 180cm 이상인 거구의 마다가스카르 군인들을 매섭게 휘몰아치면서 훈련을 시키는데, 내가 공군 장교 훈련 받을 때 거쳤던 지옥의 애니멀 코스가 생각이 날 정도였다.

그런데, 이런 훈련을 거치니까 시간이 지날수록 눈에 띄게 변해갔다. 특히 눈빛이 달라졌는데, 훈련 막바지에 접어드니까 다들 매서운 이정무 교관의 눈빛으로 변했다.

6월 26일 독립기념행사 당일. 라조엘리나 대통령 취임 후 열리는 첫 독립기념행사였다. 3만 명 관중이 가득 메운 마하마시나 야외 경기

2019년 6월 독립기념 행사가 펼쳐진 마하마시나 야외경기장

장에 동료 대사들과 함께 귀빈석에 입장하였다. 최고헌법재판소장, 국회의장, 상원의장 등을 비롯한 정부, 의회, 법원 등 3부 주요 인사들도 다 왔다. 이윽고, 라조엘리나 대통령과 귀빈으로 방문중인 르완다의 폴 카가메(Paul Kagame) 대통령이 입장하였다.

대통령의 공식 연설에 이어서 국군 퍼레이드가 펼쳐졌다. 그리고 나서 이정무 사범이 100명의 정예 마다가스카르군 태권도 시범단을 이끌고 등장하였다. 예기치 않게 태권도 도복을 입은 군인들이 갑자기 나타나니까 관중들은 깜짝 놀랐다. 우렁찬 기합 소리와 함께 태권도 시범이 펼쳐지기 시작했다. 기본 앞지르기 동작, 발차기 동작을 보인 후, 일사불란하게 학익진 격파 대형으로 헤쳐 모이고 나서 100명이 순차적으로 발빠르게 돌려차기로 송판을 격파해 하늘로 날려 버리는 장관이 펼쳐지니까 관중은 열광하였다.

이어서 기왓장 20개를 손날로 격파하고, 뛰어서 머리로도 격파하고, 무등타고 올라가 있는 사람이 들고 있는 송판을 날라서 격파하고. 거의 국기원 태권도 시범단을 보는 듯한 착각에 빠져들었다.

마지막에 마다가스카르 국기 20개를 힘차게 흔들면서 태권도 시

마다가스카르 국경일 행사에서 펼쳐진 태권도 시범

범을 마쳤는데, 관중은 일제히 기립해서 박수를 보냈다. 이날 독립기념 행사에서 태권도 시범이 최고의 하이라이트였다.

라조엘리나 대통령은 크게 흡족해 하면서, 마다가스카르 군의 정신 무장과 기본 체력을 기르기 위해 태권도를 전 부대에 보급할 수 있도록 한국과 긴밀히 협력하기를 바란다고 하였다. 이정무 사범은 국방부 장관으로부터 표창장을 수여 받았다. 그리고, 마다가스카르 전군에 태권도를 보급하기 위한 작업에 착수하였다.

내가 마다가스카르를 떠난 후인 2021년 봄, 국기원에서 신규로 마다가스카르에 파견할 사범을 선발하였는데, 이정무 사범이 최종 합격하였다. 이제 정부 파견 사범이 된 이정무 사범의 활약이 무척 기대된다.

마다가스카르에 온 청해부대

구글맵에 들어가서 보면, 지도를 몇 배 확대하지 않는 이상 아프리카 대륙 인근 인도양에 마다가스카르만 확 눈에 들어오고, 나머지 섬들은 점으로만 표시되어 있다. 넓디넓은 인도양에서 세계에서 네 번째로 큰 섬인 마다가스카르의 존재감은 확연하게 들어난다.

특히, 마다가스카르는 아시아가 아프리카와 최초로 만나는 관문에 있고, 이런 지정학적 특성으로 인하여 과거 포르투갈인이 1500년대 마다가스카르에 처음 도착한 이래 줄곧 외부 세력의 관심을 끌어왔다. 대항해 시대 초기에는 해적선들의 본거지로 활용되었으며, 이어서 18~19세기에는 동부 아프리카에서 영국과 프랑스 제국주의 간 쟁탈전의 한복판에 있었고, 결국은 프랑스의 식민지가 되었다.

독립 이후에도 프랑스는 줄곧 마다가스카르에 식민지 종주국으로서 많은 영향력을 행사해 왔으며, 마다가스카르가 사회주의권에 편입되어 있었던 70년대 중반~80년대 후반까지는 러시아와 긴밀한 관계를 유지하였다.

사회주의권이 붕괴되고 나서는 미국과의 관계가 가까워졌으며, 특히 2002년에 집권한 라발로마나나 대통령 시절에는 마다가스카르 공용어에 아예 영어를 추가하여서 탈프랑스·친미국 정책을 펼쳐 나갔다.

중국은 마다가스카르와 상당히 오랜 기간 동안 관계를 유지해 왔는데, 19세기 후반/20세기 초반 중국인 1세대 이민자들이 철도 공사 노동자로 마다가스카르에 왔다. 중국이 마다가스카르의 지정학적 중요성에 착안하여서 정책적으로 마다가스카르에 더 관심을 갖게 된 계기는 일대일로 정책을 추진하기 시작하고부터이다. 특히, 2018년에 개최된 중국-아프리카 정상회담에서는 마다가스카르를 "일대일로 가교국가"로 공식 제안하였다.

우리는 인도양 아프리카에 가장 늦게 온 후발주자이다. 2016년이 되어서야 마다가스카르에 대사관을 개설하였고, 2019년이 되어서 마다가스카르에서 인근 모리셔스와 코모로를 겸임하기 시작했다. 그런데, 대사관이 개설되기 전에도 인도양 아프리카를 누비던 정부 관계자가 있었으니, 바로 우리군 역사상 첫 전투함 파병부대인 청해부대이다. 아덴만의 해적선으로부터 우리 선박을 보호하는 것을 임무로 하는 청해부대는 2011년 해적의 습격을 받은 삼호 주얼리호를 성공적으로 구출한 아덴만의 작전으로 전 세계적 명성을 얻었다. 그런데, 그 이후 청해부대의 작전범위는 더 확대되어서 인도양 아프리카 섬나라 중 하나인 세이셸 인근 해역에서 조업하는 우리 원양 어선을 보호하는 임무까지 띠게 되었다. 청해부대는 통상 6개월 작전을 하고 교대를 하는데, 귀국 항해길에 세이셸에 기항을 하여서 보급을 받는 경우가 있다.

"흠… 세이셸까지 갈 것이면 조금 더 내려와서 이왕이면 마다가스카르에 와서 기항하면 훨씬 더 의미가 클 것인데"라는 생각을 했다. 그런데, 마침 내가 마다가스카르에 부임한 2018년도 9월에 제주도에서 국제관함식이 개최되었고, 마다가스카르 해군도 초청을 받았다. 마다가스카르 해군사령관이 제주도로 떠나기 전 점심을 같이 했다.

"국제관함식 참가를 계기로 삼아서 양국 해군간 교류가 더욱 확대되면 좋겠네요. 마침 우리 청해부대가 인근 아덴만에서 작전을 하는데,

마다가스카르에 기항 행사(port call)을 하도록 추진하면 어떨까요?" 내가 제안했다.

"아 정말 좋습니다. 그렇지 않아도 이번에 제주도에 가서 한국 해군측에 여러 가지 협력사업을 제안하려고 준비 중이었는데, 한국 해군의 마다가스카르 기항도 제안하겠습니다." 마다가스카르 해군 사령관은 전적으로 동의했다.

보통 한국을 방문하는 외국인들은 한국의 발전상에 깊은 감명을 받고 오는데, 마다가스카르 해군 사령관도 예외가 아니었다. 제주도에서 돌아오고 나서 어떻게 해서든지 한국 해군과 교류를 확대해 나가고 싶다고 하였고, 특히 한국 해군이 마다가스카르에 기항을 하게 되면 모든 지원을 다 하겠다고 하였다. 이러한 희망을 제주도에서 한국 해군측에도 전달하였다고 했다.

"어떻게 하면 우리 해군이 마다가스카르에 오게 할 수 있을까. 아예 계룡대 해군본부에 가서 해군참모총장을 직접 만나서 이야기해 볼까?" 어차피 몇 달 후면 서울에서 열리는 재외공관장회의 참석차 일시 귀국을 해야 하는데, 이때 해군참모총장 면담을 요청해 보아야겠다는 생각을 하였다.

갑자기 마다가스카르 대사관으로부터 해군참모총장 면담을 요청받은 해군 측은 당황했을 법도 한데 아주 프로페셔널하게 응대해줬고, 12월 공관장회의차 서울에 일시 귀국하였을 때 해군참모총장과의 면담이 확정되었다.

2000년에 제대한 이후 처음으로 3군 본부가 있는 계룡대에 찾아갔다. 심승섭 해군참모총장은 뜬금없이(?) 찾아온 나를 반갑게 맞이하여 줬다. 나는 미리 준비한 마다가스카르 관련 소개 PPT 자료가 들어있는 컴퓨터를 가방에서 꺼내서 마다가스카르의 지정학적 특성을 설명하고, 청해부대가 한 번씩 세이셸에 기항하는데, 이왕이면 마다가스카르에 최근에 대사관이 개설되었으니까 마다가스카르에서 기항하는 방안을 검토하여 줄 것을 요청하였다. 심 총장은 참으로 감사하게도 나의 이야기를 경청한 후 가능한 검토하겠다고 답변해 주었다.

해가 바뀌어서 2019년 3월, 정말로 해군으로부터 연락이 왔다! 청해부대 28진이 임무교대를 위하여 귀항 예정인데, 4월 중 마다가스카르에 기항하는 방안을 적극 검토 중이라는 것이었다. "와! 드디어 우리 해군이 마다가스카르에 오게 되었구나!"라고 생각하고 마다가스카르 해군에 연락하여서 기항을 위한 준비에 착수하였다. 그런데, 이때 하필이면 2018년 겨울부터 마다가스카르에서 유행하기 시작한 홍역이 최고조에 달하여서 7만 명 이상이 감염되고 600여 명이 사망하였다. 만에 하나 청해부대원 중 한 명이라도 홍역에 걸리면 부대원 전체가 위험에 빠질 수 있는 것이어서 해군은 결국 마다가스카르 기항을 다른 기회에 다시 검토하겠다고 하였다.

6개월 뒤, 2019년 9월 청해부대 29진이 임무를 완수하고 귀항하는 길에 마다가스카르에 기항을 하려고 한다는 연락이 왔다. "우리 해군은 한 번 한 말은 꼭 책임을 지는구나!" 다행히도 홍역은 진정되었고, 통상 9월이면 시작하는 페스트 유행도 아직 잠잠했다.

2019년 9월 19일. 드디어 우리의 자랑스러운 청해부대 29진 대조영함이 마다가스카르 제1의 항구도시인 타마타브에 입항하였다. 타마타브에 사는 우리교민 30여 명뿐만 아니라, 차로 9시간 걸리는 수도 안타나나리보에서도 교민들이 와서 태극기를 흔들면서 대조영함의 입항을 뜨겁게 환영하였다. 2018년 겨울 계룡대에 찾아가 혹시나 하는 마음에 해군참모총장을 만나고 나서, 이렇게 정말로 우리의 청해부대가 고국에서 이역만리 떨어진 마다가스카르에 오게 되니까 만감이 교

대조영 입항을 환영하는 마다가스카르 교민들

차하였다. 입항 행사 참석을 위하여 항구에 들어서는 순간 태극기를 휘날리고 있는 어마어마한 크기의 우리 구축함의 위용이 눈에 꽉 차게 들어오는데, 초현실적으로 느껴졌다. 타마타브에서 오랜 세월 살아온 교민 중 한 분은 이 머나먼 마다가스카르에서 이런 날이 오게 될 줄은 꿈에도 생각해본 적이 없었다고 하면서 눈시울을 붉혔다.

통상적으로 우리 함정이 기항하기 위해서는 대사관의 무관이 주재국 국방부, 해군, 기항지 지방정부, 항만청 등과 연락하면서 행정적으로 많은 준비를 해야 하는데, 무관이 없는 우리 대사관에서는 영사 담당 행정원인 최성재 실무관이 정말 헌신적으로 일하면서 완벽하게 청해부대 기항행사를 준비하였다.

대조영 함상에서 개최된 환영 리셉션에는 마다가스카르 국방부 장관을 비롯하여서 육군사령관, 해군사령관, 공군사령관, 경찰총장 등 군경 수뇌부가 전부 참석하였다. 대조영함 밴드에서 라이브 음악도 준비해주었는데, 멋진 공연이 끝나고 나니까 갑자기 마다가스카르 측도 공연을 하겠다고 제안했다. 마치 미리 준비했던 것 마냥 각 군별로 키보

드, 드럼, 기타를 맡고 해군사령관이 마이크를 잡더니 즉석 공연이 시작되었는데 호흡이 기가 막히게 맞는 멋진 공연을 선 보여주었다.

대조영함은 3일간 기항하면서 필요한 보급품을 조달하는 한편, 일부 장병들은 우리 교민 조용문 선교사가 운영하는 학교, 병원 등을 찾아가서 봉사활동도 하였다. 대조영함이 기항한 3일간 타마타브는 마치 한국처럼 느껴졌다.

대조영함에 들어서고 있는 필자 (사진제공: 유영관 작가)

PART

08

코로나19
위기 속에서

청정지역에 상륙한 코로나19

　20년 2월 코로나19가 서서히 미국, 유럽, 중동 등 세계로 퍼져 나가기 시작하였을 때까지만 해도 마다가스카르는 청정지역이었다. 저 멀리 인도양 아프리카에 떨어져 있는 만큼, 사람들은 코로나19를 완전히 다른 세상의 일처럼 생각했다. 그러나, 3월달에 들어서면서 유럽, 특히 프랑스에 코로나19가 계속 확산되어가자 마다가스카르에서도 코로나19가 상륙하는 것은 시간문제가 될 것이라는 인식이 서서히 퍼져 나가기 시작했다. 마다가스카르를 유럽과 이어주는 파리–안타나나리보 왕복편이 주 3회 운행되고 있었는데, 이 노선을 통하여 수많은 사람들이 계속 마다가스카르에 입국하고 있었다. 그렇다고 마다가스카르 정부가 경제에 대한 부정적인 영향을 감당하면서 이 노선을 운항을 중단하는 조치를 취하는 것은 쉽지 않아 보였다.

　비상시국에서 대사관의 가장 중요한 임무는 우리 국민의 안전을 확보하는 것이다. 그래서 가장 먼저 유사시 교민 안전대책부터 다시 점검을 하였다. 2년 전 시내에서 유혈사태가 발생하였을 때 교민들 안전대책을 마련해 놓은 상태였지만, 이는 지금과 같이 역병이 돌았을 때를 상정한 것은 아니었기 때문에 보완해야 할 부분들이 있었다. 이를 위해 한인회에 연락하여 코로나19에 대비하기 위한 비상대책회의를 개최할 것을 제안하였고, 한인회 측에서는 바로 좋다고 답변하였다.

한편, 이 즈음 한인회는 고국에서 코로나19가 확산되고 있는 것을 그냥 보고만 있을 수는 없다면서 자체적으로 모금을 하고 있었다. 그리 넉넉한 사정의 교민사회가 아니지만, 십시일반하여서 800만원을 모아 대책회의를 하는 날 필자에게 대구 적십자사에 성금 전달을 부탁하였다.

원현희 한인회장님 사무실에서 열린 대사관-교민 비상대책회의에는 한인회 간부들을 포함하여서 한글학교, 한인교회, 한인상공인협회 등 여러 한인 대표들이 다 참석하였다. 특히, 15년간 마다가스카르에서 오지진료 봉사를 하고 있는 이재훈 의사가 함께 하여서 전문가로서 코로나19에 대한 자문을 해주었다. 참석자들이 가장 궁금해 하는 것은 마다가스카르에서 코로나19에 걸렸을 때 제대로 치료를 받을 수 있는지 여부였다.

그런데 이재훈 의사는 냉정한 평가를 했다. "다 아시겠지만, 마다가스카르에는 기본적인 의료기구가 구비된 병원이 별로 없습니다. 특히 코로나19 증세가 악화되어서 산소호흡기에 의지해야 하는 수준이 될 경우, 솔직히 별로 취할 수 있는 조치가 없는 것이 현실입니다. 따라서 기저질환자, 고령자 분들은 특히 조심하셔야 합니다." 대략적으로 다 아는 사실이었으나, 막상 의사로부터 확인받으니까 대책회의 분위기가 한층 무거워졌다.

필자는 "쉽지는 않겠지만, 상황이 악화될 경우 전세기를 마련하여서 우선 취약한 교민들을 대피시키는 방안을 대사관에서 강구해보겠습니다"라고 이야기했다.

한인회 차원에서는 마다가스카르 수도뿐만 아니라, 지방에 있는 한인들을 가능한 전부 파악해서 비상연락망을 업데이트하고, 각 지역별 연락책임자를 선정하기로 하였다. 아울러, 실시간으로 연락이 될 수 있도록 한인회 단톡방에 교민들이 전체 다 가입될 수 있도록 독려하는 것이 중요하다는 데 의견이 모아졌다. 한인회의 막강한 황종연 총무님이 무섭게(?) 독려한 덕분에 마다가스카르에 거주하는 거의 모든 교민들이 다 모인 교민 단톡방이 만들어졌다. 코로나19 위기 속에서 단톡방은 정말로 큰 도움이 되었다.

3월 14일 마다가스카르 정부는 전격적으로 프랑스를 포함한 모든 유럽으로 취항하는 항공 노선의 운항 중단을 선언하였다. 그리고 며칠 뒤에는 3월 20일부로 모든 국제항공 운항을 중단하고, 공항을 폐쇄한다고 발표하였다. 예상치 못한 정부의 강력 대응을 보고 SNS에서는 이미 마다가스카르에 확진자가 발생했을 뿐만 아니라 사망자까지도 있다는 흉흉한 소문이 돌기 시작했다. 사람들은 새벽부터 주유소에 가서 차에 기름을 넣고 가스통을 구입하기 시작했는데, 주유소에 가기 위해 줄을 선 차량의 행렬은 끝이 안보일 정도였다. 마트에도 물, 휴지 등 생필품을 사재기하는 사람들이 나타나기 시작했다. 동네 약국에는 마스크와 상비약을 사기 위해 새벽부터 사람들이 줄을 서기 시작했고, 재고 자체가 별로 없었기 때문에 금방 동이 났다. 한편, 이 즈음 외교부 본부 발령을 받은 아내는 항공기가 운항한 마지막 날인 3월 19일 아이들과 함께 마다가스카르를 떠났다.

결국 코로나19는 마다가스카르를 비껴가지 않았다. 3월 20일 라조엘리나 마다가스카르 대통령은 대국민담화를 통하여 마다가스카르에 세명의 확진자가 발생하였다고 발표하면서 국가 보건 비상사태를 선포하였다. 식료품을 구입하기 위해 오전 중 가구당 1인만 외출할 수 있도록 제한하였고, 저녁에는 전면적인 통행금지령이 내려졌다. 지방도시간 이동도 전면 금지되었고, 이러한 비상조치를 집행하기 위해서 군경이 동원되었다.

마다가스카르 교민 귀국 007 작전

국가 보건 비상사태가 선포된 바로 다음날 다시 한인회와 긴급 대책회의를 가졌다. 가장 큰 문제는 마다가스카르 전국에 산소호흡기가 10여 개 밖에 없고, 이마저도 대부분은 수술실에서 사용되는 것이어서 코로나19에 걸려 상태가 악화되면 사실상 치료를 받을 수 있는 방법이 없다는 것이었다. 그래서 만일 전세기를 확보하게 될 경우 이를 이용하여 귀국하기를 희망하는 교민들의 수요를 파악하기로 했다.

그런데, 모든 항공 운항이 중단된 상태이기 때문에 전세기를 운항하는 항공사를 찾는 것은 쉬운 일이 아니었다. 그래도 일단 마다가스카르에 나와 있는 항공사들을 연락해 보았는데, 에티오피아항공에서 102명이 탑승할 수 있는 전세기를 임차할 수도 있을 것 같다는 연락이 왔다.

한인회에 재차 연락하여서 전세기 임차가 실제로 가능할 수도 있다고 알리고, 다시 최종적인 수요조사를 실시하니, 26명만 신청하였다. 교민들 대다수가 생업이 마다가스카르에 있기 때문에 미성년자, 아동 동반 가족, 기저질환자 등 꼭 귀국해야 하는 사정이 있는 사람들만 최종적으로 신청한 것이었다. 그런데, 전세기 임차는 전적으로 교민들 부담으로 진행되기 때문에 26명만 102인승을 임차하게 되면 1인당 부담액이 거의 4,000달러 가까이 되어 전세기 임차를 포기할 수밖에 없는 상황이 되었다. "아 … 어렵게 구한 전세기를 포기할 수밖에 없는 것인가"

이때, 마다가스카르 주재 미국 대사의 연락이 왔다. 한국대사관에서 전세기 임차를 추진하고 있다고 이야기를 들었다고 하면서, 혹시 자리가 남으면 미국인들을 태워줄 것을 부탁하였다. "바로 이거다!!!" 나는 미국대사에게 흔쾌히 태워주겠다고 하였다. 그리고, 일본, 독일, 영국 등 여타 대사들에게 연락을 하니까 모두가 다 자국민들을 대피시켜야 하는데, 자리가 비면 꼭 태울 수 있기를 바란다고 하였다. 결국 미국, 일본, 독일, 영국, 호주, 노르웨이 총 6개국으로부터 71명을 추가로 탑승할 수 있게 하여서 전세기 탑승자가 97명이 되었고, 결과적으로 1인당 전세기 비용 부담액이 약 1,000달러대로 줄어들었다.

전세기를 띄우기 위해서 가장 중요한 것은 마다가스카르 정부로부터 전세기 특별 운항 허가권을 받는 것이었다. 그런데, 마다가스카르 정부는 국가비상사태를 선포하고 나서 항공기 특별 운항 허가를 일체 내주지 않고 있는 상황이었다. 하필이면 우리가 전세기 특별 운항 허가를 신청하기 바로 직전에 상당히 비중 있는 유럽 등 제3의 국가 두 곳이 각각 자국민 귀국을 위하여 전세기 특별 운항 허가를 신청하였는데, 마다가스카르 정부는 불허하였다. 또다시 난관에 봉착한 느낌이었다. 미국 대사와 전화로 어떻게 허가를 받아낼지에 대한 대책을 짜보았는데, 뾰족한 수는 없었다.

"마이클, 허가를 받기 위해 우리가 함께 마다가스카르 정부에 강압적으로 나가면 오히려 역효과가 있을 것 같습니다. 일단은 한국 대사관에서 공식 절차를 따라서 항공 운항에 대한 예외적 허가를 신청해보겠습니다" 내가 말했다.

"전적으로 공감합니다. 쉽지는 않겠지만, 일단 절차대로 진행하는 것이 좋을 것 같습니다." 미국 대사가 내 말에 동의했다.

그래서, 마다가스카르 외교부에 전세기의 예외적 운항을 요청하는 외교 공한을 발송하고, 마다가스카르 외교장관에게 적극 검토해달라는 문자메시지를 보냈다. 그리고 기다리기 시작했다. 그런데, 웬걸… 마다가스카르 정부가 신청서를 접수받은지 이틀 만에 허가를 내준 것이다! 미국대사를 비롯한 관련 국가 대사들에게 기쁜 소식을 전해주니까 모두 다 깜짝 놀랐다.

하나의 문제를 해결하니까 또 다른 문제가 기다리고 있었는데, 바로 전세기 임차계약서 체결 문제였다. 정부 예산이 일정 부분 들어가는 전세기 임차 계약의 경우는, 계약의 주체가 대사관이 된다. 그런데, 마다가스카르에서 추진한 전세기 임차는 국가의 예산이 전혀 들어가지 않고, 오로지 탑승객들의 개인 돈으로 임차계약금을 지불하게 되는 상업적 계약이었다. 따라서, 대사관은 원칙적으로 계약의 주체가 될 수 없다.

에티오피아 항공 측에 이러한 사정을 설명하였지만, 임차계약서는 반드시 서명해야 한다면서 매우 완강하게 나왔다. 그래서, 일단 97명의 승객을 모았으니까. 이들을 통하여 임차계약금 100,000달러를 먼저 완납하고 나서 계약서 문제를 다시 협의하자고 제안하였다. 돈부터 지불하고 나면 에티오피아 항공이 좀 더 유연해질 것을 기대한 것이었다. 에티오피아 항공 측은 이에 동의하고, 임차계약서를 체결하기 전에 우선 3월 27일 금요일 12시까지 100,000달러를 완납하기로 하였다. 단, 이 시한까지 돈이 거두어지지 않으면 전세기 임차는 없던 것으로 하기로 하였다.

미국, 일본, 독일, 영국, 노르웨이, 호주대사에게 사정을 설명하고, 자국민들이 3월 27일 12시까지 무조건 돈은 완납하도록 책임지고 독려해 달라고 하였다. 일부는 차량이 없거나, 신용카드 밖에 없다는 사람도 있어서 에티오피아 항공 측에 특별히 부탁해서 예외적으로 이러한 사람들에게는 에티오피아 항공에서 카드 기계를 갖고 직접 찾아가기로 하였다. 3월 27일 9시 은행문이 열리기 전에 우리 교민분들 대부분은 일찍 은행에 찾아가서 기다렸다. 거의 첫 번째 손님으로 은행창구에 가서 에티오피아 항공 측에서 알려준 계좌로 입금을 하려니까 은행에서 안받아주는 것이었다. 전세기 탑승객들 단톡방에는 입금이 안 된다는 톡이 계속 이어졌다.

부랴부랴 에티오피아 항공 측에 전화해서 문의하니까 계좌번호를 잘못 알려준 것이다. 제대로 된 계좌번호를 알려주고 다시 입금을 독려했다. 12시가 가까워지자 미국, 일본, 독일 등 다른 나라 대사들에게서 자국민들 입금이 모두 완료되었다는 메시지가 오기 시작했다. 우리 마지막 교민도 가까스로 12시에 입금을 완료하였다.

에티오피아 항공 측에 대해 받을 돈을 다 받았으니까 별도의 임차 계약서 없이 그냥 항공권을 발권하는 형식으로 마무리 짓자고 하였다. 그러나, 에티오피아 항공은 꿈쩍도 안했다. 임차계약서가 없으면 에티오피아 당국으로부터 항공 운항 허가를 받지 못하기 때문에 무조건 서명해야 한다는 것이었다. 그런데 이 때 원현희 마다가스카르 한인회장님이 구세주처럼 나서 주셨다. 계약서상에 "한국인들에 대해서만 책임을 진다"라는 단서 조항을 포함시킬 수 있다면 계약서에 서명을 하겠다는 것이었다. 에티오피아 항공 측에 대해 지금으로서는 유일하게 계약서에 서명할 수 있는 방법은 한인회장님이 제시한 해법 밖에 없다고 하니까, 결국 이를 수용하였다.

이제 마지막 남은 과제는 우리 교민분들이 차질 없이 3월 31일 예정 출발 시간 3시간 전에 공항에 도착하는 것이었다. 비상사태 선포 후 모든 교통수단의 이동이 제한되고 있으며, 사전 허가를 받아야 했다.

일단 수도에 사는 교민들은 차량으로 공항에 이동할 수 있도록 사전 허가를 신청하였고, 전세기 탑승을 위한 차량 이동이라는 아주 타당한 이유가 있으니까 수월하게 허가가 나왔다. 그런데, 문제는 지방(타마타브라고 하는 마다가스카르 제2의 도시)에 계시는 16명의 교민들이었다. 도시 간 이동은 삼엄하게 통제되고 있으며, 설사 차량 이동 허가를 받더라도 교민들이 있는 지방 도시부터 수도까지는 차사고가 다량으로 발생하는 악명 높은 꼬불꼬불 도로로 9~10시간 논스톱으로 달려야 했다. 더더욱이 타마타브에서 이동하는 16명 중 아동이 9명이나 되기 때문에 육로이동은 가능한 피하고 싶은 옵션이었다.

그래서, 우리 교민들이 소형비행기로 타마타브-수도 안타나나리보 구간을 이동할 수 있도록 다시 특별 비행기 운항 허가권을 신청하였다. 그런데, 하필이면 이즈음에 마다가스카르의 코로나19 상황이 계속 악화되기 시작해서 급기야 마다가스카르 대통령은 도시 간 이동은 더욱 엄격하게 통제될 것이라고 대국민 발표를 하였다. 이 마지막 퍼즐 조각을 어떻게 맞춰야 하는가. 대사관 차량은 이동 제한의 예외를 인정받으니까 대사관 차량을 전체 다 동원해서 육로로 이동해야 하는가. 정말 여러 가지 생각을 하였다. 그러나, 결국은 해피엔딩이었다. 전세기가 출발 하루 전인 3월 30일 소형 비행기의 운항 허가가 나온 것이다.

전세기 출발 예정일인 3월 31일. 필자는 대사관 직원들과 함께 공항에 나갔다. 공항에는 우리 전세기를 탈 사람들 밖에 없었다. 이렇게 텅 빈 공항 주차장에 한산한 공항 체크인 카운터는 마다가스카르에 부임하고 나서 처음이었다. 코로나19로 영업을 못하고 있는 한식당에 조금이나마 도움이 되고, 전세기를 타고 가는 우리 교민과 외국인에게도 힐링이 되기를 기대하면서 한식 도시락을 주문해서 출국장에서 승객들에게 나눠줬다. 필자도 출국장까지 들어가서 교민들과 함께 도시락을 먹고 배웅을 하였다.

　드디어 예정된 시간에 비행기가 출발했다. 천신만고 끝에 무사히 떠나는 교민들 생각에 눈물이 날 뻔했다.

임시항공편 탑승을 위해 체크인 하고 있는 교민들

진단키트가 부족해

 3월 마다가스카르에서 첫 확진자가 발생한 후 국가 보건 비상사태
가 선포되고 여러 가지 특단의 조치가 취해졌지만 코로나19 확진자는
계속 증가하였다. 4월 들어서서는 수도를 넘어 제2의 도시인 타마타브
와 바오밥나무 군락지로 유명한 남부지역의 무룬다바에도 확진자가 나
왔고, 외부로부터 유입되지 않은 지역 감염 사례가 계속 발견되었다.
세계보건기구(WHO) 마다가스카르 사무소는 하루 빨리 외부의 지원이
오지 않을 경우 최악의 경우 마다가스카르에 200만 명 이상의 코로나
19 확진자가 발생할 수 있다고 경고하였다.
 그러나 그때 마다가스카르에는 진단키트가 통 털어서 1,400회분
밖에 없는 참담한 상황이었다. 진단센터도 수도에 프랑스계 파스퇴르
연구소 한 군데 밖에 없었다. 미국, 프랑스, 영국, 일본 등 마다가스카
르에 주재하는 주요국들도 자국의 코로나19 상황으로 마다가스카르에
관심을 가질 여력이 없었다. 세계에서 사실상 유일하게 진단키트 도움
을 줄 수 있는 나라는 한국 밖에 없는 상황이었다. 마다가스카르 정부
뿐만 아니라, 마다가스카르 주재 WHO 사무소 대표도 한국이 도와주
기를 요청해왔다. 그런데, 문제는 미국, 영국 등 선진국들을 포함해서
전세계 120여 개 국가가 우리나라에 진단키트를 요청하고 있는 데마다
가스카르까지 진단키트를 들어오는 것은 현실적으로 매우 어려운 상황

이었다.

　일단 진단키트 구입을 위한 긴급 지원 예산을 따는 일부터 쉽지 않은 상황이었는데, 다행히 기존에 편성되어 있는 마다가스카르 개발 협력 예산의 일부를 코로나19 대응 용도로 변경할 수 있었다. 그러나, 진단키트를 확보하는 것은 지난한 작업이었다. 개별적으로 업체에 연락하여서 통사정을 하는 수밖에 없는데, 이게 얼마나 효과가 있을지 솔직히 자신이 없었다. 이때 혜성처럼 마다가스카르에서 15년간 오지 진료 의료 봉사활동을 하고 있는 교민 이재훈 선교사(의사)가 나서서 결정적인 도움을 주었다. 정말 어렵게 진단키트 5,000회분을 확보할 수 있었다.

　그런데, 진단키트만 확보해서 모든 문제가 해결되는 것이 아니었다. 진단을 위한 실험실이 있어야 하고, 진단을 실시할 수 있는 전문 의료인력이 있어야 했다. 그리고 PCR 진단 장비, 핵산추출기 등 각종 장비와 피페트, 검체 채취키트 등 여러 가지 소모품들이 필요했다.

　이재훈 선교사와 협의한 결과, 수도에 있는 마다가스카르의 가장 큰 종합병원인 안타나나리보대학교 부속 병원(일명 'HJRA' 병원이라고 함)을 진단센터가 들어설 후보지로 잠정적으로 선정하였다. 특히, 이재훈 선교사는 고대 구로병원의 김한겸 교수와 함께 지난 5년간 안타나나리보 대학교의 병리학 전문가를 훈련시키기 위한 프로그램을 실시해 왔는데, 이를 통하여 진단센터를 운용하기 위해 필요한 전문인력이 양성되어 있는 상태였다.

　정확한 상황을 파악하기 위하여 이재훈 선교사와 함께 HJRA 병원에 직접 찾아갔다. HJRA 병원장이 진단센터로 운영될 분자진단실험실로 안내를 해줬다. 실험실을 운영하기 위해 필요한 분리된 공간(증폭실, 체취실, 진단실 등)이 만들어져 있었고, 진단에 필요한 여러 가지 기기들

구호물자를 싣고 온 비행기 앞에서. 필자 왼쪽이 마다가스카르 보건부 장관, 오른쪽으로 외교부 장관, 황종연 한인회 총무, 이재훈 의사

도 이미 구비되어 있었다. 그 후에도 HJRA 진단실험실을 두어 차례 더 찾아가서 실험실과 장비들을 영상 촬영하였고, 이를 이재훈 선교사가 한국 및 다른 나라에 있는 전문가들에게 보내서 전문적 자문도 받았다. 결론은 HJRA 병원에 코로나19 진단센터를 충분히 구축할 수 있다는 것이었다.

이렇게 방향을 정한 후 HJRA에 코로나19 진단센터를 설치하기 위해 필요한 각종 장비들과 소모품 목록을 작성하는 작업에 들어갔다. 절차를 신속하게 진행하기 위하여 필자가 직접 보건부장관과 연락하면서 마다가스카르 측 소요품 목록을 받았고, 이를 이재훈 선교사님과 하나씩 짚어가면서 우리의 예산 범위 내에서 가장 최적화된 구입 물품 목록을 만들었다. 이재훈 선교사는 또 서울에 있는 전문가들과 협의를 하여서 우리가 만든 리스트를 다시 점검하였다. 그런데 최종 구입 목록을 만들었다고 생각하면 어김없이 무슨 일이 생겨서—예를 들어 마다가스카르 측에서 소요품 목록에서 무엇을 빠뜨렸다든가 우리가 만든 최종 리스트에 있는 품목에 대한 수요가 너무 많아서 다른 것으로 대체해야 한다든가—원점에서 다시 시작을 해야 했다.

우여곡절 끝에 드디어 4월 20일 진단키트 5,000개와 각종 진단장비들이 마다가스카르에 도착했다. HJRA 병원에서 마다가스카르 외교장관과 보건부 관계자들과 함께 기증식을 거행하고, 바로 HJRA 선별진료소를 설치하였다. 이로써 마다가스카르의 진단키트 재고가 거의 네 배가 되었고, 기존의 프랑스계 진료소에 추가하여서 HJRA 병원에 제2의 선별진료소가 만들어졌다.

한인사회에도 코로나 확진자가 발생하다

코로나 위기 상황에서 가장 중요한 것은 우리 교민사회의 안전이었다. 3월 말 대사관에서 마련한 전세기로 일부 교민들이 일차로 귀국하였지만, 약 200여 명의 교민이 마다가스카르에 남은 상태였다. 이들은 대부분 생활의 터전이 마다가스카르가 되어버린 교민들과 NGO 활동을 하는 선교사들이었다.

마다가스카르 정부에서 코로나 확진자들을 위한 별도의 병원을 지정하였는데, 이곳의 열악한 의료환경에 비춰 볼 때 병원에 입원하면 오히려 병이 더 악화될 수 있다는 이야기가 돌았다. 그리고, 현실적으로 전국에 인공호흡기가 10여 개 밖에 없기 때문에 코로나가 중증으로 진행될 경우 속수무책이었다. 그나마 한인 사회는 교민인 이재훈 의사가 있어서 만에 하나 코로나에 걸린 교민이 생길 경우, 이재훈 의사가 원격으로 진료하고 최대한 적절한 약을 처방해주기로 하였다.

마다가스카르에 확진자가 발생한지 열흘 만에 우려했던 것이 현실이 되었다. 교민 중 한 분으로부터 열, 기침 등 코로나 유사증세가 보인다고 연락이 왔다. 그런데, 그 교민이 하필이면 마다가스카르의 초기 확진자 중 한 명이 타고 온 비행기에 같이 탑승했던 것이다. 단순 감기 증세 같았지만, 정말 혹시나 모르는 일이었다. 교민과 직접 통화를 했는데, 다행히 목소리는 씩씩했다. 이재훈 의사에게도 연락을 했다. 이재훈 의사는 교민의 상태가 나아질 때까지 자가격리를 하는 것이 좋겠다고 하고, 약을 보내주기로 했다.

교민에게 약을 전달하기 위해서는 누군가가 교민 집까지 가야 했다. 그런데 그때는 마다가스카르에서 코로나19가 확진자가 막 발생하기 시작한 시점이어서, 눈에 보이지 않는 새로운 전염병에 대한 두려움이 엄습하고 있는 상황이었다. 조금 고민한 끝에 이번은 첫 케이스인 만큼 대사관 직원에게 지시하기보다는 내가 직접 가기로 결정했다. 그리고, 이왕 약을 전달하기 위해 가는 김에 집에 있는 라면, 반찬 통조림 등 각종 식료품도 한 박스 챙겨갔다.

약과 식료품이 들어 있는 박스를 교민 집 앞에 두고 나서 교민에게 전화를 하였다. 이윽고 교민이 나와서 박스를 들고 들어갔다. 교민과는 먼 발치에서 손을 흔들면서 인사를 했다.

천만다행으로 교민은 증세가 곧 좋아졌다. 그렇지만, 혹시나 모르니까 2주 동안에는 자택에서 격리한 후 일상생활을 재개하였다.

마다가스카르 내 확진자 수는 계속 증가하더니, 6월에 들어서서는 1,000명을 넘었다. 그런데, 4~5월에는 마다가스카르에서 일일 검사 수가 100~200여 건 밖에 되지 않다는 점을 고려하면, 검사하는 족족이 양성 판정이 나왔다는 것이다. 코로나19 상황이 악화되어 가자 대사관은 원칙적으로 재택근무 체제로 전환하였다. 그러나 대사관 통신실에 있는 외교전문 시스템으로 본부와 연락을 하고, 예약제로 운영하기 시작한 영사 민원 업무를 하기 위해 한국인 직원들은 어쩔 수 없이 사실상 매일 사무실에 나올 수밖에 없었다.

그러던 어느 날, 결국 최초의 한인 확진자가 나왔다. 대사관 A 직원의 배우자였다. 배우자분은 어린 자녀 두 명을 돌봐야 하기 때문에 방역에 더욱더 신경을 썼다. 불필요한 외출은 절대로 하지 않고, 장을 보기 위해 외국인들이 주로 가는 대형 마트에 한 달에 한 번만 외출할 정도였다. 어느 일요일 오전, 직원 배우자는 사람들이 가장 적게 오는 시간에 후딱 장을 보러 갔다 왔다. 그런데, 그 다음날부터 열이 조금씩 나기 시작했다. 이틀이 지나도 증세가 완화되지 않아 혹시나 해서 직원 배우자는 코로나19 검사를 받기로 했다. 마침 이즈음 우리 대사관에서 진단키트와 장비를 기증하여서 안타나나리보 대학 부속 의과대학 병원(HJRA) 내 선별진료소가 새롭게 개소한 상태였다. HJRA의 올리바(Olivat) 병원장에게 사정을 이야기하니까 바로 PCR 검사를 받을 수 있도록 해줬다. 검사 다음날, 우려가 현실이 되었다. 직원 배우자가 양성 판정이 나온 것이다.

A직원과 아이들은 밀접 접촉자로 분류되었다. 뿐만 아니라, 재택근무가 원칙이었지만, 나를 포함한 한국인 직원들은 본부와 연락 등을 위해 어쩔 수 없이 대사관에 출근해서 A 직원과 같은 공간에서 업무를 했기 때문에 2차 감염 가능성을 배제할 수 없었다. 다시 한 번 병원장에게 연락하여서 사정을 이야기하였고, 모두 다 PCR 검사를 받았다. 다행히도 전원 음성이 나왔다.

A직원 배우자가 열악한 환경의 마다가스카르 병원에 입원하는 것은 선택지가 아니었다. A직원 집 2층에 별도의 방이 있어서 배우자는 그 방에서 격리하였고, A직원과 아이들은 1층에서 생활하였다. 교민 이재훈 의사가 약을 처방해줬고, 매일 직원 배우자의 상태를 원격으로 체크하였다. A직원은 최대한 방역수칙을 지키면서 배우자 병간호를 하면서, 자녀들까지 챙겨야 했다. 얼마나 힘들고 두려울까… 나는 걱정이 되어서 안절부절 못하였는데, A직원에게 연락하면 오히려 차분한 목소리로 상황을 설명해줬다. 배우자가 열이 계속 안 내려가고, 증세가 폐로 내려가기 시작했고, 어린 아이들도 미열 증세를 보였는데, A직원은

정말 상상을 초월한 강인한 멘탈로 역경을 헤쳐 나갔다.

코로나 증세가 중증으로 악화되면 이곳에서는 손을 쓸 수 없기 때문에 A직원 배우자의 상태가 악화되기 전에 조속히 서울로 후송하는 것이 상책이라는 판단이 들었다. 그리고, 배우자와 함께 격리중인 직원과 아이들도 다 같이 후송하는 것이 안전할 것이라는 생각이 들었다. A직원도 같은 생각이었다. 본부에 A직원 가족의 긴급 후송을 건의했다. 본부에서도 아프리카 험지에서 최초로 발생한 직원 가족 확진 사례인 만큼, 가능한 긍정 검토하겠다고 하였다. 그런데, 문제는 예산이었다. 외교부는 험지에서 위급한 상황이 발생할 경우 에어앰뷸란스를 통한 후송을 제공하는 보험을 매년 든다. 그런데, 코로나19 팬데믹이 발생하여서 이러한 위급한 상황이 동시다발적으로 일어날 가능성을 전혀 예측하지 못한 것이었다. 이에 후송을 위한 보험 예산이 충분히 반영되어 있지 않았다. 그럼에도 불구하고, 보험회사 측과 가능한 방법을 계속 협의했으나, 뾰족한 수가 없었다.

그런데, 정말 다행히도 후송 대책을 본부와 협의하는 와중에 직원 배우자가 조금씩 증세가 나아지기 시작했다! 상대적으로 젊고 건강한 사람이었기 때문에 몸이 서서히 스스로 치유하기 시작했던 것이다. 3주 정도가 지나자 직원 배우자는 거의 증세가 없어졌다. 마다가스카르 진단센터에 연락하여서 다시 검사를 받았는데, 기대와 달리 또다시 양성이 나왔다. 이재훈 의사는 너무 실망할 필요 없다고 하고, 며칠 후에 다시 검사를 받아보라고 하였다.

직원 배우자가 확진 판정을 받은 지 거의 4주가 되어가는 날. 필자는 마다가스카르 외교장관과 면담이 있어서 외교부에서 면담을 마치고 집으로 돌아가고 있었는데, 직원으로부터 연락을 받았다. "대사님!

드디어 음성 나왔습니다!" 직원이 기쁨에 들떠 떨리는 목소리로 이야기했다. 이 긴 터널을 지나는 데 얼마나 마음고생을 하였을까. "만세!! 정말 잘 되었습니다!!" 나도 덩달아 기뻐서 소리쳤다.

그러나, 이 이후 안타깝게도 한인사회 확진자가 또 발생하였다. 부부 한 쌍이 같이 감염되었고, 다른 한 가족도 부부와 아이가 감염되었다. PCR 검사는 올리바 병원장에게 연락을 하여서 최대한 신속하게 받을 수 있도록 하였고, 이재훈 의사가 약을 처방해줬다. 다행히도 이들 모두 가벼운 증세만 보이고 완치되었다.

우리가 마다가스카르에 진단키트와 장비를 지원해준 덕분에 우리 교민들은 걱정 없이 신속하게 PCR 검사를 받을 수 있어서 그나마 다행이었다. 반면, 마다가스카르에 주재하는 유럽 주요 국가 대사는 대사들간 화상회의에서 자기 직원 가족이 유사증세를 보여서 마다가스카르 당국에 PCR 검사를 요청했는데, 3주가 지나도록 검사를 못 받고 있다고 엄청나게 불만을 토로하였다. 난 속으로 "우리나라 국민은 전혀 문제가 없지…"라고 생각했다.

한인사회는 전대미문의 팬데믹 상황에서 이재훈 의사가 있어서 정말로 든든했다. 그런데, 어느 날 밤, 이재훈 의사 부인으로부터 다급한 연락이 왔다. 이재훈 의사의 맹장이 터진 것 같다면서 급히 응급 수술을 받아야 할 것 같다는 것이었다. "아… 이 오밤중에 어디에서 수술을 할 수 있을까." 일단 HJRA 병원의 올리바 병원장에게 연락을 했다.

"밤중에 갑자기 전화해서 미안합니다. 올리바 병원장도 잘 아는 이재훈 의사가 갑자기 맹장이 아프다고 합니다. 아마도 맹장염인 거 같다고 하는데, 지금 당장 수술 가능할까요?"

올리바 병원장은 걱정 말라고 하면서 바로 수술이 진행될 수 있도록 준비하겠다고 하였다. 조금만 늦었으면 큰일 날 뻔 했는데, 몇 달 전 터졌던 맹장이 다시 터져서 천공성 맹장염이 발생한 것이었다. 다행히도 오밤중에 진행된 수술은 성공적이었다.

마다가스카르 최초의 국립 감염병 연구소

마다가스카르의 코로나19 상황은 계속 악화되었다. 하루에 많아 봤자 300~400명 정도 검사를 했는데, 이 중 절반 이상이 양성 판정이 나올 정도로 코로나19는 계속 확산되고 있었다. 그렇다고 마냥 손을 놓고 바라보고 있을 수는 없었다. 밑 빠진 독에 물 붓기처럼 느껴지지만, 어쨌든 계속 검사를 하여서 확진자들을 격리시켜서 추가적인 확산을 방지하고, 최대한 확진자들을 치료할 수 있도록 의료장비와 의약품을 마다가스카르에 들여오는 것이 유일한 대처 방법이었다.

그런데 이를 도와줄 나라는 계속 한국 밖에 없었다. 미국과 유럽 국가들이 조금씩 마다가스카르의 코로나19 대응을 도와주기 시작했으나, 주로 경제적 지원과 같은 간접 지원이었고, 진단키트와 장비, 의약품, 의료기기 등은 도와줄 형편이 아직 못 되었다. 당시 K-방역으로 세계적으로 이름을 떨치기 시작한 우리나라만이 사실상 유일한 희망이었다.

하루는 라조엘리나 마다가스카르 대통령이 필자를 만나고 싶어한다는 연락을 받았다. 코로나19 위기 상황에서 대통령이 외국대사를 만나는 일정을 잡는 것은 처음이었다. 면담에는 이재훈 선교사와 같이 갔다. 라조엘리나 대통령은 코로나19 초기 상황에서 한국이 발 빠르게 실질적 도움을 준 데 대해 마다가스카르 국민을 대표하여서 진심으로 감사한다고 하였다. 그리고 안타깝게도 코로나19가 계속 확산되는 상황이라고 하면서, 수도에 마다가스카르 최초의 국립 감염병 연구소를 조속히 개관하고 제2의 도시인 타마타브에 최초의 진단센터를 조속히 개관할 수 있도록 도와주기를 요청하였다.

그러나, 문제는 대사관에는 더 이상 가용한 예산이 없었다. 본부에 다시 간곡히 건의를 하여서 코이카로부터 추가적 예산을 지원 받았으나, 국립 감염병 연구소를 개관하기에는 턱없이 부족하였다. 여기서 포기해야 하는가 … 그러기에는 마다가스카르 상황이 너무나 안 좋았다. 한참을 고민했다. "하는 데까지 해보자. 도움을 받을 수 있는 곳은 어디든지 연락을 해보자."

그런데, 마침 3월 말 마다가스카르 교민과 미국, 영국, 독일, 일본 등 다른 나라 국민까지 태워서 귀국 지원을 한 것이 국내 언론에 알려진 후 마다가스카르에 대해 국내언론에서 관심을 보이기 시작했다. 필자는 각종 매체에서 인터뷰(연합뉴스, 경향신문, TBS FM 라디오, JTBC 뉴스, 아리랑 TV 등)와 기고문(시사IN) 등의 요청을 받았고, 이 덕분에 국내에 마다가스카르 코로나19 상황이 알려지게 되었다. 마다가스카르에 대한 지원을 요청하기가 좀 더 수월해졌다.

일단 이재훈 선교사가 과거 크라우드펀딩을 한 경험이 있는 팀과[28] 함께 마다가스카르 지원을 위한 크라우드펀딩 페이지를 론칭하였다. 연합뉴스에서는 이 크라우드 펀딩에 대한 기사를 보도해 주었다. 한인회 차원에서도 모금운동을 개시하였고, 이 소식을 들은 서울의 여러 지인들이 모금에 동참해 주었다. 필자의 모교(서울고등학교) 동창회에서도 온정의 손길을 보내왔다.

---

28 Mirana팀(강재현 작가, 황윤정, 송서현 팀원)

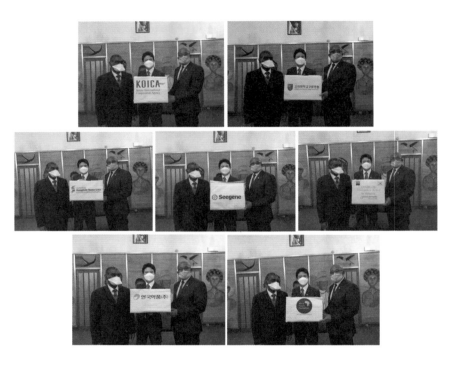

마다가스카르 코로나 위기 극복을 위해 여러 단체에서 지원해줬다. 모든 단체에 감사표시를 할 방법을 고민한 끝에 빈 상자의 각 면에 지원해준 단체의 로고를 하나씩 부착했다. 그리고, 물품 기증식을 함께 하기로 한 마다가스카르 외교장관과 복건부 장관에게 양해를 구하고 박스를 이리 저리 돌리면서 각 단체의 로고가 한 번씩 다 나오도록 해서 계속 사진을 찍었다. 두 장관은 웃으면서 흔쾌히 응해줬다.

다음으로 국내의 유명한 국제구호 NGO를 비롯해서 해외지원에 적극적인 의료, 선교단체, 업체 등에 연락을 하였다. 국내 언론을 통하여 마다가스카르의 어려운 상황이 보도된 것이 도움이 되었다.

굿피플, 아프리카미래재단, 굿네이버스, SML Genetree, 안국약품, 고대구로병원, 성곤무역, Global Life Sharing 등 다양한 단체에서 귀중한 지원을 해줬다. 아울러, 구호 개발 및 인도적 지원 활동을 하는 140여 개 국내 NGO단체들의 연합체인 국제개발협력민관협의회(KCOC)의 조대식 사무총장님도 마다가스카르에 대한 지원을 독려하여 줬다.

6월 2일. 한국으로부터 세 번째 코로나19 구호 물자가 마다가스카르 공항에 도착했다. 진단키트 15,600회분, 핵산추출기 10,000회분, 이동식 음압실 설치 장비, 각종 의약품 269상자, 방호복 2,000벌, 마스크, 체온기, 생물안전작업대 등 진단 실험실을 만들기 위한 제반 장비 일체 등 총 4톤 분량이었다. 이번에는 한인회 총무와 이재훈 선교사와 함께 공항에 나가서 마다가스카르 외교장관, 보건장관 등 마다가스카르 정부측 인사들과 구호물품 기증식을 가졌다. 한국 정부와 마다가스카르 한인회 그리고 한국의 다양한 단체들이 합심하여서 구호 물자를 보내준 것임을 강조하였고, 이는 마다가스카르 모든 저녁 뉴스 채널과 일간지에 보도되었다.

그리고, 구호물자들을 보내는 단체들과 일일이 다 연락을 해서, 포워딩업체를 수배하여 연결해주고, 통관에 필요한 제반 서류를 마련하고, 필요한 제반 절차를 다 밟아서, 비행기가 서울에서 출발하는 시간에 정확하게 모든 물자들을 집결시키고, 중간 경유지에서도 차질없이 환적하여서 마다가스카르까지 문제없이 도착할 수 있도록 대사관의 이혜진 참사관이 거의 1인 무역회사 역할을 했다. 이 참사관에게 도대체 이러한 업무를 언제 배웠는지 물어보니까, 외교부에 들어오기 전에

국립 감염병 연구소 테이프커팅을 하고 있는 필자. 가운데 가위를 들고 있는 사람이
라조엘리나 대통령, 여성분은 WHO 마다가스카르 사무소장

은행에서 일했는데, 바로 이러한 외환, 선적 관련 업무를 하였고, 관련
자격증까지도 있다고 했다. 정말 절묘하게 꼭 필요한 사람이 대사관에
있었던 것이다.

　　마다가스카르 독립 60주년 기념일을 6일 앞둔 6월 24일, 마다가
스카르 역사상 최초의 국립감염병연구소 개관식이 라조엘리나 마다가
스카르 대통령 주관으로 거행되었다. 연구소 건물은 이미 2년 전 완공
되었으나, 건물 안에 들어갈 장비들이 하나도 없어서 방치되어 있었는
데, 금번에 우리가 지원해준 물자 덕분에 드디어 개관을 하게 된 것이
었다. 라조엘리나 대통령은 축사를 통해서 마다가스카르가 독립 이래
꿈꿔 왔던 독자적 국립감염병연구소 개관이 가능하게 해준 한국의 지
원에 진심으로 감사하다고 하였다. 국립감염병연구소장은 필자에게 다
가와서 "마다가스카르가 자체적인 국립감염병연구소를 갖는 것은 독립
이래 가져온 꿈이었습니다. 그런데, 오늘 이 꿈이 현실화된 것이 정말

믿겨지지 않습니다. 한국에 정말로 감사드립니다"라고 감정에 복받쳐서 말했다.

국립감염병연구소의 개관으로 마다가스카르의 일일 진단 능력이 하루 300여 건에서 최대 1,000건으로 세 배 이상 증가하였다. 앞으로 코로나19뿐만 아니라, 페스트, 홍역, 말라리아 등 마다가스카르에 창궐하는 각종 질병에 대처하기 위한 질병관리본부와 같은 역할을 해 나가게 되길 기대한다.

국립감염병연구소 전경

언택트 시대의 외교

코로나19는 사람을 상대로 하는 전통적인 외교도 강타하였다. 마다가스카르 외무부를 비롯한 모든 정부 기관들이 재택근무 체제로 전환하였고, 마다가스카르에 주재하는 외교단과 국제기구 등도 일제히 재택근무를 하기 시작했다.

그러나 외교가 전면 중단될 수는 없었고, 언택트로 서서히 진화해 나갔다. 그런데, 의외로 마다가스카르의 인터넷 인프라 수준이 아프리카에서 최상위권이다. 인터넷 망 보급률이 아주 저조하지만, 일단 망이 깔린 곳은 속도가 웬만한 유럽 국가보다 더 빠르다. 따라서 외교단, 마다가스카르 정부와의 회의는 온라인으로 대체되었다. 장관과의 면담도 온라인으로 하였다. 예를 들어, WTO 사무총장 선거에 입후보한 우리 후보에 대한 마다가스카르 정부의 지지를 요청하기 위한 면담도 화상으로 하였다. 마다가스카르 환경부 장관, 유네스코 사무소 대표와 함께한 생명다양성 보전을 위한 협정 체결식도 온라인으로 개최하였다.

물론, 언택트 시대에도 꼭 필요할 때에는 전통적 아날로그식 외교를 할 수밖에 없는 경우도 있었다. 특히, 마다가스카르에 대한 진단 키트와 각종 의료기기 지원을 위해 외교부장관, 보건부장관, 대통령실 사무차관 등과는 수시로 만나서 협의를 진행하였다. 아울러, 한국으로부터 진단키트와 장비 등이 마다가스카르에 도착하였을 때는 마다가스카

태권도 대회 온라인

르 정부 측 인사들과 함께 마스크를 착용하고 공식 기증식을 하였다. 마다가스카르 대통령과 함께 한 국립감염병 연구소 개관식도 마스크를 쓰고 참석하였다.

그렇지만, 코로나19 시대에 대면 외교는 예외적이었고, 기본적으로 외교활동은 온라인으로 전환되었다. 공공외교도 예외가 아니었다. 원래 2020년에는 제1회 대사배 태권도 대회를 개최하기로 되어 있었다. 마다가스카르 태권도 인구수가 2천 500명에 달하며, 주요 지방 도시별로 20여 개의 태권도 클럽이 활성화돼 있다. 마다가스카르 태권도 국가대표 감독을 맡고 있는 교민 이정무 사범이 마다가스카르 태권도 협회와 협조하에 주요 지방 도시에서 예선전을 치르고, 수도에서 결선을 치른다는 구체 계획까지 수립했었다. 그러나 코로나로 일체의 스포츠 행사 개최가 금지되어서 제1회 대사배 태권도 대회 개최도 아쉽지만 물 건너가는 것으로 생각했다. 마침 이때 콜롬비아에서 태권도 대회를 온라인으로 성공적으로 개최하였다는 사실을 알게 되었다.

"흠… 마다가스카르에서도 태권도 대회를 온라인으로 돌려서 해볼까." 이정무 사범에게 물어보니까 전혀 문제없을 것이라고 하였다. 콜롬비아에서 태권도 사범으로 활동하던 젊은 사범(정다훈 사범)이 코로나 19로 공항이 폐쇄되기 직전에 마다가스카르에 와서 이정무 사범과 함께 생활하고 있었다. 정다훈 사범도 온라인 태권도 대회 개최를 도와주기로 하였다.

발차기 영상과 품새 영상을 찍어서 보내면 이를 이정무 사범과 정다훈 사범이 심사하여서 각 부문별로 1,2,3 등을 뽑는 식으로 대회를 진행하였다. 마다가스카르의 인터넷 사정도 안 좋고 영상을 찍을 수 있는 스마트폰을 갖고 있는 사람도 많지 않은데, 과연 몇 명이나 영상을 보낼 것인지 솔직히 걱정이 되었다. 대회 흥행을 위하여 내가 직접 도복을 입고 나와서 말라가시어로 대회 참가를 독려하고 격파 시범을 보이는 홍보 영상을 찍었다. 다행히도 전국 10개 도시에서 60여 명이 영상을 찍어서 보내왔고, 이색적인 온라인 태권도 대회 개최 소식을 마다가스카르 언론에서도 많이 보도를 해줬다.

온라인 태권도 대회의 성공을 보고 "이 여세를 몰아서 온라인 케이팝 대회를 개최해볼까"라는 생각이 들었다. 매년 개최될 때마다 발 디딜 틈 없이 대성황을 이루는 케이팝 대회가 2020년에는 코로나로 인하여 취소되어서 많은 마다가스카르의 케이팝 팬들이 무척 아쉬워하고 있었던 참이었다. 대사관 서포터즈 "친구 드 라 꼬레"에게 온라인 케이팝 대회 아이디어를 이야기하니까 너무 좋다고 하면서, 대회 운영을 도와줄 수 있다고 하였다.

코로나 상황에 맞게 해쉬태그를 "코로나 극복", "다 함께 집콕"으로 해서 SNS에 케이팝 대회 홍보를 하였다. 예상 외로 700명이 넘는 사람들이 영상을 보내왔다. 총 "좋아요" 수와 심사위원 점수를 합산하여서 본선 진출자를 선정하였는데, 집 옥상에서 MCND의 "아이스 에이지" 춤을 보여준 15세의 누수아빈추아, 방안에서 기타를 치면서 아이유의 "에잇"을 부른 대학생 란드리안자카 등 춤과 노래 부문에 각 30명이 최종적으로 선발되었다.

그 다음 관문인 "톱30"에서는 지정곡 미션 수행으로 "톱10"을 가렸고, 마지막으로 춤 부문에서는 창작안무를 도입하기, 노래 부문에서는 한 파트를 말라가시어로 바꿔 부르는 것을 미션으로 하여서 부문별로 최종 우승자를 가렸다.

2020년 9월 23일. 마다가스카르를 떠나기 6일 전 대사관에서 철저한 방역수칙하에 케이팝 대회 입상자들에 대한 시상식을 했다. 마다가스카르를 떠나기 전에 한 마지막 공공외교 행사였다.

케이팝 록다운 대회 우승자들과 함께

Epilogue

아쉬움을 남기고 마다가스카르를 떠나다

2020년 9월. 어느덧 마다가스카르를 떠날 시간이 다가왔다. 보통 대사의 임기가 3년인데, 예정보다 조금 빨리, 2년 10개월이 될 무렵 서울로부터 귀국 명령을 받았다. 한창 코로나가 창궐하고 있는 상황에서, 정든 마다가스카르 한인사회와 대사관 동료들을 남기고, 나만 코로나 안전지대로 떠나게 되어서 무척 미안한 마음이 들었다. 다른 한편으로는 지난 3월 마다가스카르에 첫 코로나 확진자가 발생했을 때 서울로 돌아간 아내와 두 아들들을 6개월 만에 재회하게 된다는 기대감에 설레이기도 했다.

아마도 대사 임기중 이임을 앞둔 시기가 가장 바쁜 때 중 하나일 것이다. 대사로 활동하면서 새로 맺은 다양한 인연들 — 정부, 재계, 학계 등 각계 각층 주재국 인사들과 외교단, 국제기구 대표, 우리 교민 — 과의 작별 오만찬과 대사관에서 개최하는 공식 이임 리셉션, 주재국 외교부에서 개최하여 주는 이임 리셉션 등등, 거의 두어 달 정도를 이임 인사 때문에 바쁘게 보내게 된다.

그런데, 코로나로 이 모든 것이 바뀌었다. 마다가스카르에 3월 첫 코로나 확진자가 발생한 이후 모든 모임은 화상으로 대체되었다. 함께 만나서 오만찬을 곁들여서 하는 외교활동은 일제히 사라졌다. 이임 리셉션을 개최하는 것은 당연히 하지 못하였고, 그동안 친하게 지낸 그 많은 사람들과 아쉽지만 영상이나 전화로 작별인사를 나누었다. 외교단 중 특별히 가깝게 지낸 미국대사는 이렇게 그냥 떠날 수는 없다면서 코로나19가 터진 이후 처음으로 나를 위해 관저 만찬을 주최해줬다. 겨울 날씨이지만 창문을 모두 활짝 열어 두고, 넓은 식탁에서 2미터 이상 간격을 두고 앉았다. 조금은 추웠지만, 분위기는 무척 화기애애했다.

이임 리셉션 대신에 작별인사를 말라가시어로 하는 모습을 대사관 페이스북에 올렸다. 많은 말라가시인들이 댓글로 아쉬움과 고마움을 표시해줬다. 현지 언론에서도 내가 마다가스카르를 떠나게 되었다고 보도를 하였는데, 한 방송국에서는 저녁 뉴스 시간에 지난 3년간 내가 활동했던 사진들을 파노라마식으로 보여주면서 나의 이임 소식을 전했다.

정든 우리 교민들과의 작별인사도 비대면으로 할 수밖에 없어서 일단 한인회 단톡방에 작별을 고하는 톡을 남겼다. 그러나 이렇게 밥 한끼도 안 먹고 그냥 떠나기에는 너무나 아쉬웠다. 한인회와 고민 끝에 소수의 한인회 대표와 함께 대사관 정원에 2미터 간격으로 개인 테이블을 설치한 가운데 도시락을 함께 먹으면서 석별의 정을 나누었다.

마다가스카르 외교부에서 라조엘리나 대통령이 내가 떠나기 전에 꼭 만나고 싶어 한다고 연락이 왔다. "코로나19 대처로 눈코 뜰 새 없이 바쁠 텐데 참 고맙네"라고 생각하면서 약속한 날짜에 대통령궁으로 갔다. 6월말 국립감염병 연구소 개관식 이후 약 3달 만에 다시 만난 라조엘리나 대통령은 내가 이임을 하게 되어서 진심으로 아쉬워했다. "임 대사에게 그냥 찬사를 던지는 것("jeter des fleurs")이 아닙니다. 임 대사는 말라가시어까지 배우는 열정과 진정으로 대사직을 수행한 마다가스카르의 진정한 친구였습니다. 마다가스카르를 떠나서도 계속 우리를 기억해주고, 연락을 유지할 수 있기를 바랍니다." 라조엘리나 대통령의 진심 어린 작별인사에 참으로 감사했고 눈시울이 붉어졌다.

마다가스카르를 떠나기 이틀 전, 올리바 테인자자나리벨루 마다가스카르 외교부 장관 주최로 마다가스카르 외교부에서 나를 위한 환송 리셉션이 개최되었다. 코로나19 상황이기 때문에 많은 사람들을 초청할 수는 없고, 한국 대사관 직원들과 외교부 직원들만 참석한 가운데 개최되었다. 테인자자나리벨루 장관과는 코로나19 위기 속에서 한-마다가스카르 보건 협력을 위해 밤낮 구분 없이 연락하면서 매우 친한 사이가 되었다. "대사께서는 마다가스카르에 재임하면서 많은 마다가스카르인들의 진정한 사랑을 받았습니다. 이는 대사께서 인간적인 외교를 몸으로 실천하였기 때문입니다. "테인자자나리벨루 장관의 연설에서 진한 우애가 느껴졌다.

이임 리셉션에서 외국인에게 수여하는 최고의 훈장인 「지휘장 훈장(Commandeur de l'Ordre National)」을 수여 받았다. 교민 이재훈 의사도 지난 15년간의 오지 진료 봉사활동에 대한 감사의 표시로 「기사 훈장(Chevalier de l'Ordre National)」을 함께 수여 받았다.

마다가스카르를 떠나기 전에 라조엘리나 대통령을 마지막으로 예방했다.

2020년 9월 29일. 마다가스카르의 국경 봉쇄 상황에서 예외적으로 운항을 허가 받은 에어프랑스 특별기를 타고 정든 마다가스카르를 떠났다.

외교장관으로부터 외국인으로서 받을 수 있는 마다가스카르 최고훈장을 받고 있는 필자

왜 우리가 마다가스카르를 도와줘야 하는가?

마다가스카르에 있는 3년 동안 필자는 우리나라가 국제사회에서 이론의 여지없이 선진국으로서 인식되고 있음을 제대로 경험하였다. 마다가스카르에서 한국은 특별한 존재였다. 한국은 마다가스카르처럼 강대국으로부터 수탈당하고, 식민지배를 당한 역사를 갖고 있는데, 선진국 반열에 등극한 국가라는 사실만으로도 마다가스카르 사람들에게 엄청난 반향을 일으켰다. 그리고, 한국이 하는 말은 무게가 실렸다. 서구 국가들이 경제개발, 민주주의 등에 대해 이야기하는 것보다 한때는 마다가스카르보다 더 빈곤한 국가였는데 전쟁의 폐허에서 일어나 경제 개발과 민주화를 동시에 이루어낸 한국의 말이 마다가스카르 사람들에게 훨씬 더 설득력이 있었다.

그런데, 이와 같은 한국의 위상은 비단 마다가스카르에 국한된 것이 아니고, 국제사회가 우리나라에 대해 갖고 있는 일반적인 인식이다. 문제는 아직도 우리 스스로가 우리나라를 선진국으로 인식을 하지 못하고, 과거의 멘탈리티에 갇혀 있다는 것이다. 예를 들어 세계 어느 곳에 큰 자연재해가 발생하거나 분쟁이 터지면 지구적 관점에서 왜 이런 일이 발생하였고, 우리가 할 수 있는 역할이 무엇이 있을까를 고민하기보다는 일단은 우리 국민이나 재산에 대한 피해 여부에 관심을 갖는다. 물론, 당장 우리에 미치는 영향을 파악하는 것은 매우 중요하다. 그렇다고, 우리에 대한 피해를 파악하면서 동시에 좀 더 넓은 시야를 갖고 우리가 기여할 수 있는 부분에 대해서도 얼마든지 고민할 수 있는 것이다.

그동안 우리는 절체절명의 과제인 한반도 평화 정착을 위한 4강 외교가 다른 모든 외교에 우선하는 "사전배열 선호식 외교"를 해 왔다. 한반도 관련 주요 이슈들이 다른 모든 이슈를 압도해 왔다. 그런데, 한 발자국 뒤로 물러서서 가만히 생각해보면 한반도 평화 정착 외교를 하기 위해서 다른 모든 외교를 등한시해야 하는 것은 결코 아니다.

국제사회에서 선진국으로 등극했다는 의미는 무엇인가? 이는 온 겨레의 염원인 '선진국 되기'를 드디어 이루어\냈다는 자기만족 내지는 자아도취로 끝나는 것은 아니다. 선진국이 되었다는 것은 그만큼 국제사회에서 책임과 역할도 커졌다는 의미이다.

세계화가 진행되면서 세계는 어느 한 국가 혼자서 해결할 수 없는 다양한 글로벌 문제들에 직면하고 있다. 이와 같은 글로벌 도전과제 중 하나가 코로나19 극복인데, 코로나19에 대응하기 위해서는 선진국들의 적극적인 역할이 필수적이다. 이에 지난 정부에서는 2억 달러, 새로 출범한 윤석열 정부에서는 3억 달러를 국제사회의 코로나19 대응 이니셔티브(ACT－A; Access to COVID19 Tools－Accelerator)에 기여하기로 했다.

그런데, 코로나19 극복과 같이 전 세계가 발 벗고 나서는 글로벌 문제가 아닌 다른 다양한 지구촌 문제에 대해서 안타깝게도 우리는 아직까지 선진국으로서의 역할과 책임을 제대로 하지 못하고 있다.

대표적인 케이스가 마다가스카르이다. 마다가스카르의 빈곤 문제와 기후변화로 인한 기근은 코로나19 극복만큼 주목을 받는 국제적 이슈가 아니지만, 마다가스카르에 주재하는 서구 선진국들은 마다가스카르의 미래를 위하여 다양한 분야에서 지원을 해주고 있다. 미국, 프랑스, EU 등 전통적으로 대 아프리카 개발협력에 우위를 갖고 있는 나라들은 당연하고, 일본도 매우 적극적으로 기여하고 있다. 일본은 마다가스카르에 대사관뿐만 아니라 대외원조기관인 JICA(Japan International Cooperation Agency) 사무소가 나와 있는데, 직원 수만 자원봉사자까지 합쳐서 100명에 육박한다. 아울러, 도로, 항만 등 사회 인프라 개발에 더하여 농촌, 사회, 훈련 등 분야별로 다양한 지원을 하고 있다.

반면, 우리나라는 2018년이 되어서야 필자가 초대 대사로 마다가스카르에 부임했고, 한국 대사관은 마다가스카르에 주재하는 대사관 중 가장 작은 대사관 중 하나이다. 우리의 대외원조기관인 코이카(KOICA, Korea International Cooperation Agency)는 마다가스카르에 없고, 대사관에서 코이카 역할도 하고 있다.

필자가 마다가스카르에서 있으면서 가장 어려웠던 것은 마다가스카르 정부를 비롯하여 마다가스카르에 주재하는 외교단, 국제기구 대표 등이 한국에 대해 갖고 있는 기대 수준과 우리가 실제로 기여할 수 있는 수준 사이의 엄청난 괴리를 최대한 메꾸는 것이었다. 그러나, 아직 선진국에 걸맞은 외교를 하지 못하고 있기 때문에 그 괴리를 메꾸는 것은 불가능했다. 필자가 마다가스카르 토착어인 말라가시어를 배우기로 결심한 배경에는 비록 개발협력 사업에서 국제사회의 기대수준을 충족시키지 못하지만, 마다가스카르 사람들에게 한국의 진전성을 보여주기 위한 측면도 있었다.

경제발전과 민주화를 동시에 이루어낸 오늘날의 한국이 있기까지는 물론 우리 국민의 피땀 어린 노력이 중요했지만, 미국을 비롯한 국제사회의 도움 없이는 사실상 불가능했을 것이다. 우리가 자랑스럽게 이야기하는 것처럼 전 세계에서 유일하게 개도국에서 선진국으로 진입한 국가인 만큼, 국제사회는 다른 어떠한 나라보다 우리나라에 대해 더욱더 많은 기대를 갖고 있는 것이라고 본다. 바야흐로 한국이 글로벌 중추국가로서 인류의 자유, 평화, 번영에 기여하고, 나아가 세계의 새로운 질서 형성에도 적극적으로 참여할 때가 도래한 것으로 생각한다.

일찍이 백범 김구 선생님은 우리나라가 세상에서 가장 아름다운 나라가 되기를 바란다고 하였다. 인류가 불행한 이유는 "인의, 자비, 사랑이 부족하기 때문"인데, 이 정신을 배양하는 것이 문화라고 하였고, 우리나라가 "이러한 높고 새로운 문화의 근원이 되고, 목표가 되고, 모범이 되기를 원한다"고 하였다.[29]

---

29 김구, 『나의 소원』에서 발췌. "인류가 현재에 불행한 근본 이유는 인의(仁義)가 부족하고, 자비가 부족하고, 사랑이 부족한 때문이다. 이 마음만 발달이 되면 현재의 물질력으로 20억 명이 다 편안히 살아갈 수 있을 것이다. 인류의 이 정신을 배양하는 것은 오직 문화이다. 나는 우리나라가 남의 것을 모방하는 나라가 되지 말고, 이러한 높고 새로운 문화의 근원이 되고, 목표가 되고, 모범이 되기를 원한다. 그래서 진정한 세계의 평화가 우리나라에서 우리나라로 말미암아서 세계에 실현되기를 원한다."

우리가 인류의 문제에 대해 인의, 자비, 사랑을 갖고 선진국으로서 역할과 책임을 다해 나가면 김구 선생님이 꿈꾸던 세상에서 가장 아름다운 나라를 만들게 될 것으로 믿는다.

감사의 말씀

　　필자는 마다가스카르 초대 대사라는 막중한 직책을 수행하는 데 여러모로 많이 부족한 사람인데, 정말 감사하게도 나의 부족함을 채워 주는 훌륭한 대사관 동료들이 있었다. 뛰어난 판단력, 친화력, 교섭력, 업무추진력과 원어민 수준의 불어 구사 능력까지 겸비한 최고의 인재로서 대사관 차석 역할을 탁월하게 헌신적으로 수행해서 필자가 한 없이 고마운 이혜진 참사관, 관저와 신 청사를 개관하였고, 교민들로부터 발로 뛰는 영사상까지 받은 한주형 부영사, 불어 동시통역사 출신으로 못하는 것이 없는 1인 기획사와 같은 김영승 전문관, 가수로 데뷔할 수 있을 정도의 노래 실력을 각종 문화행사에서 선 보여주고, 영사 업무의 달인으로 거듭난 김연희 실무관, 항상 듬직하고, 어떠한 문제도 해결해 주는 해결사 홍지선 실무관, 영사, 총무, 공공외교까지 다 잘 하는 다재다능한 박진 실무관, 정치, 경제, 개발 등 모든 현안에 대한 검토 보고서를 영어와 불어로 뚝딱 만들어내는 아리엘 행정원, 영사보조/총무보조/리세셥셔니스트/대사비서 역할까지 한 치아푸이 행정원, 관저를 완벽하게 관리하면서 한글까지 깨우친 레베카 행정원, 마다가스카르 최고의 운전기사 조엘리와 만자카 행정원, 그리고, 필자 부임 초반부에 같이 근무했던 전창현 영사, 최유정 전문관, 송혜영 실무관, 최성재 실무관, 신혜진 실무관과 필자 임기가 거의 끝나가는 무렵 부임해서 차석 역할을 훌륭히 수행한 성화수 참사관.

마다가스카르 한인사회에는 마치 드라마 "낭만닥터 김사부"에 나오는 돌담병원 멤버들처럼 일당백을 하는 사람들만 모였다. 필자가 마다가스카르에 처음 와서 정착할 때부터 시작해서 마지막 해에 코로나19 위기에 대처해 나가는 데까지 천하무적 마다가스카르 한인사회의 도움이 없었으면 모든 것이 불가능했을 것이다. 마다가스카르 교민사회의 구심점이 되어 주신 원현희 한인회장님, 마치 대사관 직원처럼 각종 대사관의 교민 행사와 교민들이 코로나19 대응에 발 벗고 도움을 주신 황종연 한인회 총무님, 대사관 한식 행사와 관저 오만찬 행사에서 최고급 한식을 선보여 주신 아리랑 식당 김은자 쉐프님, 우리 2세의 교육을 책임져 주신 진희숙 한글학교 교장선생님, 마다가스카르 태권도 보급의 선구자인 이정무 사범님, 한인사회에 마음의 평온을 주시는 한인교회의 이재한 목사님, 코로나19가 발생했을 때 한인사회와 어려운 마다가스카르 현지인들을 위해 마스크 수천장을 무료로 제작하여 제공하여 주신 김동우 사장님과 박평도 사장님, 여러 대사관 행사에서 멋진 사진을 찍어 주신 유영관 작가님, 주요행사 때마다 한식을 제공하여 주신 사랑방 식당 오정희 사장님, 킴스타 식당 정준호 사장님, 윤식당 윤영철 사장님, 마다가스카르 오지에서 15년간 의료 활동을 펼치고 있는 마다가스카르의 낭만닥터 이재훈 선교사님, 안치라베에 명문 학교를 설립한 강병원 장로님, 타마타브에서 베다니 병원과 베다니 학교를 설립하고 대사관의 영사협력원으로도 활동해 주시는 굿피플의 조용문 선교사님, 소외계층 아이들에게 꿈을 심어주고 있는 기아대책의 박지은 선교사님, 채석장 마을에 학교를 설립하신 강순신 선교사님, 쓰레기마을을 행복마을로 바꾸고 있는 박춘란 선교사님, 코리아 코너와 세종학당을 운영해주시는 김동연, 이선택 선교사님, 나환자촌에서 환자들을 돌보고 나환자들을 위한 학교를 설립한 이아네스 수녀님, 25년간 마다가스카르에서 소외계층 아동을 위해 봉사한 김기례 수녀님, 생필품을 구입하기 위하여 수도에 석 달에 한 번 출장을 나와야 하는 북부 오지 마을에서 봉사하고 계시는 최재도 신부님.

　　마다가스카르를 떠난 지가 벌써 1년이 지났으나 마다가스카르에 대한 기억은 아직 생생하다.

　　나는 오늘도 마다가스카르를 꿈꾼다.

.

미션 마다가스카르 아프리카 신비의 섬에서 펼쳐지는 가슴 뛰는 외교 이야기

초판발행	2022년 8월 30일
지은이	임상우
펴낸이	노 현
편 집	전채린
표지디자인	이영경
제 작	고철민 · 조영환
펴낸곳	㈜ 피와이메이트
	서울특별시 금천구 가산디지털2로 53 한라시그마밸리 210호(가산동)
	등록 2014. 2. 12. 제2018-000080호
전 화	02)733-6771
f a x	02)736-4818
e-mail	pys@pybook.co.kr
homepage	www.pybook.co.kr
ISBN	979-11-6519-205-1 03040

정가   17,000원

박영스토리는 박영사와 함께하는 브랜드입니다.